金 苑 文 库

中国特色高水平高职学校建设系列成果

浙江省教育科学规划2022年度一般规划课题
"高质量发展要求下高职学生人文素质教育发展性评价体系构建研究
——以浙江省六所双高校为例"（2022SCG305）阶段性研究成果

2024年度浙江省哲学社会科学规划常规课题
"浙江省高职教育投入与产业结构升级互动关系研究"
（24NDJC278YBM）阶段性研究成果

RESEARCH ON THE CONSTRUCTION
OF CORE QUALITY MODEL AND IMPROVEMENT PATH
OF HIGHER VOCATIONAL COLLEGE STUDENTS
IN THE ERA OF ARTIFICIAL INTELLIGENCE

人工智能时代
高职学生核心素质模型
构建及提升路径研究

王 琴◎著

ZHEJIANG UNIVERSITY PRESS
浙江大学出版社
·杭州·

图书在版编目(CIP)数据

人工智能时代高职学生核心素质模型构建及提升路径研究/王琴著.--杭州:浙江大学出版社,2024.4
ISBN 978-7-308-24731-3

Ⅰ.①人… Ⅱ.①王… Ⅲ.①高等职业教育－素质教育－研究 Ⅳ.①G718.5

中国国家版本馆 CIP 数据核字(2024)第 053905 号

人工智能时代高职学生核心素质模型构建及提升路径研究
RENGONG ZHINENG SHIDAI GAOZHI XUESHENG HEXIN
SUZHI MOXING GOUJIAN JI TISHENG LUJING YANJIU
王 琴 著

责任编辑	吴伟伟
文字编辑	梅 雪
责任校对	陈逸行
封面设计	雷建军
出版发行	浙江大学出版社
	(杭州市天目山路148号 邮政编码310007)
	(网址:http://www.zjupress.com)
排 版	浙江大千时代文化传媒有限公司
印 刷	广东虎彩云印刷有限公司绍兴分公司
开 本	710mm×1000mm 1/16
印 张	15
字 数	209 千
版 印 次	2024 年 4 月第 1 版 2024 年 4 月第 1 次印刷
书 号	ISBN 978-7-308-24731-3
定 价	78.00 元

版权所有 侵权必究 印装差错 负责调换

浙江大学出版社市场运营中心联系方式 (0571)88925591;http://zjdxcbs.tmall.com

目 录

第一章　人工智能时代高职学生核心素质的基本内涵 ………… 1

　　第一节　高职学生素质与素质教育 ……………………………… 2
　　第二节　高职学生素质教育的价值意蕴与本源回归 ………… 13
　　第三节　人工智能时代核心素质与高职人才培养的关系 …… 24

第二章　人工智能时代高职学生核心素质模型构建的基本依据
……………………………………………………………………… 41

　　第一节　高职学生核心素质模型构建的理论基础 ………… 41
　　第二节　高职学生核心素质模型构建的政策依据 ………… 52
　　第三节　高职学生核心素质模型构建的模式依据 ………… 61

第三章　人工智能时代高职学生核心素质模型构建 ………… 72

　　第一节　高职学生核心素质模型构建的基本原则与方法 …… 72
　　第二节　高职学生核心素质模型的结构特征 ……………… 111
　　第三节　高职学生核心素质模型的要素阐述 ……………… 119

第四章　人工智能时代高职学生核心素质培养的现状调查 … 134

　　第一节　高职学生核心素质培养的现状分析 ……………… 134
　　第二节　高职学生核心素质培养存在的问题 ……………… 141
　　第三节　高职学生核心素质培养问题的原因分析 ………… 154

第五章　人工智能时代高职学生核心素质提升路径 …………… 167

第一节　明确"三方协同"的高职学生核心素质培养主体 … 168
第二节　优化"四位一体"的高职学生核心素质培养体系 … 181
第三节　革新"五维聚力"的高职学生核心素质培养机制 … 195

第六章　高职学生素质教育体系构建的实践与探索 …………… 215

第一节　新时代高职院校素质教育的本质内涵 ……………… 215
第二节　新时代高职院校发展素质教育的内在价值要求 …… 217
第三节　新时代高职院校素质教育体系构建的实践内容 …… 220
第四节　新时代高质量发展要求下高职素质教育的
　　　　　实践路径 ……………………………………………… 225

参考文献 …………………………………………………………… 230

第一章　人工智能时代高职学生核心素质的基本内涵

在人工智能时代,传统产业与先进技术的融合加速推动生产和消费逐步走向数字化、智能化和个性化,推动了现代产业体系的重构。劳动力市场对人才的需求也发生了变化,需要能适应时代的创新型、复合型人才。与此同时,职业教育迈入智能教育时代,呈现出新的特征,遇到新的挑战和机遇,在教育理念、学习支持、教师赋能、人才培养内涵、培养范式、教学流程等方面都发生了深刻的变化。新技术重塑教育生态、新范式引领学习革命、新需求激发创新能力、新环境呼吁数字素养、新业态丰富服务供给等将是人工智能时代教育的发展趋势。[①]高等职业教育通过改变人才培养观念、教学理念、教学模式和教学评价,培养学生的创新能力、综合素质和适应能力等核心素质,培养能适应人工智能时代社会和生产服务的创新型、复合型技术技能人才,更好地满足劳动力市场对人才的需求,为学生的职业发展提供更多的机会和更有竞争力的优势。

---

① 关成华,黄荣怀.面向智能时代:教育、技术与社会发展[M].北京:教育科学出版社,2021:5-6.

第一节 高职学生素质与素质教育

党的二十大报告指出,要全面贯彻党的教育方针,落实立德树人根本任务,培养德智体美劳全面发展的社会主义建设者和接班人,坚持以人民为中心发展教育,加快建设高质量教育体系,发展素质教育,促进教育公平。[①] 素质教育已从全面实施素质教育到了高质量发展素质教育阶段。作为高等教育的一种类型,当前我国高等职业教育也步入了往内涵转型的高质量发展阶段。尤其是人工智能时代对高职学生的素质提出了更高要求,对高职院校的素质教育也提出了更高要求。

一、素质的基本内涵

在古汉语中,素和质一开始是分开使用的,第一次将其合在一起的是晋朝的张华。他的《励志诗》曰:"如彼梓材,弗勤丹漆。虽劳朴斫,终负素质。"意思是即使有天赋和才华,如果没有后天的努力和练习,这种天赋和本性也就浪费了,此处素质为"本质"之义,指的是事物本来的特质。马克思和恩格斯认为,"特殊的人格"的本质不是它的胡子、它的血液、它的抽象的肉体,而是它的社会特质。[②]

随着时代的发展,素质的内涵在不断变化,分为狭义的素质和广义的素质。狭义的素质主要是生理学和心理学意义上的概念,是人的先天生理解剖特征,主要是人的神经系统、感觉器官和运动器官等的

---

① 习近平.高举中国特色社会主义伟大旗帜 为全面建设社会主义现代化国家而团结奋斗——在中国共产党第二十次全国代表大会上的报告(2022年10月16日)[M].北京:人民出版社,2022:34.

② 马克思恩格斯全集(第三卷)[M].中共中央马克思恩格斯列宁斯大林著作编译局,译.北京:人民出版社,2002:29.

特点,也就是所谓的"遗传素质",是人的心理发展的生理条件,但不能决定人的心理内容和发展水平,强调先天性与遗传性。广义的素质指的是教育学意义上的概念,是人在先天的生理基础上,在后天环境和教育影响下形成的[①],是通过个体自身的认识与社会实践形成的、比较稳定的身心品质。虽然教育学界各学科对素质的定义有着不同的描述,但是基本上都认同一点,即素质是个体基于先天生理和心理特征,经过后天社会、家庭、学校等教育,在社会实践中形成的内在的、比较稳定的身心特征和基本品质,如人的道德素质、思想素质、智力素质、身心素质、创新素质等。素质不同的个人所体现出来的能力和水平也不同。

"素质"一词出现在教育领域始于20世纪80年代中期,为了迎接世界新技术革命带来的挑战,需要提高人的素质以增强国家实力和经济发展后劲。党的十一届三中全会后,党和国家的重点工作就是发展经济,建设社会主义现代化,而开展现代化建设需要高素质人才。在1985年5月召开的全国教育工作会议上,邓小平同志指出,"我们国家,国力的强弱,经济发展后劲的大小,越来越取决于劳动者的素质,取决于知识分子的数量和质量"[②]。这是中央层面第一次提到劳动者的"素质",学界将这视为素质教育的最初思想源头。[③] 会后颁布的《中共中央关于教育体制改革的决定》明确指出,教育体制改革的根本目的是提高民族素质,多出人才,出好人才,强调了劳动者素质的提高对社会主义现代化建设的重要作用。

素质不仅具有遗传性、潜在性,还具有可塑性,可以通过环境影响和教育不断内化和外化,因此,有针对性地对大学生进行素质培养是发展素质教育的根本要求,对促进大学生的可持续发展和培养合格的社会主义建设者和接班人具有重要意义。

---

① 顾明远.教育大辞典[M].上海:上海教育出版社,1998:440.
② 邓小平文选(第三卷)[M].北京:人民出版社,1993:120.
③ 周远清.大学素质教育:源头·基础·根本[J].中国大学教学,2014(5):12-14.

二、素质教育的概念

1985年召开全国教育工作会议后，国家相继出台了一系列教育政策、方针和法律，如《中共中央关于进一步加强和改进学校德育工作的若干意见》《中国教育改革和发展纲要》等，为素质教育这一思想理论的提出奠定了基础。其中，《中共中央关于进一步加强和改进学校德育工作的若干意见》第一次正式使用了"素质教育"的概念。[①] 1995年，为全面贯彻党的教育方针，提高高等教育的人才培养质量，国家教委高等教育司印发了《关于开展大学生文化素质教育试点工作的通知》，并于9月下旬在位于武汉的华中理工大学召开了"高等学校加强文化素质教育试点工作研讨会"。来自北京大学、清华大学等49所高校的校领导共100多人参加了会议。与会代表研讨了加强文化素质教育的重要意义。同年，国家教委成立了高等学校文化素质教育指导委员会，于次年初在试点的基础上批准清华大学、北京大学等53所院校成立了32个（含合建）国家大学生文化素质教育基地。[②] 1999年6月，中共中央、国务院召开了第三次全国教育工作会议，会议通过了《关于深化教育改革全面推进素质教育的决定》，明确指出"实施素质教育，就是全面贯彻党的教育方针，以提高国民素质为根本宗旨，以培养学生的创新精神和实践能力为重点，造就'有理想、有道德、有文化、有纪律'的、德智体美等全面发展的社会主义事业建设者和接班人……实施素质教育应当贯穿于幼儿教育、中小学教育、职业教育、成人教育、高等教育等各级各类教育，应当贯穿于学校教育、家庭教育和社会教育等各个方面"[③]。1999年9月，教育部在华中理工大学召开了"认真贯彻全教会精神，加强文化素质教育工作研讨会"，会议围绕

[①] 周远清.大学素质教育:源头·基础·根本[J].中国大学教学,2014(5):12-14.
[②] 周远清.我的素质教育情怀[J].中国高教研究,2015(4):8-11,16.
[③] 中共中央、国务院关于深化教育改革全面推进素质教育的决定[EB/OL].(1999-06-13)[2023-12-05]. https://www.cse.edu.cn/index/detail.html?category=129&id=2281.

"认真贯彻全教会精神,进一步加强文化素质教育,全面推进高等学校素质教育工作"这一主题,重点讨论了以下问题:如何深刻认识全面推进高等学校的素质教育;加强文化素质教育与全面推进高等学校素质教育的关系;加强文化素质教育与培养创新人才的关系;如何提高高校教师文化素养;如何提高高等学校的文化品位与格调;高等学校文化素质教育工作的回顾与思考。①

素质教育指导思想明确,不断丰富、不断统一认识。作为这一时期高等教育改革的主要推动者,周远清于1994年提出"三注",即注重素质教育、注视学生创新能力培养、注意学生个性发展;于1998年提出"三提高",即提高大学生的素质特别是文化素质、提高大学教师的素养特别是文化素养、提高大学的品位特别是文化品位;于2005年进一步提出"三结合",即大学生文化素质教育与教师文化素养的提高相结合、文化素质教育与思想政治教育相结合、人文教育与科学教育相结合。2010年发布的《国家中长期教育改革和发展规划纲要(2010—2020年)》指出,坚持以人为本、全面实施素质教育是教育改革发展的战略主题。在实践中,我国教育学界逐渐认识到素质教育是一种教育思想,是体现中国特色、中华优秀传统文化的一种教育思想,是体现我国教育方针的一种教育思想,知识、能力、素质是培养人的三要素。素质教育的基础是文化,因此,开展文化素质教育是切中时弊、顺乎潮流、涉及根本的。②

2010年《国家中长期教育改革和发展规划纲要(2010—2020年)》首次提出全面实施素质教育,指出"坚持以人为本、全面实施素质教育是教育改革发展的战略主题,是贯彻党的教育方针的时代要求"③。

---

① 杨叔子.文化素质教育的再认识与再出发——纪念我国文化素质教育工作开展20周年[J].中国高教研究,2015(6):7-11.
② 周远清.我的素质教育情怀[J].中国高教研究,2015(4):8-11,16.
③ 国家中长期教育改革和发展规划纲要(2010—2020年)[EB/OL].(2010-07-29)[2023-07-21].http://www.moe.gov.cn/jyb_xwfb/s6052/moe_838/201008/t20100802_93704.html.

2017年,党的十九大报告指出,要全面贯彻党的教育方针,落实立德树人根本任务,发展素质教育。① 党的二十大报告指出,要全面贯彻党的教育方针,落实立德树人根本任务,培养德智体美劳全面发展的社会主义建设者和接班人,坚持以人民为中心发展教育,加快建设高质量教育体系,发展素质教育,促进教育公平。② 素质教育已从全面实施素质教育到了高质量发展素质教育阶段。历经30多年发展,以文化素质教育为切入点的素质教育显著提高了人才培养质量,逐渐成为被社会认同的教育理念和模式。

关于素质教育的概念界定,周远清的表述最具代表性,即素质教育(人文素质教育)包括思想道德素质、文化素质、业务素质、身体心理素质教育四个方面。③ 其中,思想道德素质教育是素质教育的灵魂,素质教育又将对其他教育产生重要的促进作用。"素质教育,就是一种更加注重人才人文精神的养成和提高,重视人才人格的不断健全和完善,也就是说更加重视使学生学会'做人'的教育理念。"④杨叔子认为,素质教育即教人学会"做人之道",包括如何正确处理自己与他人、个人与集体、个人与社会、个人与国家以及个人与自然的关系,它涉及价值观、民族精神、思想境界及其他非智力因素。⑤ 张岂之在《大学的人文教育》中认为,人文素质教育的目的是使个体在后天的成长中得到文学、史学、哲学等基础人文学科的若干知识、一定的艺术修养和中外文化精粹的熏陶,从而具备优良的品质和素养。⑥ 他认为,大学素质教

---

① 习近平.决胜全面建成小康社会 夺取新时代中国特色社会主义伟大胜利——在中国共产党第十九次全国代表大会上的报告(2017年10月18日)[M].北京:人民出版社,2017:45.
② 习近平.高举中国特色社会主义伟大旗帜 为全面建设社会主义现代化国家而团结奋斗——在中国共产党第二十次全国代表大会上的报告(2022年10月16日)[M].北京:人民出版社,2022:34.
③ 周远清.素质·素质教育·文化素质教育——关于高等教育思想观念改革的再思考[J].中国高等教育,2000(8):3-5,30.
④ 周远清.素质·素质教育·文化素质教育——关于高等教育思想观念改革的再思考[J].中国高等教育,2000(8):3-5,30.
⑤ 杨叔子.是"育人"非"制器"——再谈人文教育的基础地位[J].高等教育研究,2001(2):7-10.
⑥ 张岂之.大学的人文教育[M].北京:商务印书馆,2014:99-101.

育的特点可归纳为内化性、全面性、和谐性、创新性、文化自觉性。研究大学素质教育,需要高度的文化自觉、自信与素质教育自觉、自信这两个自觉性的结合。落实大学素质教育,需要对中华优秀传统文化有准确的认识,以社会主义先进文化为指导,坚持社会主义核心价值体系,弘扬民族优秀文化并使之在师生心灵中生根,这是国家繁荣昌盛的重要标志。[①]

实施素质教育是实践科学发展观的重要内涵。发展的目的是促进人的全面发展,而促进人的全面发展以提高国民素质又会极大地促进生产力的发展。素质教育是实施科教兴国战略、人才强国战略、可持续发展战略的重要组成部分。从重视和加强文化素质教育切入,我国高等教育的素质教育逐步发展成为与专业教育融合的立体化、全方位的素质教育。素质教育体现了以人为本和科学发展的理念,它将提高全体国民素质作为教育的根本任务,明确了人的发展与经济社会发展之间的关系。素质教育通过强调教育在促进人的全面发展中的重要地位和作用,也确立了教育在经济社会发展中的地位。这从根本上促使教育回归教育本身。只有当教育回归教育本身,才能最大限度地发挥教育在政治、经济和文化方面的作用。

三、高职素质教育的内涵及发展

经过30多年的摸索实践,素质教育逐渐成为被社会认同的教育理念和模式。近年来,与职业教育相关的法律法规与政策文件相继出台,目的是推动职业教育的高质量发展,不断提高我国劳动者的素质和技术技能水平,以适应国家发展战略对人才储备的要求,为实现中华民族伟大复兴提供有力的人才和技能支撑。在高质量发展阶段,我们要进一步厘清和把握高职素质教育的基本内涵、价值追求和现实意

---

① 张岂之.关于大学素质教育的再认识[J].中国大学教学,2011(12):5-6,9.

义,探索推进新要求下素质教育的新思路和新方略,不断完善和创新素质教育理念。根据高职院校素质教育的特性,积极探索高水平素质教育的实践路径,从而使素质教育真正得到发展。在落实立德树人根本任务的过程中更加注重高职学生的全面发展,因材施教、知行合一,帮助学生树立终身学习的理念,从而切实担负起新时代赋予高等职业教育的历史使命。

高职院校的素质教育起步稍晚于本科院校,其充分吸收了本科院校文化素质教育的实践经验,在20世纪90年代末开始进行探索。作为高等教育的一种类型,当前我国高等职业教育也步入了注重内涵转型的高质量发展阶段。新的发展阶段对素质教育提出了新的、更高的要求,高等职业教育已从全面实施素质教育进入高质量发展素质教育阶段。

(一)高职素质教育初步酝酿阶段

高职教育以培养专业技术人才为主要目标,旨在为社会培养一线基层技术型人才,突出技能技术的培养,以就业为导向。过去,高职教育的所有人才培养和课程体系的设计以专业知识和技能为主导,素质教育的内容较少。1995年以清华大学和华中理工大学为代表的53所本科院校开始了素质教育试点工作,迈出了高等教育开展素质教育的第一步。1999年6月,中共中央、国务院作出《关于深化教育改革全面推进素质教育的决定》,提出全面推进素质教育,培养适应21世纪现代化建设需要的社会主义新人;深化教育改革,为实施素质教育创造条件;优化结构,建设全面推进素质教育的高质量的教师队伍;加强领导,全党、全社会共同努力开创素质教育的新局面。该决定还指出,实施素质教育应当贯穿于幼儿教育、中小学教育、职业教育、成人教育、高等教育等各级各类教育。由此,高职教育也打开了素质教育新视野。2000年,《教育部关于加强高职高专教育人才培养工作的意见》指出,要将素质教育贯穿于高职高专教育人才培养工作的始终。学校在全面推进素质教育的过程中,要以素质教育的思想和观念为指导,推动人才培养模式的改革,使学生既具有较强的业务工作能力,又具有爱岗敬业、踏实肯干、谦虚好学和与人合作的精神,安心在生产、建设、管理和服务第一线工作。[①] 随着教育部相关文件的出台,国家开始关注高职院校的素质教育并提出了相关要求,高职院校素质教育的开展与改革由此起步。

在这一时期,一些研究高职教育的学者和高职院校的教师开始关注本科院校文化素质教育的实施情况,同时以文化素质为切入口开始探讨高职院校素质教育的实施。例如,有学者提出,文化素质教育必须在"内化"上下功夫。文化素质教育的内化过程至关重要,要在传授必要的人文社会科学知识的基础上,使其内化为人的品格,提高人的格调、品德和修养。在高职教育中,传授人文社会科学知识要以渗透为主,将人文知识和人文精神浸润和融合在专业教学之中,使专业课更丰满、更生机勃勃、更有人情味。这就要求教师在教学中结合各专业的教学实际,挖掘其中蕴涵的丰富的人文精神和科学精神,自觉地将培养人文精神和科学精神贯穿专业教学的始终,真正做到教书育人。[②] 有学者从高等职业院校的实际出发,分析了构建高等职业院校文化素质教育模式的基本原则,如以培养学生的创新思维和创新精神为目标,遵循"精通教育"和"接触教育"有机结合的原则等,夯实学生的文化基础,增强学生的文化底蕴,进而提高学生的文化品位、审美情趣、人文与艺术修养,明确具体实施途径。[③] 在这一萌芽阶段,高职教育初步形成了素质教育的意识,在专业人才培养过程中开始思考素质教育的内容。当然这一阶段还没有形成大量的理论成果,仅对素质教

---

① 关于印发《教育部关于加强高职高专教育人才培养工作的意见》的通知[EB/OL].(2010-07-29)[2022-12-25].http://www.moe.gov.cn/s78/A08/tongzhi/201007/t20100729_124842.html.
② 李超任.高职文化素质教育实施途径的思考[J].中国职业技术教育,2001(12):52.
③ 邓恩远.高职院校文化素质教育目标模式的构建与实施途径设计[J].天津职业大学学报,2000(2):4-6.

育的重要性开始逐步探索,研究还未涉及素质教育的内容、教学改革、实践活动等。

(二)高职素质教育探索发展时期

2004年,教育部等七部门联合印发了《关于进一步加强职业教育工作的若干意见》,强调职业院校要全面实施素质教育,加强学生思想道德建设。深入开展中华传统美德和革命传统教育,不断培育青少年学生的爱国情感和民族精神。努力把职业道德培养和职业能力培养紧密结合起来,培养学生爱岗敬业、诚实守信、办事公道、服务群众、奉献社会的精神和严谨求实的作风。[①] 2006年,教育部印发的《关于全面提高高等职业教育教学质量的若干意见》指出,要加强素质教育,强化职业道德,明确培养目标。高等职业院校要坚持育人为本,德育为先,把立德树人作为根本任务。要以《中共中央、国务院关于进一步加强和改进大学生思想政治教育的意见》为指导,进一步加强思想政治教育,把社会主义核心价值体系融入到高等职业教育人才培养的全过程。要高度重视学生的职业道德教育和法制教育,重视培养学生的诚信品质、敬业精神和责任意识、遵纪守法意识,培养出一批高素质的技能性人才。[②] 高职教育相关政策文件连续提到加强素质教育,说明加强素质教育已经成为高职教育教学改革的一个重要内容。

2007年4月,为全面贯彻中共中央、国务院关于加强素质教育重大决策的精神,深化高职高专院校文化素质教育工作,教育部高等学校文化素质教育指导委员会召开了全国首届高职高专院校文化素质教育工作研讨会,发表了《关于向全国高职高专院校发出进一步推进文化素质教育的倡议书》,提出要正确理解和全面把握人的全面发展

[①] 教育部等七部门关于进一步加强职业教育工作的若干意见[EB/OL].(2004-09-14)[2022-12-25]. http://www.moe.gov.cn/srcsite/A07/moe_737/s3876_qt/200409/t20040914_181883.html.

[②] 教育部关于全面提高高等职业教育教学质量的若干意见[EB/OL].(2006-11-16)[2023-07-21]. http://www.moe.gov.cn/srcsite/A07/s7055/200611/t20061116_79649.html.

的内涵,促进职业教育与人文教育相结合。同时要加强各高职高专院校之间在文化素质教育方面的交流与合作,积极开展文化素质教育工作的探索。在条件成熟的时候成立教育部高等学校文化素质教育指导委员会高职高专分会,以加强对全国高职高专院校文化素质教育的统筹、规划与指导,并逐步推进国家级高职高专院校文化素质教育基地建设。[①] 2008年底,教育部高等学校高职高专文化教育类专业教学指导委员会改组,以指导高职院校开展素质教育。相比起步阶段,这一阶段有更多的学者和高职院校教师参与素质教育研究,但对于是否以文化素质为切入口开展素质教育没有达成统一意见。部分学者认为,应该以通识教育作为开展素质教育的起点;部分学者则认为,应该开展更多的人文教育以培育学生的人文素养和人文精神,从而提高高职学生的综合素质。这一阶段也缺乏专业的指导委员会统一指导全国高职院校的素质教育发展,各个学校办学定位和领域不同,对素质教育有自己的看法。

(三)高职素质教育体系构建阶段

2010年印发的《国家中长期教育改革和发展规划纲要(2010—2020年)》首次把素质教育上升到了教育改革发展战略主题的高度,指出坚持以人为本、全面实施素质教育是教育改革发展的战略主题,是贯彻党的教育方针的时代要求。[②] 2012年12月印发的《教育部关于成立教育部职业院校文化素质教育指导委员会的通知》指出,为贯彻党的十八大精神,落实教育规划纲要,进一步加强对职业院校文化素质教育的宏观管理和指导,充分发挥专家队伍的研究、咨询和指导作用,成立教育部职业院校文化素质教育指导委员会,具体指导高职院校开展素质教育。

---

① 全国首届高职高专院校文化素质教育工作研讨会在浙江经济职业技术学院隆重召开[EB/OL].(2007-05-21)[2023-07-21]. https://www.zjitc.net/info/1015/36694.htm.
② 国家中长期教育改革和发展规划纲要(2010—2020年)[EB/OL].(2010-07-29)[2023-07-21]. http://www.moe.gov.cn/jyb_xwfb/s6052/moe_838/201008/t20100802_93704.html.

2017年,党的十九大报告指出,要全面贯彻党的教育方针,落实立德树人根本任务,发展素质教育。① 2019年,《国家职业教育改革实施方案》和《教育部、财政部关于实施中国特色高水平高职学校和专业建设计划的意见》相继出台。习近平总书记对职业教育工作作出重要指示,强调各级党委和政府要加大制度创新、政策供给、投入力度,弘扬工匠精神,提高技术技能人才社会地位,为全面建设社会主义现代化国家、实现中华民族伟大复兴的中国梦提供有力人才和技能支撑。② 在职业教育走上提质培优、增值赋能的快车道,迎来大改革大发展的新阶段,培养高素质高技能型人才对高职院校开展素质教育提出了更高要求,同时也为做好高质量发展要求下的高职素质教育提供了重要依据。2022年,党的二十大报告指出,要全面贯彻党的教育方针,落实立德树人根本任务,培养德智体美劳全面发展的社会主义建设者和接班人,坚持以人民为中心发展教育,加快建设高质量教育体系,发展素质教育,促进教育公平。③ 素质教育已从全面实施素质教育到了高质量发展素质教育阶段。

这一阶段高职素质教育理论体系基本形成。经过多年的努力,学界对高职素质教育的内容、方法、路径等问题进行了深入的探讨,关于高职素质教育的研究形成了理论体系,对高职素质教育的重要性、教学内容、教学方法和实施途径等达成了基本共识。这一阶段高职院校素质教育体系开始构建。例如,浙江金融职业学院构建了立体化、多方位的素质教育体系,依据社会选用人才和评价人才的标准,整合第一课堂、第二课堂、第三课堂,拓宽素质教育的路径维度;创建明理学

---

① 习近平.决胜全面建成小康社会 夺取新时代中国特色社会主义伟大胜利——在中国共产党第十九次全国代表大会上的报告(2017年10月18日)[M].北京:人民出版社,2017:45.
② 习近平对职业教育工作作出重要指示[EB/OL].(2021-04-13)[2023-07-21]. https://www.gov.cn/xinwen/2021-04/13/content_5599267.htm.
③ 习近平.高举中国特色社会主义伟大旗帜 为全面建设社会主义现代化国家而团结奋斗——在中国共产党第二十次全国代表大会上的报告(2022年10月16日)[M].北京:人民出版社,2022:34.

院、银领学院、淑女学院,规划素质教育的结构维度;建设金融文化、诚信文化、校友文化,延展素质教育的空间维度,构建起"三个课堂""三个学院""三维文化"的立体化、多方位的素质育人体系,在培养高品质应用型金融人才的过程中凝心聚力、互为依托,形成了文明进取、团结友善、博学慎思的良好风貌,锻造了学院学子品德优良、技能过硬、潜能内蓄的人才特质,人才培养取得了显著成效。[①] 北京财贸职业学院重构高职人才培养方案,构建了以"有爱心、讲诚信、负责任、能财会商"为特色的财贸人才培养体系,构建了"以课堂教学为主体,人文教育与专业教学相结合,隐性课程与显性课程相结合"的全方位育人体系。[②] 深圳职业技术学院(现为深圳职业技术大学)则从文化素质教育系统设计出发,构建以社会主义核心价值体系为核心,以文化素质、职业素养为主要内容的"三位一体"内容框架,探索以大学文化建设为主体,以课堂教学、校园文化活动和社会实践为翼的"一体三翼"实施路径,全面思考和设计并实施高职素质教育体系。[③]

第二节 高职学生素质教育的价值意蕴与本源回归

素质教育是一切教育的基础,是关注"人的发展"的教育,高职素质教育在注重学生技术技能培养之外更加注重学生的全面发展和个性潜能发展。高职素质教育有高等教育素质教育的基本内涵,也有其特殊的价值意蕴。

高职素质教育经过几十年的发展,人才培养的成效逐步被社会认

[①] 周建松.高职院校立体化、多方位素质教育的研究与实践——以浙江金融职业学院为例[J].高等工程教育研究,2012(5):152-160.
[②] 董雪梅,龙洋,平若媛.高职院校学生人文素质培养体系研究[J].国家教育行政学院学报,2012(1):35-37,91.
[③] 刘洪一,陈秋明,谭属春,等.高职院校文化育人的系统设计与实践[J].中国职业技术教育,2015(7):74-77,82.

可。近年来,职业教育相关文件和法律法规相继出台,目的都在于推动职业教育高质量发展,不断提高我国劳动者的素质和技术技能水平,以适应国家发展战略对人才储备要求,为实现中华民族伟大复兴提供有力人才和技能支撑。在高质量发展阶段,我们要进一步厘清和把握高职素质教育的基本内涵、价值追求和现实意义,探索推进新要求下素质教育的新思路和新方略,不断完善和创新素质教育理念。根据高职院校素质教育的特性,积极探索高水平素质教育的实践路径,从而使素质教育真正得到发展。在落实立德树人根本任务的过程中更加注重高职学生的全面发展,因材施教、知行合一,帮助学生树立终身学习的理念,从而切实担负起新时代赋予高等职业教育的历史使命。

一、高职学生素质教育的价值意蕴

(一)素质教育为高职学生的全面发展提供丰厚精神滋养

中国的素质教育是扎根中国大地的具有中国特色的教育思想,以马克思关于"人的自由全面发展"为理论基础。在《资本论》中,马克思指出,未来社会是"以每一个个人的全面而自由的发展为基本原则的社会形式"[1]。马克思主义的理论是关于人的自由解放和全面发展的学说,包括人的需要的全面发展、人的个性的全面发展、人的社会关系的全面发展和人的能力的全面发展。[2] 然而人的需要、个性、社会关系和能力的全面发展只能依靠教育发挥作用,必须依赖全面发展的教育使人的德行、智力、体力、审美、劳动能力都得到全面发展,这与素质教育不谋而合,因为素质教育就是为了培养德智体美劳全面发展的具有综合素质的人才。在传统的高职教育中,以技能培养为重点,对学生

---

[1] 马克思.资本论(第一卷)[M].中共中央马克思恩格斯列宁斯大林著作编译局,译.北京:人民出版社,2004:683.
[2] 贺佩蓉,白振飞.浅议人的全面发展学说与素质教育的内在联系[J].教育探索,2008(9):3-4.

以统一的人才培养模式培养与管理,容易忽视高职学生的个性发展,约束高职学生的全面发展。我国高等教育进入高质量发展阶段后开展的高职素质教育要求针对每个学生不同的特点,发掘学生的潜力,进一步促进其个性发展。素质教育尊重学生的主体性,发挥学生的主观能动性,能促进学生的全面发展和个性发展。在汲取中华优秀传统文化精华的基础上,注重学生的理想信念教育,使其端正学习态度,明确所学的专业价值所在;注重因材施教,培养学生的创新精神,从而促进学生的个性得到充分全面的发展,提高教育质量。

(二)为高职学生的可持续发展提供强劲的内生动力

素质教育的观念可以追溯到春秋战国时期。从《礼记》《荀子》《论语》等论著中我们就可以看到朴素的素质教育思想。《大学》开篇就说:"大学之道,在明明德,在亲民,在止于至善。"[①]我国古代的大学在形式上与现代大学完全不同,但是在本质意义上却一脉相承,都是要求学生明大德、做大学问,都是成人之学。素质教育之根本在于育人,即培养完整的人。素质教育在本质上促进了教育回归教育自身,实现修身、齐家、治国、平天下的可持续发展。高质量发展时代高职教育的目标是培养高素质技能型人才,高职教育一直坚持就业导向。如何做才是坚持正确的就业导向呢?众多第三方就业调研结果显示,在毕业生所需知识、能力与素质指标重要性排名中,企业最注重的是员工的敬业精神、责任心、积极主动等素质。基于社会选用人才和评价人才的视角,高等职业教育在强调职业技能的同时,更应重视培养学生的综合素质,使学生具有可持续发展能力。高职教育的逻辑起点是人而非职业,所以在专业知识、职业技能的传递和获得过程中,我们应该首先关注学生的健康、快乐与幸福成长以及学生在职场的生存和发展。实施和发展素质教育既能传授学生生存的技能,又能教会学生生存的

---

① 陈晓芬,徐儒宗.论语・大学・中庸[M].北京:中华书局,2011:121.

意义与价值；既能使学生快速适应岗位，又能培育学生良好的职业发展潜力。素质教育真正坚持就业导向，从人的可持续发展的角度培养高职学生成为一个高素质高技能型人才。

（三）为培养大国工匠、能工巧匠提供强大助推合力

近年来陆续出台的职业教育相关文件和法律法规都要求落实立德树人根本任务，大力发展职业教育，培育和传承工匠精神，培育更多的能工巧匠服务新时代经济高质量发展，为中国产业走向全球提供高素质技术技能人才支撑。大国工匠需要具备严谨专注、精益求精和追求卓越的精神品质，这不是培养一技之长就能实现的。高职教育旨在培养高素质技能人才，不仅要培养其技术技能专业素质，还要培养其思想道德素质，以实现育能与育人的统一。素质教育全面发展的维度和个性自由发展的维度能够培养出德才兼备的学生，使其不仅德智体美劳全面发展，而且能根据自己的先天素质和后天习得最大限度地发挥自身潜能，即教会学生既会"做人"又会"做事"。只有开展素质教育才能助推高素质技术技能人才的培养，推进高职教育高质量、可持续发展。

二、高职学生素质教育的本源回归

素质就是指事物本来的特质。素质是一个人在其先天基因的基础上，在后天社会、家庭、学校等教育因素和外部环境因素的影响下，通过个人的认知、学习、思考、实践等活动形成的一个人内在的、整体的、稳定的身心特征和内在品质。教育部原副部长周远清把素质概括为四大素质：思想道德素质、文化素质、业务素质和身体心理素质。[①]他提出以文化素质为切入口在部分高等教育学校开始实施素质教育。经过几十年的实施和发展素质教育，高职教育人才培养取得了一定的

---

① 周远清.大学素质教育：源头·基础·根本[J].中国大学教学,2014(5):12-14.

成效,重技能轻素质的局面有所改善,但从高职学生职业发展状况来看,职业竞争力和可持续发展能力还是偏弱。高质量发展要求高职素质教育必须在原有基础上进一步厘清基本概念、完善教育内容。高职素质教育必须既有高等教育素质教育的内容,如最基本的思想政治素质、文化素质、身心素质的教育,又有体现高职教育特点和学生素质诉求的职业素质和创新素质的内容[①],围绕学生的全面发展和可持续发展,进一步健全高质量的素质教育有机体。

（一）重视思想政治素质教育的先导作用

思想是行动的指南,思想政治素质教育在素质教育中发挥了先导作用。高职学生的思想政治素质教育包括学生的理想信念、政治认同、道德修养以及正确的世界观、人生观和价值观的培养。思想政治素质教育是高职学生素质教育的灵魂,居于主导地位,决定着高职学生未来发展的高度。一方面,要培养学生成为服务国家发展的高素质高技能人才,必须坚持正确的政治方向,在习近平新时代中国特色社会主义思想的指引下,坚定马克思主义信仰,积极践行社会主义核心价值观,夯实高职素质教育的价值基础,引导学生在政治原则、政治方向上旗帜鲜明,增进听党话跟党走的政治认同、思想认同、情感认同,自觉把爱国情、强国志、报国行融入建设社会主义现代化强国和实现中华民族伟大复兴的奋斗。另一方面,要培养学生具有良好的职业道德、社会公德、家庭美德和个人品德,使广大学生成为社会主义核心价值观的自觉和率先践行者。德才兼备是新时代人才培养的基本要求,高职教育不能只教会学生用于生存的知识和技能,更应以思想政治为切入点提高学生的道德修养,领悟职业与人生的目的和意义,在实现社会价值的同时实现人生的自我价值。

（二）发挥文化素质教育的浸润作用

文化素质教育作为高职素质教育的切入口,在素质教育有机体中

---

① 周建松.科学构建高职院校素质教育有机体[J].职教论坛,2014(7):48-50.

发挥着重要作用。杨叔子先生认为，文化素质可以分为知识、思维、方法、原则和精神，知识的传授是基础，激活思维、掌握方法、明确原则、提升精神境界则是更高层次的追求。[①] 高职教育长期以来高度重视培养学生的职业技能，为社会、行业、企业培养了一线基层技术技能型人才。然而，随着社会经济的转型，经济发展进入内涵式质量发展阶段，学生不仅需要有一技之长，还要有一定的文化内涵才能支持其在职场的可持续发展。文化涵养的作用日益凸显，文化素质成为衡量人才的一个重要标准。高职文化素质教育在契合高职人才培养目标的定位下具有自身独特的内涵。文化素质教育是一种潜移默化的教育，通过课堂、环境、实践等方式将人类文化发展的优秀成果和中华优秀传统文化传授给学生，并内化为其内在品质和内在精神，为学生学会做人、正确做事以及提升个人社会竞争力打下良好基础。高职文化素质教育除了加强对学生在文史哲艺等方面的培养和熏陶，还将人文素质教育与职业素质培养结合起来，通过学习、反思、内省、体验、理解、对话等方式将人文知识、人文思想和人文精神融入职业道德、职业情怀和职业素养。

（三）加强身心素质教育的基础作用

加强身心素质教育是提升人才培养质量的基石，是素质教育的基础。有了为社会服务的思想和本领，如果没有良好的身心素质，一切无从谈起。健康的体魄、健全的心理使学生能够适应当前快节奏的学习和工作环境。高职学生作为一线技术技能人才，是否拥有健康身心不仅直接关系到学生个人的成长，还直接关系到企业、社会的稳定和发展，也是认定其成为社会主义合格建设者和可靠接班人的重要标准。提高学生的身心素质是学生成长成才的支撑点，要结合不同的专业行业和生产实践的不同职业特点，有针对性地开展体育教学和健康

---

① 杨叔子.文化素质教育的再认识与再出发——纪念我国文化素质教育工作开展20周年[J].中国高教研究，2015(6):7-11.

训练活动,通过课堂和日常体能训练切实提高学生的身体素质。当前大学生的心理问题已成为社会关注的一个棘手问题,进一步加强学生健康心理的教育成为培养身心素质的一个重要内容,要培养学生健全的认知能力、积极进取的乐观心态、坚韧不拔的意志品质,使学生能够正确进行自我评价、有效控制情绪、保持和谐的人际关系、具备较强的社会适应和挫折承受能力等。无论学生处于顺境还是逆境,都要能接纳自我、包容他人、热爱生活、热爱工作、客观理性,从而拥有更加和谐融洽的人际关系和更为宽广的人生之路,乐意为自己、家庭、单位、社会贡献自己的光和热。

(四)突出职业素质教育的支撑作用

职业素质教育是高职素质教育的特色内容。当前高职教育进入了高质量发展的阶段,只有培养具备扎实的专业知识和专业技能的技术技能人才,才能实现支撑社会主义现代化强国建设的目标。突出职业素质重点是加强对高职学生的职业理想、职业道德、职业知识、职业习惯、职业技能的培养和教育,以胜任岗位的要求。培育学生的职业素质,必须遵循和尊重职业教育的规律,通过产教融合和创新教学团队培养等形式不断提高学生的职业素质。高职教育通过校企合作、产教融合增进学生与对应行业企业的职业认知。在职业见习的过程中,学生通过积极主动对接行业企业、了解行业企业环境、将行业企业文化融入日常专业学习,把个人职业能力的提高与企业发展的目标结合起来。职业素质的提高能够帮助学生真正做到干一行、爱一行、成一行,使其满足社会行业和企业的要求。即使是在不同的岗位和职业环境中,具备较高职业素质的学生也能根据自身已有的知识技能快速适应新的环境。过硬的职业素质能帮助学生在职业岗位发展中敢于创新、善于创新,获得可持续发展能力。

(五)加强创新素质教育的持续作用

创新已经成为大学生的必备素质,创新素质成为高质量发展的一个重要因素和动力。在高质量发展时期,高职学生尤其需要具备创造素质,需要在已有知识和技能的基础上,在一线的工作岗位和实践中创造出新的物质和精神产品,从而不断提升职业发展竞争力。随着我国经济结构和产业结构的不断更新升级,劳动力市场对高职学生的创新素质提出了更高的要求,高职院校需要着力开展创新素质教育。把创新素质教育作为高职人才培养的一个新的主攻点,以促进学生的全面发展为宗旨,以促进就业为导向,结合学生的个性爱好,依据地域、行业、专业特点和需求,提高学生的职业素养,在职业素养培养过程中帮助学生培养创新意识和思维,发挥主观能动性,做专业知识和技能学习中的有心人,学会积极思考与探索,加强创新品质培养,使学生形成勇于创新、乐于创新、不怕困难、不畏失败的精神风貌,积极创造条件,培养学生勇于创业的意识,为学生创业提供相关政策支持,支持学生创业团队,促进营造学校的创新创业氛围,培养学生自主创业的能力,以创业促就业,以创业促发展。

三、人工智能时代对高职学生核心素质的新要求

(一)第四次教育革命的影响

人工智能在全球的崛起,促使许多行业发生了深刻的变革,也引发了相关行业的布局调整和转型升级,如工业、医疗、金融、交通等。然而,作为和我们每个人息息相关的教育领域,人工智能与其的深度融合还面临许多挑战,目前的教育模式仍以传统教育为主导,重大变革性的乃至革命性的探索依然任重而道远。英国学者塞尔登与阿比多耶在《第四次教育革命:人工智能如何改变教育》一书中认为,人类的历史从某种意义上来说就是一部教育的历史。作者基于教育领域变革的视角,将人类的教育革命划分为四个阶段,即以在家庭、团体和部落中向他人学习为特征的有组织学习和必要的教育带来了第一次教育革命,以制度化教育为特征的学校和大学教育构成了第二次教

革命,以印刷与世俗化为主要内容的大众化教育构成了第三次教育革命,以人工智能、增强现实和虚拟现实等为主要内容的个性化教育构成了第四次教育革命。

大学必须在第四次教育革命的影响下做出改变。越来越多的人认为,大学需要花更多精力来培养学生的就业技能,尤其是那些人工智能和机器人无法代替的技能。[①] 这些技能包括创造力、社交能力、伦理道德选择、灵巧性等。创造力是人类独有的,但也不是人人都有的,学生的创造力需要大学教育来激发。不管是为了就业工作,还是为了自己,人们都需要一种创业的心态、积极的心态。机器当然可以模仿人类的情感,但它永远不可能感知情感。社交能力是需要培养的,大学教育对此应给予充分的重视。良好的道德和品格是良好教育的基础,或者说它们应该成为良好教育的基础。做出道德选择是人类的本性,也只有人类才有权决定未来其他人、动物和地球生存的伦理问题。所有学生都应该接受伦理道德教育,使其性格和智力共同发展。身体既是机器,又不是机器。我们需要教给学生身体的工作原理,教他们如何与身体做朋友,如何把身体与思维联系起来。[②]

(二)人工智能时代对高职学生核心素质的要求

面对人工智能带来的第四次教育革命,我们应该培养什么样的技术技能型人才？机器的能力越来越强,承担的任务也越来越多,部分传统行业依靠机器就能进行生产。我们必须面对的一个现实就是对传统体力和技术行业的需求将大幅度减少。我们需要重新考虑高职院校人才培养模式,要更加注重培养学生的数字化能力、创新思维能力、沟通与合作能力以及终身学习能力。

[①] 塞尔登,阿比多耶.第四次教育革命:人工智能如何改变教育[M].吕晓志,译.北京:机械工业出版社,2019:178-179.

[②] 塞尔登,阿比多耶.第四次教育革命:人工智能如何改变教育[M].吕晓志,译.北京:机械工业出版社,2019:180-181.

1. 更加注重培养学生的数字化能力

人工智能时代对高职学生的数字化能力提出了更高的要求。随着人工智能技术的快速发展，数字化已经成为现代社会的重要特征。因此，高职学生需要具备一定的数字化素质以适应这个时代。首先，高职学生需要具备基本的计算机操作和网络应用能力。他们应该熟悉常用的办公软件，能够进行文字处理、数据分析和演示文稿制作等基本操作，了解网络的基本知识和应用，能够使用网络进行信息检索、资源获取和在线学习。其次，高职学生需要具备一定的编程能力。人工智能技术的核心是算法和程序设计，因此，高职学生应该学习一门编程语言，如 Python 或 Java，掌握基本的编程思维和解决问题的能力。这样他们就能够理解和应用人工智能技术，为实际工作和生活提供有效的解决方案。最后，高职学生还应该具备信息素养和数据分析能力，能够从海量的信息中筛选和提取有价值的内容。要了解数据分析的基本方法和工具，能够对数据进行收集、整理和分析，从中发现规律和问题，并提出改进和优化的方案。总之，人工智能时代对高职学生的数字化能力提出了更高的要求。要在人工智能时代脱颖而出，他们需要具备基本的计算机操作和网络应用能力、掌握一门编程语言、具备信息素养和数据分析能力，为职业发展奠定基础。

2. 更加注重培养学生的创新思维能力

在人工智能时代，高职学生的创新思维变得更加重要。人工智能技术的快速发展和广泛应用，对社会和经济产生了深远的影响。人工智能技术的不断创新和发展需要高职学生具备创新思维。人工智能技术的应用领域广泛，需要不断地提出新的解决方案和创新的应用模式。首先，高职学生作为技术应用的实践者，需要具备创新思维，能够在实践中发现问题、提出解决方案，并将其转化为实际的应用。其次，人工智能技术的发展带来了大量的数据和计算资源，为高职学生提供了更多的创新机会。高职学生可以利用这些资源，开展各种创新项目，探索新的应用领域，推动技术的进步。最后，人工智能技术的应用需要高职学生具备跨学科的知识和能力,能够将不同领域的知识进行整合和创新应用。创新思维需要积极的心态和勇于尝试的精神,因此,要培养学生的积极心态,鼓励他们勇于尝试、从失败中学习,并坚持不懈地追求创新。通过培养积极的心态,学生能够更好地应对创新过程中的困难和挑战。综上,人工智能时代更加强调高职学生的创新思维,高职学生应该培养创新思维,不断探索和实践,以适应人工智能时代的变革。

3. 更加注重培养学生的沟通与合作能力

沟通与合作能力在人工智能时代尤为重要,因为这个时代的工作越来越依赖团队合作、跨学科项目以及人机交互。对于高职学生而言,培养良好的沟通与合作能力是成功适应职场和社会的关键。有效的沟通能力包括清晰表达思想、倾听他人观点以及适当地使用非语言沟通手段。在问题变得更加复杂的背景下,单一学科或专业领域的知识已不足以解决问题。跨学科的团队能够集合不同领域的专业知识,通过合作提出创新的解决方案。有效的沟通是跨学科团队合作的基础。人工智能的发展与应用需要技术人员与其他领域专家(如医疗、教育、金融等)的紧密合作,以确保技术解决方案能够满足实际需求。这种跨领域合作要求高水平的沟通和合作能力。人工智能和数字化正在改变工作方式,包括远程工作、灵活工作制和虚拟团队等。这些新的工作模式要求员工具备强大的沟通能力,以保持团队的协同工作效率。全球化使工作环境更加多元化,在这样的环境中,理解和尊重不同文化的沟通习惯和价值观,以及能够跨文化有效沟通,对建立和维护有效的合作关系至关重要。随着人工智能技术的融入,日常工作中人机交互变得越来越频繁。有效地与 AI 系统沟通和协作以及理解其决策逻辑,对提高工作效率和决策质量至关重要。因此,在人工智能时代,沟通与合作能力不仅是个人职业成功的关键,也是团队、组织乃至整个社会能够有效应对挑战、实现创新和保持竞争力的基石。这些能力远远超出了传统职场的要求,成为现代教育和人力资源发展的核心内容。

4.更加注重培养学生的终身学习能力

终身学习能力指的是个体在整个生命周期不断学习新知识、新技能以适应快速变化的社会和技术环境的能力。这种能力对于高职学生来说尤其关键，因为他们将进入一个技术迭代快速、职业角色不断变化的职场。人工智能和相关技术（如机器学习、大数据分析、云计算等）正以前所未有的速度发展和演变。现有的先进技术可能很快就会过时，在这样的环境中，个人需要持续学习新的技术和工具，以保持自己的技能更新和市场竞争力。随着技术的发展，许多传统职业角色正在消失或转型，同时也产生了许多全新的职业机会。为了适应这种不断变化的职业市场，个人需要具备终身学习的能力，不断地更新自己的知识库和技能集，以适应新的职业要求。个人需要在整个职业生涯中不断学习，以跟上知识和技能的更新速度。全球化和技术创新加剧了市场竞争，个人和组织需要不断创新以保持竞争力。终身学习能力是驱动创新的关键因素，因为它能够帮助个人掌握新的思维方式、技术和方法。随着教育资源（尤其是在线教育资源）的不断丰富，学生有更多机会根据自己的兴趣、需求和时间安排学习。终身学习成为一种个性化的、灵活的学习方式，使个人能够更有效地适应职业生涯的不同阶段。为了培养学生的终身学习能力，高职院校需要设计具有挑战性、相关性和实用性的课程和项目，鼓励学生自主学习和探索。同时，学生需要主动寻找学习资源，以工作和生活中的实际问题为学习的出发点，持续学习知识和技能。

第三节　人工智能时代核心素质与高职人才培养的关系

人工智能被广泛认为带来了继信息技术革命之后的新一轮生产

力革命,对各行各业产生了巨大而深远的影响。教育作为其中最重要的领域之一,也遇到了新的挑战和机遇。无论是人工智能引领社会经济变革倒逼教育变革,还是教育主动采用越来越多的人工智能技术从内开始变革,新一代人工智能都必将以更高效、更均衡、更低成本的方式融入教育。教育如何充分运用大数据、物联网、5G通信、云计算等现代高科技手段实现智能化的教育模式和服务、提供个性化的学习支持和指导、促进学生的全面发展是当前人工智能时代对教育提出的新课题。

人工智能时代的到来对整个经济社会造成了巨大冲击。高职教育肩负着为社会培养高素质高技能型人才的重任,是与经济社会联系最密切的教育类型之一,同样也受到了人工智能发展的影响。人工智能技术革命直接导致大量的传统职业消失,这些智能化程度不高的工作逐渐被智能机器所取代,许多传统行业和岗位面临着被淘汰或转型升级,同时各行业又迫切需要高素质高技能人才,这就对劳动力市场产生了强烈冲击:一方面一般劳动力过剩;另一方面紧缺型人才岗位空缺。职业的危机导致职业教育的危机,传统高职教育以就业为导向,以培养学生专业技术技能为目标,与劳动力市场息息相关,人工智能时代的到来使传统的高职教育面临严峻的挑战。

一、人工智能时代对高职教育产生的新影响

21世纪,新一代人工智能技术如大数据和区块链等的迅猛发展推动了技术的不断升级,引发了社会的革命性变革。美国的"再工业化"、德国的"工业4.0"等战略,预示着技术推动产业变革迎来了新的时代转折。然而,值得注意的是,"技术变革的已然性与职业教育适应的滞后性将会加大人才从职业院校进入劳动力市场的就业鸿沟"[①]。

---

① 朱德全,熊晴.技术之器与技术之道:职业教育的价值逻辑[J].教育研究,2020(12):98-110.

高等职业教育在面对未来工作需求时,最主要的任务是培养与岗位需求相适应的劳动者。随着人工智能技术的发展,未来工作的性质更加注重专业群而不是特定岗位的能力,高等职业教育需要重点培养高职学生具备与未来工作需求相匹配的能力。这些能力包括与真实职业环境密切相关的技能、结合过去经验和新情境的能力以及解决复杂问题和创新的高级多元能力。

(一)人工智能技术将促使专业与人才培养方案的调整

人才培养方案的调整目标是高职人才素质能力结构朝着"高阶多元"方向进阶,从"制器"到"育人"、从"职业人"到"全面人"的转变。很多传统专业培养的毕业生已经不再是社会所需要的了,如记账员、制造业生产线工人、银行柜员等,这些专业需要转型升级或者需要与人工智能相结合进行调整。因此,在人工智能时代,高职教育将更加重视对高素质高技能型人才的培养,毕业生不但要有一技之长,还要拥有可持续发展的能力,这就要求高职教育专业设置的改革与升级转型,专业设置要符合人工智能对技术人才的需求,教学内容更加注重对学生综合能力和创新能力的培养,人才培养更聚焦无法被人工智能代替的能力素养,不断提升人才培养的质量。

一是课程内容的更新和调整。人工智能技术的快速发展要求高职教育及时更新和调整课程内容,以确保学生能够掌握与人工智能相关的知识和技能。新的课程可能包括机器学习、深度学习、自然语言处理等。二是跨学科的合作。人工智能技术的发展需要人们综合应用不同领域的专业知识和技能,各专业需要与计算机科学、数学、心理学等其他学科进行交叉合作,以培养学生跨学科的能力和综合素质。三是职业教育的培养目标需要调整,以培养能够有效应对人工智能所带来的变革的人才。这些人才需要具备高阶能力和关键素质,以适应快速变化的环境,具有创新思维、创造能力、学习能力、合作意识、跨界意识等关键素质和高阶能力,树立"硬技术+软素质"的"完整职业人"

的职业教育培养目标，培养学生由满足单一的传统岗位能力需求向满足多元综合的岗位群能力需求转变，从而有力应对人工智能所带来的"替代性危机"，实质性提升学生对智能技术的驾驭力以及个体竞争力。①

（二）人工智能技术深度融入教育教学活动

新一代大数据、云计算等信息技术以及新的理念应用于职业教育的过程，这有助于教学方式的更新，进一步提高教师教学和学生学习的质量和效率。新技术的应用促进学习方式、教学方式、教学手段、教学内容、评价内容的改革与创新，推动人才培养模式改革。高职院校的内部治理、师资队伍的建设等也要进行改革，在教学过程中同时实现智能化采集相关数据、智能分析教学过程、精准评价课堂效果。教师可以利用人工智能技术为学生提供个性化的学习体验，根据学生的学习情况和需求进行智能化的教学。例如，教师可以利用自然语言处理技术为学生提供即时反馈，或者使用虚拟现实技术创造沉浸式的学习环境。由于高职教育非常强调产教融合，虚拟现实、增强现实等人工智能技术将被模拟应用于职业教育实践场景，进行模拟实训，这将极大地改变传统课堂的模式。人工智能技术进一步优化了教学空间和设施，更多的智慧学习空间将会代替传统教室作为开展线上线下学习与实训的场所。在2022年举办的世界职业教育产教融合博览会上，科大讯飞董事长刘庆峰在主题演讲中表示，当前科大讯飞与广东轻工职业技术学院共同打造的"智慧学习空间"，打通了"线上虚拟空间＋线下物理空间"两个空间，聚焦教师、学生、学校三大主体，实现精准化教、个性化学、科学化管，促进教育教学模式创新，提升教与学的质量。先进的设计理念、独特的技术优势、规模化的统计应用成效助力"智慧学习空间"获评广州数字经济应用场景标杆案例。

---

① 王羽菲,和震.人工智能赋能职业教育:现实样态、内在机理与实践向度[J].中国远程教育，2022(5):1-8.

（三）学生就业市场的变化和终身学习能力的培养

人工智能的广泛应用导致了就业市场的变化，一些传统的工作岗位可能会被自动化或智能化取代，而同时也会出现一些新的工作岗位与机会，许多行业需要人工智能专业人才来开发和应用相关技术。高职院校需要与行业保持紧密联系，了解就业市场的需求，并调整培养方案以培养与人工智能相关的技能人才，培养学生与人工智能技术结合的专业技能，如数据分析、机器学习、自然语言处理等，以适应新兴的就业需求。人工智能时代对终身学习能力提出了更高的要求，高职学生需要意识到这种变化，并在选择专业和职业方向时考虑到人工智能的影响。由于技术的快速发展和不断变化，学生需要具备持续学习和适应新知识的能力，要不断更新自己的技能和知识，跟上人工智能领域的最新发展。这意味着学生需要培养自主学习、批判性思维和问题解决能力，以便不断适应和应对变化的就业市场。人工智能技术的快速发展意味着高职毕业生需要不断更新和学习新的知识和技能。高职院校需要为学生提供终身学习的机会和资源，帮助他们适应人工智能时代的变化。

职业教育既注重培养技能，又注重培养实践创新能力。一方面，高职院校在将人工智能应用于职业教育时，需要关注它在技术技能培养中的作用，如可以为学生提供更多实践机会，培养他们在相关领域的技术能力和技能。另一方面，人工智能已成为教育界不可忽视的变革力量，正在快速渗透职业教育的各个领域，推动职业教育朝着更高级的形态迈进。人工智能的应用可以改变教育的方式和方法，提供个性化的学习体验和定制化的教学内容，使教师更好地了解学生的学习需求和进展情况，为他们提供更加精准的指导和支持。

高职院校需要及时适应这些变化，以培养学生掌握与人工智能相关的知识和技能，并为学生提供适应人工智能时代的终身学习机会。新技术的融入使高职教育不仅能够进行精准化教学，还能帮助学生实现个性化学习和智能化评价。一方面,在大数据、云计算等信息技术与人工智能技术的帮助下,高职院校可以更便捷高效地收集学生的个性数据、素质信息和学习信息。另一方面,个性化教学方案和计划依托智能学习终端提供的沉浸式学习体验和高度智能化的学习过程跟踪服务,能够实现因材施教。人工智能时代的职业教育需要做到"软硬兼施",更加侧重培养学生的职业素养,培养学生的独立思考能力和协作能力,帮助学生在未来的职业发展道路中准确定位自己。[①] 人工智能语音技术已经开始应用于职业教育师生的减负增效,持续推动以学习者为中心的教学改革。未来人工智能将进一步助力职业教育创新发展,人工智能与教育的深度融合将大大减轻专业课教师传授标准化、统一化基础理论和知识的教学压力,解放教师的时间和精力,使其可以专注从事人工智能无法胜任的技能指导和思想道德教育、人格塑造、情操陶冶等育人工作。

二、人工智能时代对高职学生人才培养的转变

2023 年,由 OpenAI 开发的大型语言模型 ChatGPT 冲上各国热搜。ChatGPT 存储了大量的文本数据,可以进行自然语言处理,回答各种问题,完成各种任务。随着新一代人工智能及相关新技术的更新迭代,新技术导致产业的变化,就业随之出现新的变化,大量传统的岗位将被淘汰,高技能岗位人才需求大增。就业难、难招人成为职业学校和行业企业之间的供需矛盾。2022 年,人力资源和社会保障部官网发布《机器人工程技术人员等 18 个新职业信息向社会公示》,其中与人工智能相关的"机器人工程技术人员""增材制造工程技术人员""数据安全工程技术人员""数字化解决方案设计师""数据库运行管理员""信息系统适配验证师""数字孪生应用技术员""商务数据分析师"

---

① 王文静,庄西真.人工智能视阈下职业教育的机遇、困厄与出路[J].中国职业技术教育,2018(22):33-37.

"农业数字化技术员"等就占了一半。高职院校的人才培养只有紧跟人工智能时代的要求做出改变才能培养出社会需要的人才。

(一)转变人才培养目标

在人工智能时代,高素质高技能型人才不再只是某一方面的专才,而是具有创新思维,具有不断学习力、适应力和创造力的全能型人才。因此,职业教育原本培养技能型技术人才的目标需要改变。人工智能时代的人才培养要兼顾专业性、复合性和发展性,要培养一专多能型的现代职业人。人工智能时代培养的高职学生不仅要有扎实的专业知识与专业技能,还需要有不断创新发展的关键能力,在长期岗位锻炼过程中能够进行不断的积累与提升,能够应对技术的快速发展,即具有可持续发展能力。所以在人才培养的过程中,我们要转变"一专一能"的模式,要树立"一专多能"的培养目标,以提升学生综合能力为宗旨,将其融入人才培养的各个环节。

在人工智能时代,除了坚持培养学生的专业技能,职业教育的人才培养还对培养学生的人文素质提出了更高的要求。人的情感是机器和技术无法取代的,所以职业教育最终还是要回归到人的终极发展,实现人对幸福的追求。职业教育的人才培养要兼顾技术价值与人本价值的和谐融合,实现职业能力的技术性与人文性相统一。[①] 高职教育应该转变职业能力的培养目标,从传统的岗位技能培养转向更广泛的综合能力培养,并将其融入人才培养的各个环节,以培养适应人工智能时代需求的全面发展的人才。

(二)改变人才培养方式

人工智能是实践性很强的领域,重视技术与实践的结合。学生需要通过实践项目、实习和实训等,亲自动手解决问题、开发应用,培养实际操作能力和创新能力。人工智能的发展涉及多个学科领域,要求

---

① 李冰玲.面向人工智能时代的职业能力培养:逻辑、价值与路径[J].教育科学论坛,2022(11):15-19.

学生具备跨学科的知识和能力。因此,学校的人才培养要打破传统学科的界限,开设跨学科的人工智能课程,让学生了解不同学科的知识和方法,并将其综合运用于实际问题中。虚拟仿真技术让传统的平面课堂立体化,真实情景的课堂大大增强了教学的交互性和体验性。原本的高职课堂教学很少有真实的教学场景可以让学生体验,而利用虚拟仿真等现代信息技术,教师可以开展形式多样的学习活动,不断优化教学设计与教学策略,提高教学的实效性,提升课堂教学效果。将人工智能技术应用到教学,使课堂教学有很强的交互性,能够为学生创造个性化的学习环境。人工智能相关技术的应用能够实时辨析学生的课堂动态,可以分析学生的性格特征和学习风格,进而可以根据学生的特征为学生专业知识与能力的培养设计合适的教学路径,做到因材施教。同时在真实生动的教学环境中激发学生的参与兴趣,提高学生专业学习的积极性,提高学生的学习效率,使学生完全沉浸在教学内容交互过程中,这是高效率学习的前提。人工智能的应用涵盖了全球范围和多个领域,高职人才需要具备跨文化和跨领域合作的能力,学校可以通过开展国际交流项目、合作研究等活动,培养学生的跨文化沟通和合作能力,让学生能够适应国际化的人工智能领域。

(三)整合人才培养资源

2022年12月,中共中央办公厅、国务院办公厅印发《关于深化现代职业教育体系建设改革的意见》,这标志着职业教育改革重心由"教育"转向"产教",将职业教育与行业进步、产业转型、区域发展捆绑在一起,更加注重服务经济社会发展。产教融合是现代职业教育的基本特征,也是提高人才培养质量的重要路径,通过整合政校企三方平台,优化实训资源。高职院校可以与人工智能企业以多种合作形式搭建智能化智慧教室和实训基地,充分整合社会资源,摆脱现阶段很多高职院校实训基地与课堂教学脱节的困境。人工智能技术将打破时间和空间的壁垒,将课堂教学与未来岗位的实操情景有机结合起来。高职院校的实训基地可以使用虚拟仿真、人工智能等技术，采用桌面式操作一体机、大空间多人协同交互系统、幻影成像系统、沉浸式LED大屏、全息投影系统等虚拟教学方法和手段，有效解决当前高职教育的实训难点和痛点。还可以通过实时动态的教学评价及时反馈教学内容、教学方式和教学资源，利用技术进一步分析并反馈就业市场信息，及时调整专业设置、课程教学内容和人才培养方案。

资源的整合还包括优化教师资源。人工智能时代将促使教师资源的有效整合，真正实现"双师型"师资队伍建设。一方面，技术革命推动高职院校教师的教育理念的转变。教师在知识技能传授的过程中不断学习人工智能时代新的知识和技能，主动构建时代要求的知识技能体系，增强主体学习的意识。教师在人才培养中应重视个体的主体地位，关注学生的智能差异，并灵活调整教学步骤，共同促进能力的生长和匠心的培育。这种个性化的教学方法有助于激发学生的潜力，培养他们在职业领域的能力和创造力。另一方面，技术革命将进一步帮助教师提高职业素养。多元的智能设备与丰富的数字资源可以为教师进修培训提供丰富的学习内容和工具，帮助教师扩展知识领域、拓宽教学方法，并与其他教师进行交流和合作。同时，人工智能技术的应用使教师可以进行跨学科、跨领域乃至跨地区的学习。教师可以获取来自不同学科和领域的知识和经验，拓宽自己的教学视野。他们可以参与在线教育平台、教育社区和专业网络，与其他教师分享教学经验、探讨教学问题，并共同提升教学水平。这种学习共同体的形成和人工智能技术的应用有助于教师的素质能力和教学水平的提升，帮助教师获取最新的教育理论和实践成果，不断更新自己的知识和教学技能。

在人工智能时代，新的信息技术的广泛应用给高职教育和学生既带来了机遇也提出了挑战，传统行业和岗位逐渐消失，跨界产业的融合成为新的趋势，岗位的交叉合作成为常态，这些背景对高职学生的核心素质培养提出了新的挑战和要求。

三、核心素质是人才培养的目标和评价标准

2022年12月27日,教育部举行新闻发布会,介绍中共中央办公厅、国务院办公厅印发的《关于深化现代职业教育体系建设改革的意见》有关情况。时任教育部职业教育与成人教育司司长陈子季在新闻发布会上表示,职业教育功能定位由"谋业"转向"人本",更加注重服务人的全面发展。职业教育是促进就业的重要途径,但绝不是单纯的就业教育。陈子季介绍,该意见破除了"矮化""窄化"职业教育的传统认知,直击改革实践中的难点痛点问题,提出了一系列新理念、新观点、新判断,极具理论与实践价值。该意见重申了职业教育的定位,就是要服务人的全面发展,建立健全多形式衔接、多通道成长、可持续发展的梯度职业教育和培训体系,推动职普协调发展、相互融通,让不同禀赋和需要的学生能够多次选择、多样化成才,这对扭转社会对职业教育的鄙视,消解职普分流带来的教育焦虑有重大作用。[1] 该意见的实施是为了让高职教育更好地适应时代要求,由生产力和生产方式的变化决定高职教育的发展,这也势必关系到高职人才培养的变革。高职学生所需的核心素质体现了人才培养过程对时代趋势和职业需求的敏感反应。这些核心素质直接反映不同历史时期对劳动者的特定要求,揭示了职业教育在回答"社会需要何种类型的劳动者"这个问题时扮演的角色。随着社会从农业到工业再到信息化时代的演进,劳动者所需的核心素质也随之发生了转变,展现出动态变化等特点。社会的持续进步伴随着技术革新、劳动分工的细化以及生产方式的转变,不仅推动了新职业的产生,也使社会对劳动者核心素质的要求变得更为广泛和复杂。个人并不是天生就具备这些核心素质的,需要通过教育和参与社会实践逐步培养和提升自己,从而形成并不断完善这些

---

[1] 教育部:职业教育功能定位由"谋业"转向"人本"[EB/OL]. (2022-12-27)[2023-07-27]. http://www.moe.gov.cn/fbh/live/2022/55031/mtbd/202212/t20221228_1036782.html.

素质。

（一）核心素质是高职人才培养的目标

核心素质是指个体在特定环境中发挥出的基本素养和能力。高职人才培养是指培养适应社会经济发展需要的高素质、高技能人才。核心素质是高职人才培养的目标，是培养学生综合能力的基础，其包括专业知识、实践能力、创新能力、沟通能力、团队合作能力等。高职人才不仅应具备扎实的专业知识和技能，能够适应工作需要，具备解决实际问题的能力，还应具备创新思维和创新能力，能够在工作中不断提出新的解决方案和创新点。沟通能力和团队合作能力也是高职学生应具备的重要素质，使自己可以根据需要与他人进行有效沟通，并在团队中与他人协作完成任务。在人工智能时代，具有责任感、敬业精神、创新意识等素质的劳动者更容易适应岗位要求。培养学生的核心素质是高职人才培养的目标，这有助于学生适应职业发展需要，提高就业竞争力。高职教育的目标不仅是培养学生的专业技能，更重要的是培养学生的综合素质和能力，通过培养学生的核心素质，使他们在职业发展中具备更强的竞争力。

（二）核心素质也是高职人才培养的评价标准

在高职教育中，除了对学生的专业知识进行评价，还要对学生的核心素质进行评价。通过对学生的核心素质进行评价，可以更全面地了解学生的综合素质和能力，为他们的职业发展提供更好的指导和支持。核心素质对高职人才的培养和发展具有重要意义。首先，核心素质是高职人才综合能力的体现。核心素质能够帮助高职人才更好地适应工作环境，解决问题，提高工作效率。其次，核心素质是高职人才职业发展的基础。在现代社会中，职业发展不再仅仅依赖专业知识和技能，还需要劳动者具备更广泛的能力和素养。核心素质能够帮助高职人才更好地适应职业发展的变化和挑战，提高自身的竞争力和可持续发展能力。最后，核心素质也是高职人才终身学习和自我提升的基础。在人工智能时代,人的发展与社会发展的互动态势更加明显。劳动分工引发单一工种向复合工种转变,动作技能转变为心智技能,要求劳动者具备跨岗位的本领。技术进步导致简单职业向综合职业发展。现代社会中职业劳动的智能结构出现跨专业技能(计算机、外语)、跨行业技术(互联网工具信息手段)、跨产业意识(环保、安全)三大复合态势,要求劳动者具备跨职业的本领。[①] 在现代社会中,知识和技能的更新速度非常快,高职人才培养要使一个"自然人"成为社会所需要的职业人,但又不仅是一个纯粹的职业人,而是一个既要生存又要发展的社会人,要能够不断学习和适应新的挑战,保持竞争力。

四、人工智能时代基于核心素质的高职教育价值表达

职业教育基于特定社会经济发展的背景,反映特定历史条件下人才培养的变化。这涉及"培养什么样的人才"和"怎样培养人才"的问题,而人才培养目标的价值定位则是核心内容。因此,探讨人工智能时代高职学生核心素质培养的前提是必须厘清我国高职教育人才培养价值定位的发展,这将直接影响高职教育人才培养的标准和规范等实际问题。

(一)培养理念转变:从"专能"到"全才"

"随着技术变革的加速,工业4.0对从业者的专业能力、社会能力以及方法能力的要求将会更加突出,更加强调从业人员在多样化的工作情境中具有不断适应变化、学习新技能和手段的能力。"[②]因而,人工智能时代高职人才培养目标要兼顾技术性与人文性、适用性与发展性、专业性与复合性,即从"一专一能"走向"一专多能",培养全面发展

---

① 姜大源.职业教育要义[M].北京:北京师范大学出版社,2017:10-11.
② 杨进.工业4.0对工作世界的影响和教育变革的呼唤[J].教育研究,2020(2):124-132.

的"现代职业人"。① 教育在本质上是一种社会活动，在社会发展的不同阶段，人们对教育的理解和重视程度也有所不同。社会所需要的核心素质是引领高职院校教育方向、指导其进行教学改革的教育理念。当然，人才培养理念是基于对教育规律的理性认知和抽象总结而形成的，它是一种观念体系，指导着教育实践的方向和方法，是在实践中逐步积累和演化的，它反映了人们对教育目标、教学方式和评价体系的认识和追求。

  农耕时代，人们的生产方式以农耕为主，因此他们更加注重掌握农耕工具的使用技巧和操作方法。这种技能对于他们的生计和生活至关重要。然而，随着工业时代的到来，职业教育的重点逐渐转向了工业化生产所需的知识和技能。人们开始将工人视为一种工具，通过教育系统来培养他们具备特定的职业能力和技术。在这种职业教育的模式下，学生被看作是一种待塑造的容器，他们被灌输特定的知识和技能，以适应特定的职业需求。这种教育的目标是培养学生成为具备特定技术和能力的劳动力，以满足工业化生产的需求，这种教育模式注重的是学生的功能性。从某种意义上说，职业教育变成了一种培养专才的工具。在工业社会初期，职业教育的主要目标是培养大量的技术技能人才，以满足经济发展和企业生产的需求，而这确实为当时的社会经济发展做出了贡献，也适应当时社会对职业教育的需求。

  然而，将职业教育仅仅视为"专能"的培养工具也带来了一些负面效应。这种观念将职业教育的目标局限于培养适应特定职业岗位需求的熟练工人，使教育过程中的知识和技能变得狭窄且单一。这种理念强调教育工具的理性运用，却忽视了学生的主体地位。过分注重学生职业岗位就业的适应性，淡化了职业教育的"育人"功能，忽略了学生全面发展的需求，忽略了为他们提供多样化的学习机会和发展路径

---

① 李冰玲.面向人工智能时代的职业能力培养：逻辑、价值与路径[J].教育科学论坛，2022(11)：15-19.

以及帮助他们实现自身潜能最大化的可能。这种教育理念容易导致人才过度专业化，使人才缺乏综合素质和创新能力。过于注重技能培养可能忽视了个体的兴趣和发展需求，导致培养出的人才缺乏自主性和创造性。此外，职业教育被过度强调为经济发展服务，这样一来可能会忽视社会公益和个体幸福。因此，对于职业教育来说，不仅要重视技能培养，还需要注重培养学生的综合素质和创新能力。职业教育应该以个体的兴趣和发展需求为出发点，为学生提供多样化的发展路径和机会。同时，职业教育也应该关注社会公益和个体幸福，培养具有社会责任感和人文关怀的职业人才。只有在这样的理念指导下，职业教育才能真正发挥其应有的作用，为社会经济发展和个体发展做出积极贡献。

而现在，人才培养理念逐渐转向"全才"培养。这意味着将培养学生的全面素质和个性特点放在首位，注重培养学生的创新能力、批判思维、团队合作能力等软技能。这种理念认识到每个学生都是独特的个体，需要个性化的培养方法和关注。从"专能"到"全才"培养的转变还意味着教育者的角色发生了变化。教育者不再是简单的知识传授者和训练者，而是成为学生的引导者和启发者。他们应该提供学习的机会和环境，激发学生的兴趣和潜能，帮助学生发展自己的才能和个性。总而言之，人才培养理念从"专能"到"全才"的转变，注重培养学生的全面素质和个性发展，将教育者的角色从简单的传授者转变为引导者和启发者，更符合现代社会对人才的需求和个体的发展需要。回归教育的本质，作为一种类型教育，高职教育的本质也应该是"育人"。人作为教育活动的主体，应该始终处于教育活动的中心。核心素质培养的提出在一定程度上要求高职教育回归教育本真，指向育人的终极目标。这既是对原有的技能教育的修正和反思，也是对 21 世纪教育要"培养什么样的人"的科学回应。因为人工智能时代的到来，知识的更新、技术的进步、生产力的变革正在颠覆性地影响和改变着人们的生产和生活，传统的高职教育人才培养理念和模式已难以适应人工智能时代的经济社会发展需要。高职学生核心素质培养作为职业教育理念新的理解和表达方式,把育人的目标指向全面发展的人,重新回归信息社会高职教育的育人属性和教育学立场。

(二)培养目标转变:从"职业人"到"全面人"

随着培养理念的转变,高等职业教育的培养目标也随之改变。高职教育作为教育的一种类型,从诞生之初就与地区经济社会发展密切相关,并且专注于培养满足行业产业需求的技术技能人才,即具备职业能力的"合格的职业人"。这种以就业为导向的高职教育人才培养理念旨在培养学生掌握熟练的职业技能,使其在社会中具备强大的职业竞争力和岗位适应能力,满足用人单位的劳动力需求。高等职业教育通过不断探索不同的合作模式,如工学结合、校企合作、产教融合和产教深度融合,旨在明确人才培养目标并满足区域经济社会的需求。这些合作模式的共同目标是培养符合行业产业岗位需求的合格职业人才,通过与企业和产业的紧密合作,提高学生的实际应用能力和就业竞争力,为区域经济社会的可持续发展做出贡献。在实际的教育实践中,高职院校致力于为用人单位培养与岗位要求相匹配的合格职业人才。随着社会的发展和变化,特别是进入人工智能时代,新的知识与技能需求不断被提出,这要求高职教育注重培养学生的跨领域能力、技术适应能力和数据分析能力等,以适应信息社会经济转型的需求,这就要求高职教育人才培养目标由"合格的职业人"转向"全面发展的人"。[①]

过去的人才培养目标主要是培养学生成为"合格的职业人",强调专业知识和技能的培养。然而,现在的社会对人才的要求已经不再局限于专业能力,更强调全面发展和综合素质。目标的转变是为了适应社会的需求和发展,现代社会对人才的要求不仅包括专业能力,还包

---

① 乔为.核心素养的本质与培育:基于职业教育的视角[J].职业技术教育,2018(13):20-27.

括创新能力、沟通能力、团队合作能力等综合素质,只有具备了这些综合素质的人才才能在竞争激烈的社会中脱颖而出。人才培养目标的转变也是为了培养学生的全面发展,过去的教育注重学科知识的灌输,忽视了学生的个性和兴趣发展,而现在的教育目标强调培养学生的创新能力和综合素质,注重培养学生的兴趣和个性,使他们能够全面发展。目标的转变呼唤教育方式和方法的改变,现在的教育更加注重培养学生的自主学习能力和创新能力,教师需要成为学生的引导者和启发者,给予学生更多的自主权和发展空间。

这个转变意味着高职教育不仅注重培养学生在特定职业领域的专业知识和技能,还强调培养学生的综合素养和全面发展。过去,职业教育主要侧重培养学生在特定职业领域的职业能力,以满足用人单位的需求。然而,随着社会的发展和变化,特别是知识经济和人工智能技术的兴起,劳动力市场对人才的需求也发生了变化。现代社会对人才的要求不仅是掌握特定职业所需的技能,还要求其具备更广泛的能力和素养。因此,高职教育开始注重培养学生的综合素养,包括创新思维、问题解决能力、沟通能力、团队合作能力等,这些能力不仅在特定职业中需要,而且在各个领域和职业中都具有重要价值。培养"全面人"意味着高职教育要关注学生的个人发展和成长,使他们具备适应不断变化的社会和职业环境的能力。此外,高职教育还需要注重培养学生的跨领域能力和终身学习能力。随着社会的快速发展和技术的不断更新,职业领域的需求也在不断变化。因此,学生需要具备跨领域的能力,能够适应不同领域的工作需求。同时,学生还需要具备终身学习的能力,不断更新自己的知识和技能,以适应职业发展和自我成长的需求。

总之,人才培养目标的转变是为了适应社会的需求和培养学生的全面发展。从"职业人"到"全面人"的转变,要求高职教育注重培养学生的综合素质和创新能力,使他们能够适应社会的发展和变化。在人工智能时代,提出培养高职学生核心素质的理念反映了高职教育对智能社会职业教育目标内涵的新认识,从价值取向来看,核心素质关注的焦点从知识和技能转向人的全面发展;从思维方式来看,培养目标突破了单一的"线性"思维,有助于建立更加系统和综合的教育目标结构。也就是说核心素质不仅反映了新形势下高职教育人才培养的新需求,还预示着智能社会高职教育需要进行职业教育目标系统的"范式转换",以适应技术进步、生产变革和职业变化。

第二章　人工智能时代高职学生核心素质模型构建的基本依据

高职学生的核心素质是实现国家职业教育宏观目标和高职院校具体目标的重要基础。对高职学生核心素质模型及其标准的研究有助于高职院校人才培养的精准定位和适应经济社会发展需要的高素质技术技能人才的精准发展。人工智能时代高职学生核心素质模型的构建要基于职业教育在特定时期的特点，统筹考虑普遍性与特殊性、连续性与阶段性的关系，以更好地体现核心素质的特质。

第一节　高职学生核心素质模型构建的理论基础

一、高职学生核心素质内容与马克思人的全面发展理论

人的发展方向和归宿一直是人类所追寻和探索的命题，也是教育理论的重点问题，2000多年前我国的孔子、孟子和西方的柏拉图、亚里士多德等中外教育家、思想家、哲学家都从自己的思想体系出发提出了对人的教育和培养的精辟论断。人的全面发展归根到底是人的素质的全面提高，19世纪马克思、恩格斯等人对空想社会主义进行了科学分析和深刻批判，提出了人的全面发展理论。马克思初步提出关于人的全面发展的思想是在《1844年经济学哲学手稿》中，第一次正

式使用"个人的全面发展"这一概念是在《德意志意识形态》中。《资本论》进一步阐述了人的全面发展的理论，从社会大生产和经济关系的角度分析教师的劳动属性，明确提出了人的全面发展、教育与生产劳动相结合是大工业发展的必然趋势。马克思人的全面发展理论是我们今天开展高职学生核心素质模型构建的重要理论依据和基础。

（一）人的需要的全面发展

"在任何情况下，个人总是'从自己出发的'，但由于从他们彼此不需要发生任何联系这个意义上来说他们不是唯一的，由于他们的需要即他们的本性，以及他们求得满足的方式，把他们联系起来（两性关系、交换、分工），所以他们必然要发生相互关系。"[①]简单地说，就是人的需要即人的本质（本性）。人的需要具有多样性，可以分为自然需要和社会需要。人的需要是随着人类社会的发展不断丰富的过程，是人类开展实践活动的本质动力。马克思把需要称为将个人和社会连接起来的纽带，认为需要是人的一种"天然必然性"[②]；又把需要称为人实现自己的本质的表现，认为需要是人的一种"内在的必然性"[③]。人的生命活动总是从需要开始。马克思提出的人的需要包括物质需要和精神需要。人类生存的基本需求就是满足物质需求，在满足这个基本需求的前提下人类在物质生活过程中又会有新的需求，这也促使人的需求不断地全面发展。同时人的需求也是有层次性的。恩格斯从哲学角度将人类需要的对象分为生活资料、享受资料、发展和表现一切体力和智力所需的资料三种，并将人的需要与之对应划分

---

① 马克思恩格斯全集（第三卷）[M]. 中共中央马克思恩格斯列宁斯大林著作编译局，译. 北京：人民出版社，1960：514.
② 马克思恩格斯全集（第一卷）[M]. 中共中央马克思恩格斯列宁斯大林著作编译局，译. 北京：人民出版社，1956：439.
③ 马克思恩格斯全集（第四十二卷）[M]. 中共中央马克思恩格斯列宁斯大林著作编译局，译. 北京：人民出版社，1979：129.

为生存需要、享受需要和发展创造需要三个层次。人的需要与人的全面发展以及人的素质的提高是紧密相连的,人的需要的全面发展是人类一切生产实践活动的驱动力量,人的需要的全面发展也促使人的多方面和多层次的进步,不断推动人类社会和文明的进步,推动人类各方面的全面发展,而高职学生的核心素质正是实现人的全面发展的重要基础。

(二)人的个性的全面发展

人的个性发展使人在社会生活中表现出独特的个人特征。马克思提出:"当社会成为全部生产资料的主人,可以在社会范围内有计划地利用这些生产资料的时候,社会就消灭了迄今为止的人自己的生产资料对人的奴役。"[1]人的全面发展的最高境界应该是人的个性得到全面发展。马克思描述的有个性的人是能适应社会关系,能在社会交往中发挥自主性的人,强调的是人的主观能动性。每个人都有其独特的个性,因其个性不同,故其从事的社会实践活动有所差异,人的社会实践活动的丰富和发展、人的社会关系的复杂多样,体现了人的独特个性的全面发展。人的个性的全面发展是指主观能动性的发展,马克思曾指出,不仅要"使自身的自然中沉睡着的潜力发挥出来",还要"使这种力的活动受他自己控制"。[2] 在认识和改造世界的过程中,其主观能动性、自主性和创造性能够得到全面发展。每个人因为独特成为与众不同的人,独特性的全面发展能够形成个人的特有素质、品格、气质、性格、爱好、兴趣、特长、情感等,人的个性的差异促进了社会的发展并丰富了各种实践活动,同时也形成个体的独特性。人的主观能动性能够让人自主调控自己的行为,独特性发展让人的自我意识和个性充分发挥,是人全面发展的综合体现和终极目标,也是人全面发展的根本

---

[1] 马克思恩格斯选集(第三卷)[M].中共中央马克思恩格斯列宁斯大林著作编译局,译.北京:人民出版社,1995:644.

[2] 马克思恩格斯全集(第二十三卷)[M].中共中央马克思恩格斯列宁斯大林著作编译局,译.北京:人民出版社,1972:202.

内涵。人只有成为自身的主人,其个性才能够真正得到全面发展,才能使社会每一成员都能自由全面地发展其全部才能和力量。

(三)人的社会关系的全面发展

马克思认为,一个人在社会实践中能发展到什么程度是由社会关系决定的。1845年,在《关于费尔巴哈的提纲》中,马克思指出,人的本质不是单个人所固有的抽象物,在其现实性上,它是一切社会关系的总和。[①] 人是社会人,人的劳动和实践活动离不开社会,所以人与人之间的交流和关系影响着人的发展,人的全面发展说到底就是指人的社会关系的全面发展。社会是个大集体,人与人之间的交往可以丰富和完善自己。世界上万事万物都是普遍联系的,人与人之间的关系的发展影响着社会关系和时代的变化发展。马克思还指出,个人的全面性不是想象的或设想的全面性,而是他的现实关系和观念关系的全面性。[②] 人在社会关系的发展过程中,要摆脱自己原来独自封闭的状态,积极地参与社会生活,走出去多与人交流沟通,拓展自己的社会人际关系。社会交往是一个相互交流和互动的过程,通过这种交往,个人能够获得各种资源和信息,提升自身的知识水平和能力,并与社会中的其他人建立更加紧密的联系。在这种交流中,人们通过情感、信息和物质的交换,丰富了彼此的社会关系,进而促进了个人素质的全面提升。社会交往不仅是资源和信息的交换,也是个人素质提升和社会联系加强的过程。通过积极参与社会交往,个人能够不断完善自身,实现个人价值,并为社会的发展做出贡献。从现实性来说,教育的本质就在于最大限度地促进社会的发展,满足人的需求,最大限度地丰富和发展人的一切社会关系,从而最大限度地丰富人的自身。

[①] 马克思恩格斯选集(第一卷)[M]. 中共中央马克思恩格斯列宁斯大林著作编译局,译. 北京:人民出版社,1995:60.

[②] 马克思恩格斯全集(第四十六卷下)[M]. 中共中央马克思恩格斯列宁斯大林著作编译局,译. 北京:人民出版社,1979:36.

(四)人的能力的全面发展

马克思对人的能力有这样的阐述:"全面发展的个人……不是自然的产物,而是历史的产物。要使这种个性成为可能,能力的发展就要达到一定的程度和全面性,这正是以建立在交换价值基础上的生产为前提的,这种生产才在产生出个人同自己和同别人的普遍异化的同时,也产生出个人关系和个人能力的普遍性和全面性。"[①]人的能力的全面发展可以说是人的全面发展中最为重要的内容,也是马克思关于人的全面发展思想中强调最多的一个价值目标。马克思所指的能力包括人的体力和智力等多方面,例如,在《资本论》中,马克思指出:"我们把劳动力或劳动能力,理解为一个人的身体即活的人体中存在的、每当他生产某种使用价值时就运用的体力和智力的总和。"[②]恩格斯在《反杜林论》中阐述了能力的具体内涵,他提出,只要实际劳动的居民必须占用很多时间来从事自己的必要劳动,因而没有多余的时间从事社会的公共事务——劳动管理、国家事务、法律事务、艺术、科学等等,总是必然有一个脱离实际劳动的特殊阶级来从事这些事务……[③]在社会劳动过程中,个人的体力和智力都得到了不断的发展和提升。个人的能力的全面发展对于社会的进步和个人的成长都至关重要。通过不断培养和增强自己的体力、智力、自然力和社会力,个人可以更好地适应社会的需求,为社会的发展做出积极的贡献,同时也有助于实现个人的全面发展和自我价值。

从马克思主义关于人的全面发展学说中可以看出,人的发展最终归宿是"为了解放人自己",使人得到尽可能全面的发展。这为我们今

[①] 马克思恩格斯全集(第四十六卷上)[M].中共中央马克思恩格斯列宁斯大林著作编译局,译.北京:人民出版社,1979:108-109.
[②] 马克思.资本论(第一卷)[M].中共中央马克思恩格斯列宁斯大林著作编译局,译.北京:人民出版社,2004:195.
[③] 马克思恩格斯选集(第三卷)[M].中共中央马克思恩格斯列宁斯大林著作编译局,译.北京:人民出版社,1995:525.

天正确认识学生发展问题，全面理解学生评价的目标、内容和标准提供了重要的科学认识论基础。同时，马克思主义人的全面发展学说所主张的将"个人发展与社会发展相统一"的观点，也为我们确立高职学生核心素质模型构建的价值取向指明了方向。"人以一种全面的方式，也就是说，作为一个完整的人，占有自己的全面的本质。"[1]由此可以看出，人的全面发展不是单一层面的，而是人的各方面的需要、素质、能力、个性和社会关系的全面性、多层次的发展，同时人的全面发展也随着社会的进步而不断迈向更高级的层面，进而得到持续不断的完善。人的全面发展涵盖了体力和智力、肉体和精神、精神和文化的充分自由发展，主张以劳动为基础协调发展人的体力与智力、才能与品格以及个人与社会之间的关系。因此，全面发展是人类发展的重要导向，而教育在实现这一导向的过程中起着重要作用。在这个过程中，职业教育成为实现全面发展的关键环节之一。职业教育将人的职业发展与全面发展作为最终教育目标的体现，致力于培养综合型人才。职业教育不仅注重培养学生在特定职业领域的专业知识和技能，还注重培养学生的综合素质和能力。

马克思的人的全面发展理论与我国提出的素质教育理念一致。"素质教育的实质是面向全体学生的教育，是促进学生全面发展的教育，也是促进学生个性发展的教育。"[2]素质教育大致可以分为三个层面的教育：素质教育的第一层面是传授知识和技能。教育应该提供学生所需的基础知识和专业技能，使他们具备扎实的学科基础。素质教育的第二层面是在知识和技能的基础上培养学生的学习、思考和行动能力，如问题解决能力。教育应该培养学生的综合能力，使他们能够运用所学知识和技能解决实际问题，具备批判性思维和创新思维。素质教育的第三层面是在知识和能力的基础上进一步提高学生的素质，

---

[1] 马克思恩格斯全集(第四十二卷)[M].中共中央马克思恩格斯列宁斯大林著作编译局,译.北京：人民出版社,1979:123.

[2] 虞丽娟.立体化素质教育论[M].上海：上海教育出版社,2006:53.

这包括培养学生的社会责任感、创新精神、实践精神和自我完善精神等。素质教育强调学生的个性发展和社会价值观的培养,使他们成为具有社会责任感和综合素质的人才。高职教育的素质教育旨在通过激发学生的个性特点和提供终身发展的支持,促进他们的全面成长和发展,将知识和职业技能融为一体,以实现学生内在素质和素养的提高,并帮助他们在职业生涯中取得成功。因此,学生的核心素质中纳入了职业素养、知识、能力、品质等多方面内容,贯穿人才培养的全过程,促进人的全面和谐发展。

二、高职学生核心素质结构与加德纳多元智能理论依据

美国教育家、心理学家加德纳(Gardner)提出,"智能是在某种社会或文化环境的价值标准下,个体用以解决自己遇到的真正的难题或生产及创造出有效产品所需要的能力"[①]。每个人都至少具备语言智能、逻辑数学智能、音乐智能、空间智能、身体运动智能、人际关系智能和内省智能,后来,加德纳又添加了自然智能。这一理论被称为多元智能理论(Multiple Intelligences)。在加德纳看来,人的智能是多元的,每个人都拥有多种不同的智能,呈现出来人的素质能力是不一样的。这种理论认为,人类不存在单纯的以一种智能来完成某一任务,每个人各种智能的突出方面也各不相同,每个人都会用自己擅长的智能来更好地完成各种任务,这也造就了人与人之间的不同。加德纳提出的多元智能理论为我们看待人类自身发展提供了新的视角,为我们研究大学生素质提供了理论基础。加德纳基于社会背景的描述,将智能定义为一种计算能力,即处理特定信息的能力,这种能力源自人类的生物和心理本能。人类具有的智能是一种解决问题或创造产品的能力,问题的解决和产品的创造为特定文化背景下的社会团体所需

---

① 加德纳.多元智能新视野[M].沈致隆,译.杭州:浙江教育出版社,2021:16.

要。解决问题的能力就是能够针对某一特定的目标,找到通向并实现这一目标的正确路线的能力。①

他认为,如今最重要的是必须承认智能的多样性,并以此开发各式各样的智能组合。人与人的差别主要在于人与人所具有的不同智能组合。认识到这一点就有机会更好地处理当今世界所面临的诸多问题。如果能调动起人类的所有能力,那人们不仅会更有能力、更有信心,而且会更积极、更投入地为整个团体,甚至整个社会的利益工作。如果能最大限度地开发人类的全部智能,并使之与伦理道德相结合,就能增加我们继续在地球上生存下去的机会,进而为世界的繁荣做出贡献。②

随着时代社会的变化,各种潜能的开发和组合将使人的能力和素质得到更大的进步。单独重视其中一种智能开发相比于综合开发各种智能显得没有优势。当然,随着信息技术的发展和社会工作环境的变化,智能组合的要求也在发生着很大的变化。人工智能时代的到来,对语言智能、逻辑数学智能和空间智能的综合运用要求大大提高,高职学生核心素质的结构也发生着改变。

高职学生核心素质的结构以及人才培养的目标、方式都应该因材施教,有教无类。教育的根本目标在于根据不同学生自身的个体智能结构采取合适的培养方式以发挥学生的个人潜能、个性特长,从而实现人的价值。高职教育还要根据学生不同智能的优势特长培养社会各行各业所需的人才。高职学生与普通本科学生不存在智力高低的区别,而是智能结构不同,更加擅长动手实践活动。多元智能理论倡导一种积极的学生素质培养观念,不同类型的学生在不同的行业里面都能发光发热,所以高职学生核心素质的培养就是要基于学生知识结构和成长环境的不同,根据不同智能类型的精准定位和科学组合,充

---

① 加德纳.多元智能新视野[M].沈致隆,译.杭州:浙江教育出版社,2021:7.
② 加德纳.多元智能新视野[M].沈致隆,译.杭州:浙江教育出版社,2021:26.

分发挥每个学生的智能优势,从而发展学生的能力和素质,培养社会所需要的高素质高技能型人才。

三、高职学生核心素质要求与人职匹配理论

人职匹配理论是用于职业选择、职业指导的经典性理论,最早由美国波士顿大学教授帕森斯提出。1909年,帕森斯在《选择一个职业》一书中,第一次系统地阐述了人职匹配理论。该理论认为,每个个体都有自己独特的人格特质,每一种职业也有自己独特的要求,每个个体的性格、兴趣、能力与所从事职业的工作性质和条件要求越接近,工作效率就越高,个人成功的可能性也越大,反之则工作效率较低且职业成功的可能性越小。每个人进行职业决策时,要根据自己的个性特征来选择对应的职业种类,进行合理的人职匹配。帕森斯的人职匹配理论把职业与人的匹配分为两种类型,即特质匹配和条件匹配。特质匹配指某些职业需要具有一定特质的人来与之匹配。个体的兴趣、性格、价值观等特质应与职业的工作内容、职业发展路径、工作环境等要求相匹配。例如,一个喜欢与人交流并具有良好沟通能力的人可能更适合从事销售或客户服务等需要与人打交道的职业。条件匹配指职业所需技能和知识与掌握该种技能和知识的人之间要匹配,个体的知识、技能、经验等能力应与职业所需的专业知识、技术要求、工作能力等相匹配。例如,一个具备计算机编程技能和逻辑思维能力的人可能更适合从事软件开发或数据分析等需要相关技术能力的职业。人职匹配理论的应用可以帮助个体更好地选择适合自己的职业,并在职业发展中找到与自身特点相匹配的岗位,这有助于提高个体的工作满意度、职业成就感和职业成功率。

人职匹配理论提供了一种指导高职学生就业发展的理论基础,为个体职业发展提供了最基本的原则。通过了解个体的特质和能力,结合职业环境的需求,高职学生可以更好地选择适合自己的职业,并通

过培养核心素质来提高自身的竞争力和适应能力。所以,当个体的核心素质与职业要求高度匹配时,个体在职业中的表现会更加出色,工作效果也会更好。因此,高职学生在进行职业选择和发展时,应该充分考虑自身的核心素质,并选择与自身核心素质相匹配的职业。同时,高职学生还应该不断提升自己的核心素质,以适应职业发展的需求,并提高在职业中的竞争力。高职学生核心素质模型的构建,需要按照人职匹配的原则,根据学生个体的不同特质和需求,分析职业岗位,做到学生核心素质结构与职业岗位要求的同向性,做到人尽其才、物尽其用。

四、高职学生核心素质价值与人的和谐发展理论

人的自由发展、全面发展以及和谐发展在马克思看来是人类发展的最高形态,人的和谐发展首先是指人的身心合一,然后是人与外在环境的统一。堪称中华思想文化瑰宝的《周易》,其中的和合思想对中国哲学和中国文化产生了深远的影响,它倡导人与自我的和合、人与人的和合、人与自然的和合、人与社会的和合。和而不同、仁者爱人、天人合一等思想影响着中华民族的政治、经济、文化、思维等各个方面。2000多年前著名的思想家、教育家孔子在易经思想的影响下提出人的和谐统一。和谐统一是世间万事万物发展的必由之路,任何物种、任何存在都有其一定秩序和规律。科学技术的快速发展使其成为人才培养的重要内容,精英化的专家和技能专家成为备受社会青睐的人才,而肩负中华民族伟大复兴使命的建设者和接班人一定是高素质高技能型的人才,而不是精通某一专业和技能的偏才。科学教育只有和素质教育并行才能培养出合格的社会主义建设者和接班人。如今素质教育不是没有,而是被专业化,成为谋生技能和功利的需要。我们培养和谐人必须是科学教育与素质教育相融合,培养全面和谐发展的现代人。

人的和谐发展首先是人与自我的和谐统一，也就是身心的和谐。身心不和谐的话，生理和心理都会出现问题，这也是素质教育中的身心素质内容。孔子提倡"乐以忘忧""君子忧道不忧贫"，在物质富裕的时代，高职学生更应该把精神生活的追求放到人生的主导位置，这就是孔子所说的"有志于行道的君子"，这是一种高尚的人生志趣，一种乐观精神。即使我们身处困境的时候也应该始终秉持排除万难的决心，使人保持身心和谐的状态。

人的和谐发展是人与自然、社会的和谐统一。在人的身心和谐的基础上，人与自然、社会的和谐能营造出文明共生和谐统一的人类社会。人类社会的发展历史也是一部人类不断追求和谐统一的进化史，既包括人与自身的小和谐；又包括人与人的中和谐，子曰"己所不欲，勿施于人"，讲的就是人与人之间需要遵守的秩序和规则，也是做人的准则；还包括人与自然的大和谐，也就是天人关系，即人与自然和谐相处，友善对待天地万物，不断促进人与自然的生态平衡，最终达到天人合一的境界。人的和谐发展应是一种致力于追求多层面、全方位和谐的和谐发展观。

高职学生核心素质的培养是实现学生和谐发展的必要条件，人的和谐发展是素质教育的客观要求。在思想层面，高职学生素质教育体现为一种致力于促进大学生全面发展的教育理念；在实践层面，它引导和推动大学生实现身心和谐、人际和谐、人与自然的和谐发展。素质教育要求我们在培养大学生的过程中，努力促进其全面和谐的发展。根据人的和谐发展理论，应当培养和发展高职学生的核心素质，以实现个人与社会、个人与自然环境之间的和谐共处，这不仅是高职教育的重要基础，也是高职学生成长与发展的关键所在。

第二节　高职学生核心素质模型构建的政策依据

一、我国高等职业教育培养目标的历史沿革

我国高等职业教育以培养技术技能人才为根本任务,在促进经济社会发展和建设人力资源强国的进程中发挥着不可替代的作用,形成了具有中国特色的高等职业教育模式。随着改革开放的持续推进,在各种国家政策的支持下,我国职业教育迎来了大发展,高等职业教育的培养目标也发生了变化。

1978年,党的十一届三中全会后,我国经济建设进入快速发展期,国家急需大量训练有素的技术技能型人才。因此,国家提出要大力兴办中等职业院校,着重发展中等职业教育。在此期间,职业教育的目标是培养大量劳动密集型企业所需的技能劳动力,这一阶段中等职业院校数量迅速增长,集结优秀教育资源,培养了一大批技术技能型人才,为我国改革开放初期经济的发展注入了不竭动力,满足了当时社会对技能型劳动力的需求。[①] 1985年颁布的《中共中央关于教育体制改革的决定》提出了调整中等教育结构,大力发展职业技术教育的工作方针。1987年颁布的《国家教育委员会关于改革和发展成人教育的决定》指出,"职工大学、职工业余大学、管理干部学院应当利用自己同企业、行业关系紧密的有利条件,结合需要,举办高等职业教育"。这一时期的中等职业教育快速发展,高等职业教育呼之欲出。

20世纪90年代,我国进入改革开放后现代化建设的关键期,建立起中国特色社会主义市场经济。培养技术技能型人才的职业教育事

---

① 张旭.浅谈职业教育的发展历程及展望[J].现代职业教育,2022(18):25-27.

业迅速发展,经济发展对职业教育的培养目标提出了新的课题,重视学生的生计教育成为主要内容。1991年,第二次全国职业技术教育工作会议召开,总结了过去发展职业教育的经验。虽然在这一时期,职业技术教育发展的重心是中等职业技术教育,但发展高等职业教育已经成为大家的共识。1993年,中共中央、国务院印发的《中国教育改革和发展纲要》指出,"各级政府要高度重视,统筹规划,贯彻积极发展的方针,充分调动各部门、企事业单位和社会各界的积极性,形成全社会兴办多形式、多层次职业技术教育的局面"①。1996年,为了实施科教兴国战略,大力发展职业教育,切实提高劳动者素质,促进社会主义现代化建设,制定了《中华人民共和国职业教育法》。随着《中华人民共和国职业教育法》的颁布及实施,高等职业教育开始登上历史舞台,并迅速发展起来,其地位得到进一步明确,受重视程度明显提升。由此,开创了职业教育改革和创新的新局面。

1999年,中共中央、国务院发布的《关于深化教育改革全面推进素质教育的决定》提出,"高等职业教育是高等教育的重要组成部分。要大力发展高等职业教育,培养一大批具有必要的理论知识和较强实践能力,生产、建设、管理、服务第一线和农村急需的专门人才。现有的职业大学、独立设置的成人高校和部分高等专科学校要通过改革、改组和改制,逐步调整为职业技术学院(或职业学院)。支持本科高等学校举办或与企业合作举办职业技术学院(或职业学院)。省、自治区、直辖市人民政府在对当地教育资源的统筹下,可以举办综合性、社区性的职业技术学院(或职业学院)"②。该决定进一步强调高等职业教育的培养目标是培养应用型、技术型、创新型和创业型人才,为经济社会发展提供多层次、多领域的技术和技能支持。国家也采取了一系

---

① 中国教育改革与发展纲要[EB/OL].(2010-07-19)[2023-12-05]. https://www.edu.cn/zhong_guo_jiao_yu/zheng_ce_gs_gui/zheng_ce_wen_jian/zong_he/201007/t20100719_497964.shtml.

② 中共中央、国务院关于深化教育改革全面推进素质教育的决定[EB/OL].(1999-06-13)[2023-12-05]. https://www.cse.edu.cn/index/detail.html?category=129&id=2281.

列措施鼓励高等职业教育的多渠道发展。随着改革开放的有序推进，我国经济社会进一步发展，工业化水平也明显提高，而原有的中等职业教育因教育质量的限制，已经逐渐无法满足大中型企业对人才，尤其是对高技能人才的需求，高等职业教育蓄势待发。2005年，《国务院关于大力发展职业教育的决定》提出要"加强基础能力建设，努力提高职业院校的办学水平和质量"，"实施职业教育示范性院校建设计划……重点建设高水平的培养高素质技能型人才的……100所示范性高等职业院校"，拉开了我国高等职业教育质量提升、内涵发展的序幕。① 2006年，《教育部关于全面提高高等职业教育教学质量的若干意见》提出，"要认真贯彻国务院关于提高高等教育质量的要求，适当控制高等职业院校招生增长幅度，相对稳定招生规模，切实把工作重点放在提高质量上。要全面贯彻党的教育方针，以服务为宗旨，以就业为导向，走产学结合发展道路，为社会主义现代化建设培养千百万高素质技能型专门人才，为全面建设小康社会、构建社会主义和谐社会作出应有的贡献……国家将实施示范性高等职业院校建设计划，重点支持建设100所示范性院校，引领全国高等职业院校与经济社会发展紧密结合，强化办学特色，全面提高教学质量，推动高等职业教育持续健康发展"。② 2010年，《国家中长期教育改革和发展规划纲要（2010—2020年）》明确提出，到2020年，形成适应经济发展方式转变和产业结构调整要求、体现终身教育理念、中等和高等职业教育协调发展的现代职业教育体系，满足人民群众接受职业教育的需求，满足经济社会对高素质劳动者和技能型人才的需要。③

2011年，教育部先后出台了《关于推进中等和高等职业教育协调

---

① 国务院关于大力发展职业教育的决定[EB/OL].(2005-11-09)[2023-07-21].https://www.gov.cn/zwgk/2005-11/09/content_94296.htm.
② 教育部关于全面提高高等职业教育教学质量的若干意见[EB/OL].(2006-11-16)[2023-07-21].http://www.moe.gov.cn/srcsite/A07/s7055/200611/t20061116_79649.html
③ 国家中长期教育改革和发展规划纲要（2010—2020年）[EB/OL].(2010-07-29)[2023-07-21].http://www.moe.gov.cn/jyb_xwfb/s6052/moe_838/201008/t20100802_93704.html.

发展的指导意见》和《关于推进高等职业教育改革创新引领职业教育科学发展的若干意见》，要求实施衔接，系统培养高素质技能型人才，适应区域产业需求，明晰人才培养目标，服务经济转型，明确高等职业教育发展方向，主动适应区域经济社会发展需要，培养数量充足、结构合理的高端技能型专门人才。2014 年，《国务院关于加快发展现代职业教育的决定》指出，以促进就业为导向，适应技术进步和生产方式变革以及社会公共服务的需要，深化体制机制改革，统筹发挥好政府和市场的作用，加快现代职业教育体系建设，深化产教融合、校企合作，培养数以亿计的高素质劳动者和技术技能人才。[①] 随着互联网技术的发展，人工智能、大数据技术快速融入各行各业。2017 年出台的《教育部关于进一步推进职业教育信息化发展的指导意见》指出，与国家实施"互联网＋"等重大战略的需求相比，与世界数字化、网络化、智能化发展的趋势相比，与实现职业教育现代化的要求相比，职业教育信息化发展水平还亟待提升。进一步推进我国职业教育信息化发展，是适应当今教育改革和信息技术创新应用趋势，如期实现职业教育现代化，为国家经济社会发展提供有力技术技能人才支撑的必然选择和战略举措。[②]

2018 年以来，我国经济进入新常态，产业不断升级，经济结构的调整也不断加快，对高质量技术技能型人才的需求日益迫切。2019 年发布的《国家职业教育改革实施方案》对职业教育提出了更清晰的定位，为职业教育发展指明了方向，使职业教育的社会地位明显提高，特别是培养新型专业以及特色专业人才的需求使校企合作和特色化高职院校快速发展起来。《教育部、财政部关于实施中国特色高水平高职学校和专业建设计划的意见》要求聚焦高端产业和产业高端，引

[①] 国务院关于加快发展现代职业教育的决定[EB/OL].(2014-06-22)[2023-07-21]. https://www.gov.cn/zhengce/content/2014-06/22/content_8901.htm.

[②] 教育部关于进一步推进职业教育信息化发展的指导意见[EB/OL].(2017-09-05)[2023-07-21]. http://www.moe.gov.cn/srcsite/A07/zcs_zhgg/201709/t20170911_314171.html.

领职业教育服务国家战略、融入区域发展、促进产业升级,为建设教育强国、人才强国作出重要贡献。①《国务院办公厅关于印发职业技能提升行动方案(2019—2021年)的通知》把职业技能培训作为保持就业稳定、缓解结构性就业矛盾的关键举措,作为经济转型升级和高质量发展的重要支撑,提出要大规模开展职业技能培训,加快建设知识型、技能型、创新型劳动者大军。②

2021年,中共中央办公厅、国务院办公厅印发《关于推动现代职业教育高质量发展的意见》,要求切实增强职业教育适应性,加快构建现代职业教育体系,建设技能型社会,弘扬工匠精神,培养更多高素质技术技能人才、能工巧匠、大国工匠,为全面建设社会主义现代化国家提供有力人才和技能支撑。③ 2022年10月,中共中央办公厅、国务院办公厅印发《关于加强新时代高技能人才队伍建设的意见》,指出技能人才是支撑中国制造、中国创造的重要力量。加强高级工以上的高技能人才队伍建设,对巩固和发展工人阶级先进性,增强国家核心竞争力和科技创新能力,缓解就业结构性矛盾,推动高质量发展具有重要意义。④ 2022年12月,中共中央办公厅、国务院办公厅印发《关于深化现代职业教育体系建设改革的意见》,要求把推动现代职业教育高质量发展摆在更加突出的位置,坚持服务学生全面发展和经济社会发展,以提升职业学校关键能力为基础,以深化产教融合为重点,以推动职普融通为关键,以科教融汇为新方向,充分调动各方面积极性,统筹

---

① 教育部、财政部关于实施中国特色高水平高职学校和专业建设计划的意见[EB/OL].(2019-03-29)[2023-07-21]. https://www.gov.cn/zhengce/zhengceku/2019-10/23/content_5443966.htm.

② 国务院办公厅关于印发职业技能提升行动方案(2019—2021年)的通知[EB/OL].(2019-05-24)[2023-07-21]. https://www.gov.cn/zhengce/zhengceku/2019-05/24/content_5394415.htm.

③ 中共中央办公厅、国务院办公厅印发《关于推动现代职业教育高质量发展的意见》[EB/OL].(2021-10-12)[2023-07-21]. https://www.gov.cn/zhengce/2021-10/12/content_5642120.htm.

④ 中共中央办公厅、国务院办公厅印发《关于加强新时代高技能人才队伍建设的意见》[EB/OL].(2022-10-07)[2023-07-21]. https://www.gov.cn/zhengce/2022-10/07/content_5716030.htm.

职业教育、高等教育、继续教育协同创新,有序有效推进现代职业教育体系建设改革,切实提高职业教育的质量、适应性和吸引力,培养更多高素质技术技能人才、能工巧匠、大国工匠,为加快建设教育强国、科技强国、人才强国奠定坚实基础。①

随着国家经济社会的发展和职业教育的深入改革,我国高等职业教育的培养目标不断更新和完善。高等职业教育要努力培养应用型、技术型、创新型、创业型、国际化和社会化的复合型人才,为经济社会发展提供高素质的技术技能人才支持。

二、高职人才培养目标的基本内涵与素质要求

基于以上对我国职业教育政策中培养目标的梳理可以清楚看出,我国职业教育人才培养目标是随着社会经济不断发展而不断变化的。"培养什么样的人"是教育也是职业教育的出发点和本源问题。改革开放以来,我国职业教育培养目标大致经历了五个阶段。

第一阶段是培养"技术性"人才。1978年到20世纪90年代初期,这一时期高职教育刚开始兴办,人才培养目标的定位也相对模糊,但是"技术"定位了人才培养的目标和未来高等职业教育的发展方向。这一阶段的高职教育刚刚兴起,培养的是面向生产服务一线的技术操作人员,强调职业性和技艺性。培养经济社会发展急需的一大批劳动密集型的技术员和技术工人具有积极意义,满足了当时国家和地方社会经济建设和发展需要。

第二阶段是培养高层次"实用性"人才。1995年8月召开的发展高等职业教育研讨会明确指出,"高职教育培养在生产服务第一线工作的高层次实用人才"②。高层次实用人才是继第一阶段培养"技术

---

① 中共中央办公厅、国务院办公厅印发《关于深化现代职业教育体系建设改革的意见》[EB/OL].(2022-12-21)[2023-07-21]. https://www.gov.cn/gongbao/content/2023/content_5736711.htm.
② 赵克松.国家教委召开发展高等职业教育研讨会[J].机械中专,1995(10):9.

性"人才之后提出的新的目标。这一时期高等教育偏重理论知识学习,"实用性"人才强调理论的实操性,具体指在实际工作中能够将成熟的技术和管理应用于生产和服务第一线的人才。

第三阶段是培养"应用性"人才。2000年,《教育部关于加强高职高专教育人才培养工作的意见》明确指出,高职高专教育是我国高等教育的重要组成部分,培养拥护党的基本路线,适应生产、建设、管理、服务第一线需要的,德、智、体、美等方面全面发展的高等技术应用性专门人才;学生应在具有必备的基础理论知识和专门知识的基础上,重点掌握从事本专业领域实际工作的基本能力和基本技能,具有良好的职业道德和敬业精神。[①] 这一时期高职教育人才培养目标逐渐成形,除了技艺,对德智体美等综合素质也提出了要求,特别是提出了职业道德和敬业精神等素质结构新要求,但侧重点还是以培养高等技术应用性专门人才为根本任务,突出对人才的应用能力要求。培养具备适应生产、建设、管理、服务第一线岗位需要的实际工作能力的"应用性"人才需要学校与社会、教学与生产、教学与科技工作的紧密结合。

第四阶段是培养"高技能"人才。教育部《2003—2007年教育振兴行动计划》指出,要"大量培养高素质的技能型人才特别是高技能人才"。2004年,《教育部关于以就业为导向深化高等职业教育改革的若干意见》提出,坚持培养面向生产、建设、管理、服务第一线需要的"下得去、留得住、用得上",实践能力强、具有良好职业道德的高技能人才,明确了高等职业教育要以就业为导向确定办学目标,培养高技能人才。2011年,《教育部关于推进高等职业教育改革创新引领职业教育科学发展的若干意见》指出,高职教育以培养"高端技能型专门人才"为主要任务。这一阶段以就业为导向的高端技能型人才培养目标的升级可以说是由这一时期特定的社会经济发展情况所决定的。进

[①] 关于印发《教育部关于加强高职高专教育人才培养工作的意见》的通知[EB/OL].(2010-07-29)[2022-12-25]. http://www.moe.gov.cn/s78/A08/tongzhi/201007/t20100729_124842.html.

入21世纪第一个十年,高等职业教育从规模发展转向内涵建设,经济社会不再仅需要一线技术型工人,更多需要在生产、建设、管理、服务第一线高技术含量岗位上能解决关键技术问题、技艺精湛而且能为企业创造明显经济效益的高级技术骨干。

第五阶段是培养"高素质技术技能"人才。2014年,《国务院关于加快发展现代职业教育的决定》明确指出,要"加快现代职业教育体系建设,深化产教融合、校企合作,培养数以亿计的高素质劳动者和技术技能人才"[①]。我国职业教育经过数十年的快速发展,职业教育体系建设稳步推进,培养培训了一大批中高级技能型人才,切实提高了劳动者素质。然而,随着人工智能等信息化技术的发展,新时代职业教育的重点是培养适应技术进步和生产方式变革以及社会公共服务需要的掌握新技术、具备高技能的"高素质技术技能"人才。这一时期高职教育由内涵式发展进入创新高质量发展时期,将"高素质"与"高技术技能"相结合是高职教育人才培养目标创新的最大亮点。"高素质技术技能"人才既掌握一定的理论知识体系,又具有应用和创新能力。

改革开放至今,在职业教育发展的40多年时间里,高等职业教育的人才培养目标和基本内涵在主线的基础上不断完善和丰富。培养目标不再只强调"应用性"技术人才,突出强调了适应高质量发展的"高素质技术技能"人才。传统单一技术人才不能满足人工智能时代的生产实际需要,创新型、复合型技术技能人才是人工智能时代高等职业教育应对产业转型升级的人才培养新定位。高职教育对职业知识、职业技能、职业能力和职业素养的要求达到了新的高度。从最初的拥有基本的职业技术到现在的拥有创新能力的职业技能,从认知能力到操作技能、技术分析、学习潜能,高职教育强调要充分考虑对学生专业技能或职业能力的培养,提升学生的综合职业能力。在职业道

---

① 国务院关于加快发展现代职业教育的决定[EB/OL]. (2014-06-22)[2023-07-21]. https://www.gov.cn/zhengce/content/2014-06/22/content_8901.htm.

德、敬业精神、团队合作、创新意识等方面,高职教育强调要考虑培养人才的层次定位与其未来的职业发展,推动现代职业教育高质量发展,坚持服务学生全面发展和经济社会发展,切实提高职业教育的质量、适应性和吸引力,培养更多高素质技术技能人才、能工巧匠、大国工匠,为加快建设教育强国、科技强国、人才强国奠定坚实基础。基于对政策的梳理、比较和反思、分析,当前我国学界与实践界认为,高职教育的培养目标是培养具有职业道德、科学文化与专业知识、技术技能等职业综合素质和行动能力的高素质技术技能人才。其中的"高素质"意义深刻、内涵丰富,主要包括从业者的身心素质、职业道德、职业理想信念、职业能力等方面。

高等职业教育培养目标的基本内涵和素质要求一是体现现代社会对人才职业素养的基本要求,专业化是基础,学校培养的高职人才要掌握所从事职业必须具备的专业理论知识和技能,符合所从事职业岗位的基本操作规范要求。二是高职院校要坚持以人为本、能力为重、质量为要、守正创新,培养的人才在专业化的基础上还要具有复合型人才的素质,高素质更加强调职业道德、职业理想信念、职业精神的培养。三是体现高职教育的时代要求,发挥高等职业教育在国家重要战略布局中重要的技术和人才支撑作用,营造出人人出彩、人人成才、人人精彩的职业教育生态系统。因此,高职院校要强调学生的全面发展和可持续发展,注重学生的个性化发展与创新能力培养。这一培养目标不仅是社会、学校的共同需要,也是高职学生职业发展的必然要求。为此,高职教育必须夯实学生的专业知识和专业技能,努力提升学生的职业核心素质,不断增强学生的就业和创业能力。综上,高职学生核心素质模型的建构必须以"高职培养目标"作为基本的政策依据。

第三节　高职学生核心素质模型构建的模式依据

一、素质模型的定义及类型

1973年,美国心理学家麦克利兰在《美国心理学家》(*American Psychologist*)上发表了著名的《测量素质而非智力》一文,正式提出"素质"的概念。他在文章中引用了大量的资料,说明仅凭智力测验来判断个人能力的不合理性,并进一步指出,人们主观上认为能够决定工作绩效的一些诸如人格、智力、价值观等方面的因素,在现实中并没有表现出预期的效果。他在文章中指出,人的工作绩效由一些更潜在的因素决定,这些因素能够更好地预测人在特定职位上的工作绩效。这些"能区分在特定的工作岗位和组织环境中绩效水平的个人特征",就是"素质"(competence),即胜任力。素质是员工潜在的特性,如动机(motive)、特质(trait)、技能(skill)、自我认知(self-image)、社会角色(social role)、所拥有的知识(knowledge)等。[1] 动机是引导和决定个人外在行动的内驱动力,如成就需求、人际交往需求和生活需求等,这些因素决定着工作是否有效,决定着一个人是否能产生杰出的绩效。特质是个人对外部环境与相关信息呈现出来的特性,如正直、诚实、责任心等。技能是个人在系统工作过程中运用知识的能力。自我认知是基于态度和价值观的个人行为方式、自我形象和角色定位。社会角色是与个人的某种社会地位、身份相一致的一系列权利、义务的规范和行为模式,是人们对有特定身份的人的期望。所拥有的知识是个人在特定领域的经验与相关信息。这篇文章的发表,标志着素质研

---

[1] McClelland D C. Testing for competence rather than for "intelligence"[J]. American Psychologist,1973(1):1-14.

究的开端。

　　素质模型也称胜任力模型或者胜任力素质模型,是一种在素质理论基础上发展起来的人力资源开发管理工具,是指为担任某一特定职业或者完成岗位任务并且达成特定绩效所需具备的素质要素的总和,包括完成工作任务所需要的关键知识、技能和个性特征。[①] 之后,美国薪酬协会(The American Compensation Association)对素质做出了更进一步的定义,即个体为达到成功的绩效水平所表现出来的工作行为,这些行为是可观察的、可测量的、可分级的。斯宾塞夫妇认为,素质是动机、特质、自我概念、态度或价值观、某领域的知识、认知或行为技能……任何可以被可靠测量的,并且能够将表现优秀者和一般者区分开来的个体特征。[②] 素质模型是一种用于描述和评估个人在特定领域或职业中所需的关键素质和能力的框架。它通常由一系列核心能力和特征组成,用于衡量个人在特定领域的绩效和发展潜力。素质模型可以帮助组织确定招聘、选拔、培训和晋升的标准,以确保员工具备胜任工作必要的素质和能力。同时,素质模型也可以作为个人发展的参考,帮助个人了解自己在特定领域的优势和发展需求,从而制定个人职业规划并提升自身能力。素质模型的建构类型较多,比较普遍的有以下两种类型。

　　第一种类型主要用于社会组织系统内部,对于组织内部各岗位分层分类建立起员工素质模型。这一类素质模型与组织内部文化、核心价值观和竞争力有关,被广泛地应用于人力资源管理领域,作为人力资源管理中人员招聘、选拔、晋升的重要依据。各类组织通过建立员工的素质模型,满足组织战略需要的特定职位的素质要求,提高人力资源开发与管理的有效性。这样的素质模型使组织能够有效地引导

---

　　① McClelland D C. Testing for competence rather than for "intelligence"[J]. American Psychologist,1973(1):1-14.
　　② Spencer L M, Spencer S M. Competence at Work:Models for Superior Performance[M]. New York:Wiley Press,1993:65.

和规范员工的行为,建立一套统一的标准系统,用于发现和评估员工应具备和实际具备的核心能力。这个系统将成为组织核心竞争力构建与员工职业素养、知识和能力培养之间的桥梁,以确保组织行为与其战略和愿景保持一致。

第二种类型主要针对的是不同的社会组织系统,针对某类职业的从业者或某些具有共性特征的群体而建立的通用素质模型。例如,大学专业教师的素质模型、大学辅导员的素质模型、心理咨询师的素质模型、金融工程师的素质模型等。建立这种素质模型的意义在于:一方面,无论地域、文化背景或行业类型如何不同,从事相同工作的人们所需的出色绩效标准和支持其实现的素质要求都具有某种程度的一致性和通用性。因此,这种素质模型有助于确定从事特定职业领域所需的素质要求,并提供了对不同地域、文化背景和行业中的同类人员进行基准比较的可能性。另一方面,建立这种素质模型不再局限于特定职位的影响,而是面向一群职位或特定职业人群,为这些群体之间的基准设定提供了基础。它为描述比较某一类职业所需的素质以及与其他职业之间的关键素质差异提供了有力工具。通过这个模型,可以指导特定职业人群的关键职业素质体系的培养和发展,以确保他们在未来的职业生涯中能够取得优秀的工作绩效,也可以用于组织人员筛选、培训开发和评估计划。

以上两种类型的素质模型并没有本质上的区别,都是通过采用相关的技术手段来识别在知识技能、人格特质、职业态度、职业价值观和自我内驱力等方面业绩优秀者和业绩普通者之间的主要差异。然后,将发现的数据资料进行适当的量化,从而形成具有实践价值和可操作性的模型体系。

二、素质模型研究的起源与发展

对素质模型的研究始于 20 世纪 60 年代后期,麦克利兰等人在帮助政府选拔外交人员的过程中,尝试运用行为事件访谈法来发掘外交人员优秀的素质特征,被国内外学者公认为是素质模型研究的最早起源。麦克利兰借助行为事件访谈法来筛选评价因子,寻找合理并有效的评选标准。他从当时的外交人员中选择了一些人并将他们分为两组,一组是表现最为优异的,被称作杰出组;另一组是一般称职人员,被称作适用组。然后,研究小组采用行为事件访谈法,根据访谈的内容归纳两组人员在行为和思维方式上的差异,并在归纳的基础上对不同因素进行比较分析。发现了杰出组独有的特质后,研究人员将它们按照科学方法划分类别、层次,最终得出能够体现杰出与一般称职之间差异的特质体系,并以此建立了外交人员的素质模型,供选拔测评使用。麦克利兰为美国政府建立的外交人员素质模型中包含这样三种核心素质:跨文化的人际敏感性、对他人的积极期望、快速进入当地政治网络的能力。后来的事实表明,按照麦克利兰的素质模型选择出的人员更能够胜任工作。直到今天,尽管经过不断的修订和改动,美国政府仍将这三种素质作为选拔外交人员的重要依据。

"素质冰山模型"由麦克利兰于1973年率先提出,它是管理学中的重要模型理论,广泛应用在人力资源管理领域。麦克利兰借鉴了弗洛伊德"冰山理论"的表达意蕴,将人才素质结构比喻为一座冰山(见图2-1),这座冰山分为水面之上和水面之下两个部分。水上的部分即露出水面的冰山一角具有表象特征,指的是人的知识和技能等外在表现,通常容易被感知和测量。水下的部分具有潜在特征,主要指的是自我认知、特质、动机等,这部分特征越到下面越不容易被挖掘与感知,但又可能是最关键的部分,具有相对的稳定性。麦克利兰指出,预测业绩的最好因素不是诸如学历、技能等外在条件,而是人的深层素质,也就是水下的冰山部分。它们不太容易受外界影响而改变,但对人员的行为与表现起着关键性的作用。冰山在水面下的部分更大,说明这部分对人的行为和表现起着更为关键的作用。这个比喻看似浅显,却蕴含着巨大的理论价值和实践价值,对管理学尤其是人力资源管理产生了重大影响。麦克利兰在他学术生涯的后期,主要精力都放在这一方面。该素质结构模型随着后续研究的深入也得到了进一步丰富与完善。

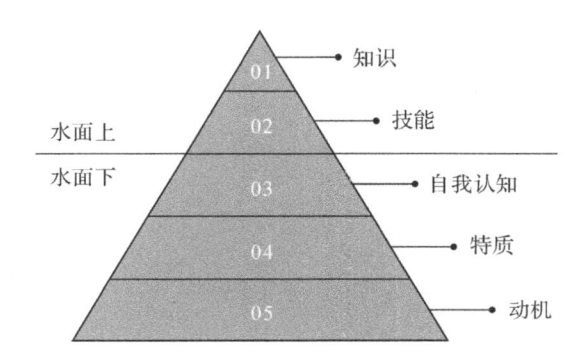

图 2-1 "素质冰山模型"

美国学者博亚特兹对麦克利兰的素质理论进行了深入和广泛的研究。1982年,他在著作《有效管理者:高绩效素质模型》中,通过对数百名经理进行研究,提出了一个基于素质的管理者效能模型。他对收集的相关素材进行深入分析,进一步构建了"洋葱模型"(见图2-2)。[①] 所谓"洋葱模型",是把素质由内到外概括为层层包裹的结构,最核心的是动机和特质,然后向外依次展开为自我认知、社会角色、态度、价值观和知识、技能。越向外层,越易于培养和评价;越向内层,越难以评价和习得。大体上,"洋葱"最外层的知识和技能,相当于"冰山"的水上部分;"洋葱"最里层的动机和特质,相当于"冰山"水下最深的部分;"洋葱"中间的自我认知和社会角色等,则相当于"冰山"水下浅层部分。"洋葱模型"与"素质冰山模型"的本质是一样的,都强调核心素质。相比而言,"洋葱模型"更突出潜在素质与显现素质的层次关系,比"素质冰山模型"更能说明素质之间的关系,更加突出了职业能力核心要素的重要作用。"洋葱模型"强调了核心素质是影响职业能力的

[①] Boyatzis R E. The Competent Manager: A Model for Effective Performance[M]. New York: Wiley, 1982: 16-20.

关键,很大程度上决定技能水平及其发挥的作用。同时"洋葱模型"更加鲜明地体现出职业能力各要素间的层次关系。

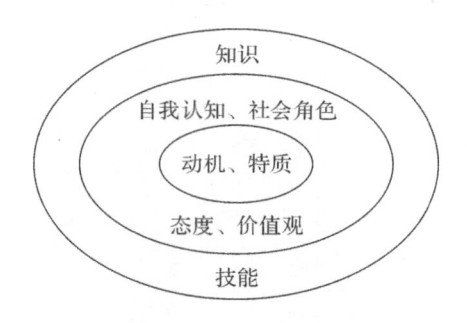

图 2-2 "洋葱模型"

1993 年,斯宾塞夫妇在《工作素质:高绩效模型》中进一步发展了基于素质的模型,基于特征描述的角度对麦克利兰的"素质冰山模型"进行了修正。修正后的模型通过冰山的比喻形象地说明了个体素质的不同层面及其对职业表现的影响。[①] 在这个模型中,冰山上露出水面的部分代表着容易观察和评估的素质,又称基准性素质,如知识和技能。这些素质是个体完成日常工作所需的基础要求,通常通过教育、培训和实践经验获得。因其可见性高,这些素质很容易通过标准化的测试和评估方法来衡量。然而,模型的核心在于冰山下的部分,这代表着更深层、更难以直接观察和测量的素质,如内驱力、社会动机、个性品质、自我形象和态度等。这些深层素质被称为鉴别性素质,是区分高绩效员工与一般绩效员工的关键因素。随着职位层级的提升,这些素质对个人成功的作用愈加重要。与基准性素质相比,鉴别性素质更难通过常规的培训和教育方法来改变或提升,因为它们与个人的价值观、信念和个性密切相关,深受个人生活经历和长期社会化过程的影响。斯宾塞夫妇修正的"素质冰山模型"强调在人力资源管理、领导力开发和组织行为研究中,重视并充分理解个体的深层素质

---

① Spencer L M, Spencer S M. Competence at Work:Models for Superior Performance[M]. New York:Wiley Press,1993:65.

的重要性。为了有效地选拔、培养和发展人才,组织需要设计更为综合和深入的评估方法,以识别和培育这些关键的鉴别性素质。组织通过对这些鉴别性素质的关注和投资,不仅能够提升员工的个人绩效,还能够促进整个组织的长期成功。

国内研究者对素质模型的理论与应用研究采用的基本理论与主要方法均引自欧美国家,具体的研究往往是结合企业或其他社会组织的人力资源管理咨询实践进行的。彭剑锋和荆小娟在《员工素质模型设计》一书中对企业人力资源管理中员工素质模型的设计方法进行了较为系统的研究。[1] 周冠生从系统论的角度出发,认为"素质结构分为群体素质亚系统和个人素质亚系统,其中后者又进一步被划分为现实素质和天然素质,现实素质包括性格素质和智能素质,天然素质包括遗传的心能和体能素质"[2]。叶华光和沈三红指出,"目前学界对于素质结构的具体内容、作用机制、相互边界等基本问题还没有完全弄清楚,但从内涵角度来说,它是按照某种结合机制将这些特性、功能、质量各异的单项素质有机结合而成;从外延角度来说,人的素质结构会以不同方式潜在地影响人的行为模式和实践特征"[3]。张敏以哲学社会科学高端人才素质结构研究为切入点,认为哲学社会科学高端人才素质结构主要包括四方面:价值观、知识结构、能力特征和人格特征。其中,思想政治素质和价值追求是哲学社会科学领域高端人才成长较为独特的重要个人因素。[4]

综上所述,国内外学者在各自的专业领域提出了不同的素质理论构想,观点各不相同。有些学者强调素质具有二维结构,而有些学者则强调其具有多维结构。通过对国内外学者的研究进行梳理可以发

---

[1] 彭剑锋,荆小娟.员工素质模型设计[M].北京:中国人民大学出版社,2003.
[2] 周冠生.素质心理学[M].上海:上海人民出版社,1998:63.
[3] 叶华光,沈三红.试论素质与素质教育[J].煤炭高等教育,2017(3):4-9.
[4] 张敏.哲学社会科学高端人才的素质结构与影响因素研究[J].华东师范大学学报(教育科学版),2023(5):41-52.

现,学者基本上将素质视为一个结构,而不是单独的某项知识或能力,它是一个相对稳定的综合体。

三、素质模型的建模途径与方法

纵观国内外学者的研究成果,素质模型构建的基本思路主要有三种:第一种思路是以高绩效的岗位角色为研究对象。这一思路源于麦克利兰以及哈佛商学院等学者或机构在进行素质模型建构研究的过程中所采用的研究路线,强调通过识别成功工作绩效所需要的基本个人特质和其他特征,构建目标职业或职位中高绩效人员的素质模型。它通常通过行为事件访谈等方法收集数据资料,并从中提炼出共性的素质特征。使用这种方法的前提是已经确定了"正确的事",剩下的任务是"正确地做事",即提高目标人群的工作绩效,改善他们的素质特征。为了构建素质模型,研究者通常会选择目标职业或职位中表现出色的高绩效人员作为研究对象,并采用行为事件访谈等方法收集数据资料。通过分析这些数据,研究者会提取出这些高绩效人员共同具备的素质特征。这种方法通常使用职业分析的思路,即对特定职业或专业建立绩效标准,并深入分析其职责和任务职能。通过这样的分析,可以生成一份能力素质特征清单,进而形成岗位绩效标准,根据这个标准来引导员工学习培训,提高目标人群的工作绩效,改善其素质特征,这是目前素质模型开发中最经典的途径之一。

第二种思路是以组织核心价值观为标准,突出强调成功的工作绩效所需要的基本个人特质与其他素质要求,确保这些能力素质的要求与组织的目标相一致。这一思路对组织核心价值观进行逐级分解,使其成为员工胜任岗位发展对照的素质要求,由此直接形成核心价值观制度以及与其相关的员工素质行为描述,从而达到组织核心价值观和组织文化由虚入实、由表及里的影响效果,其突出优点是可以挖掘"素质冰山模型"中的深层能力素质特征。①

第三种思路是基于人职匹配的原理,即根据不同行业的关键成功因素来构建素质模型。这种方法的关键在于识别和总结行业的关键成功因素,并将其转化为与特定职位相对应的素质要素体系。目前在国内相关研究还比较少见。

三种素质模型的建构思路各有特点。第一种思路强调使用科学和系统的方法进行数据收集和分析,这样可以更准确地确定高绩效员工在特定职业或职位上所展示的行为特征。由此构建的素质模型具有较高的可靠性和有效性,研究方法所产生的数据具有较高的信度和效度。另外两种途径主要是对现有的、已经成熟的素质模型进行修订,以适应本组织的实际情况,或者根据组织自身的需求开发新的素质模型。这两种方式相对简单快捷,但开发过程主要依赖相关人员的经验和主观感知,因此其信度和效度可能无法得到充分保证。② 目前,研究者普遍认可通过特定的数据资料采集个体的行为方式或行为表现来揭示其素质特征。

在构建素质模型的过程中,可以采用多种方法进行数据资料的采集,如行为事件访谈法、问卷调查法、专家讨论法等,这些方法具有不同的特点。行为事件访谈法的具体方法是与优秀者进行访谈,请他们分享在成功和失败案例中的经历,包括当时的情况、应对策略以及结果,通过这样的方式来识别成功的关键因素,最终构建一个素质模型。这种方法的优点是深入研究优秀个体的个性特征和认知方式,并建立绩效与素质之间的内在关联,但是比较耗费时间和精力,操作过程比较烦琐,对访问者的要求比较高。问卷调查法通过开展大量样本的问卷调查,以了解相关素质特征对工作绩效的重要性以及对这些能力的需求频率,然后再对回收的有效问卷进行信息分析和解释。这种方法

---

① 廖志豪.基于素质模型的高校创新型科技人才培养研究[D].上海:华东师范大学,2012:42.
② 廖志豪.基于素质模型的高校创新型科技人才培养研究[D].上海:华东师范大学,2012:43.

的优点是研究效率高，可以快速搜集充分的资料进行统计分析，省时省力，且成本不会太高，有利于快速找出工作素质需求并排列重要性次序。但是这需要统计者有较丰富的统计学知识，可能会限定于特定项目而忽视其他特征。专家讨论法通过与专家面对面交流来获取岗位信息，以此来获取某项职业所需要的素质信息及高绩效者的共性素质特征。这种方法的优点是比较具有权威性和科学性，在短时间内能获取关键有效信息，研究效率比较高。但是这种方法容易受专家的专业背景影响，有可能会导致信息偏差。

在确定建模需求时，选择何种信息收集方法需要根据实际情况进行综合考虑。研究者有时需要同时采用多种方法，或者在不同的研究阶段使用不同的方法以充分发挥各种方法的优势。然而，无论使用何种方法，最终目标都是基于收集到的数据资料，归纳出能够反映目标职业或职位任职者素质特征的信息，并确保所构建的素质模型具有可靠性和有效性。如果数据资料的收集方式不当，素质模型中的素质项目生成过程不科学，或者在实践中被不适当地应用，那么该模型可能成为一个具有负面影响的工具。因此，获取数据资料的方法和途径对于构建有效的素质模型来说是非常关键的一步。

素质模型理论是近年来在人力资源开发与管理领域兴起的一种新的理论工具。它采用特定的方法体系，旨在揭示某一职位或职业人群实现预期工作绩效所需的关键素质要素体系，从而拓宽了素质研究的视野，体现其实践应用的价值。这一理论使我们能够更好地了解不同职位或职业的关键素质要求，并为人力资源管理提供了实践指导。通过素质模型理论，我们可以更准确地评估和培养人才，提高工作绩效，促进组织的发展。高职学生核心素质的培养作为一项高等职业教育人力资源开发实践活动，素质模型理论对其具有同样的适用性。通过素质模型这一工具来表达高职人才在社会生产活动中体现出的关键素质特征，并将其应用于高素质技术技能人才培养开发的实践之中，有利于增强人才培养活动的合目的性与针对性。因而，素质模型理论对于本书具有基础性的理论指导作用。本书将主要遵循素质模型的经典研究路线,并适当参考其他研究路径中值得借鉴的思想理念来构建高职学生核心素质模型,采用行为事件访谈法、专家意见讨论法、文献研究法、问卷调查法等多种技术方法采集核心素质项目信息,以保证核心素质结构的多样性与客观性。

第三章 人工智能时代高职学生核心素质模型构建

第一节 高职学生核心素质模型构建的基本原则与方法

一、高职学生核心素质模型构建的基本原则

为确保和实现高职学生核心素质模型构建的科学性和有效性,并达到预期的评价效果,在高职学生核心素质模型构建过程中,本研究充分考虑影响高职学生素质形成和发展的各项因素,既要有效评价学生素质的形成、发展和完善,又要遵循素质发展的特有规律。因此,本研究在构建高职学生核心素质模型的过程中应遵循以下基本原则。

(一)方向性原则

人工智能时代的到来推动了技术革命的进步和时代发展,培养与社会发展相适应的高素质技术技能人才成为高等职业教育的目标。因此,高职学生核心素质模型的构建需要从我们国家社会制度、文化传统、教育发展现状等现实状况出发,根据学生素质发展实际需求确定核心素质模型的基本方向,使其符合培养德智体美劳全面发展的社会主义建设者与接班人的正确方向,从而起到引导学生注重全方位提

高素质的作用。方向性原则主要体现在当前国家职业教育宏观政策和目标上,体现在具体指标模块和权重系数上,体现在高职学生个性化发展方向上。

(二)以生为本原则

以生为本原则是指在构建学生核心素质模型时,以学生的发展需求和个体差异为出发点,关注学生的全面发展和个性发展,注重培养学生的自主学习能力、创新能力、合作能力和实践能力,使学生能够适应社会发展的需求。第一,尊重学生的个体差异。学生的个体差异是不可忽视的,每个学生都有自己的特长、兴趣和潜能,需要根据学生的个体差异来制订个性化的培养计划。第二,体现学生的发展需求。学生的发展需求是多样化的,不仅需要关注对学生学科知识和技能的培养,还需要注重培养学生的综合素质,如思维能力、情感能力、社交能力等。第三,加强创新能力的培养。创新能力是适应社会发展的重要能力,需要培养学生的创造力、创造思维和实践能力,使学生能够在解决实际问题的过程中不断创新。通过以生为本原则构建高职学生核心素质模型,可以促进学生的全面发展和个性发展,提高学生的综合素质和竞争力,更好地适应社会发展的需求。

(三)全面性原则

全面性原则是指模型构建时应尽可能展现出高职学生核心素质模型的宏观整体性目标和内容。模型应该涵盖多个维度,包括学生专业能力、实践能力、创新能力、沟通能力、团队合作能力等方面,以全面评估学生的核心素质。模型要平衡学生的各项素质,避免过于偏重某一方面,以保证学生的全面发展。模型还要体现系统性,应该构建成一个系统,各个素质之间相互联系、相互促进,形成一个有机整体。高职学生核心素质是学生全面发展的重要部分,其内容随着高校培养目标侧重的变化而变化,随着社会的发展变化不断调整,加之每位学生又具有自身素质的独特性,各种素质间本身也不是简单的并列关系,而是有机联系、相互贯通的整体。因此,构建模型时为使评价结果全面准确地反映学生的综合素质,应从各种角度来反映学生的素质状况,不能单一地从某个方面做出论断。此外,学生的优秀与否并非仅仅取决于某个方面的素质,仅仅培养出专业素质优秀的学生并不能算作高职教育的成功。高职教育不仅要提高学生的专业素质,还要引导他们在学习和实践中学会做人,提高自己的思想政治素质、道德素质、身心素质以及创新素质等,只有这样才能使学生成为社会所需的全面发展的复合型人才。

(四)可行性原则

可行性原则是指模型构建及评价体系的过程一定要切实可行,要从实际出发,实事求是。核心素质模型的构建应基于客观的数据和事实,而不是主观的假设或个人偏见。应充分收集和分析学生的各方面信息确保模型的客观性和准确性。同时核心素质模型应具备可测量的特征和指标,可以用明确的量化来描述抽象的能力素质指标,以便对学生的核心素质进行评估和量化。这样可以更好地了解学生的现状和发展需求,为教育教学提供依据。可行性原则还包括可比性,是指不同被评对象之间以及制定的标准之间要能够互相比较。

二、高职学生核心素质模型构建的方法及与途径

高职学生核心素质模型的构建是一个质性研究和量化研究相结合的过程。在质性研究领域,美国学者格拉塞和施特劳斯于1967年提出的扎根理论(grounded theory)被认为是最科学的一种方法。该理论主要用于生成和发展新的理论,通过对数据的系统性分析和解释来构建理论,而不是基于已有理论的验证。研究者在研究开始之前一般没有理论假设,直接从实际观察入手,从原始的资料中归纳出经验概括,然后上升到理论。扎根理论是一种质性研究方式,其主要宗旨是在经验资料的基础上建立理论。扎根理论自下而上地建立实质理

论,强调以从实证研究中获得的数据来驱动理论的生成,在系统收集资料的基础上寻找反映社会现象的核心概念,以及通过对数据的不断比较和解释来构建理论。根据扎根理论的含义和特点,用扎根理论建立高职学生核心素质模型是可以实现的,其流程如图 3-1 所示。

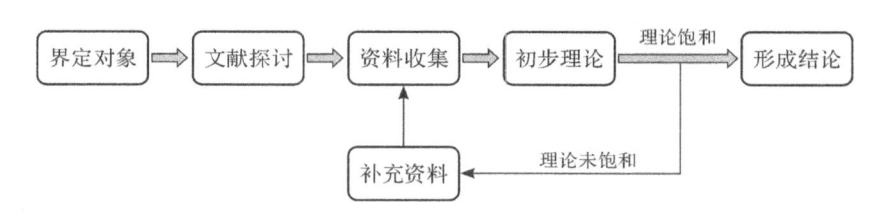

图 3-1 扎根理论研究流程

第一个步骤是学习借鉴有关核心素质模型的文献,在大量梳理文献信息并进行探讨的基础上,初步提炼出核心素质的构成要素并广泛征询专家的意见,拟定初步要素。第二个步骤是对拟定的初步要素进行比较、筛选、归纳和整合,将核心素质的构成要素作为指标具体化以编制调查问卷,再面向与高职院校紧密合作的企业开展问卷调查并分析调查结果,以进一步提炼高职学生核心素质构成要素。第三个步骤是再次征询专家意见,最终确定高职学生核心素质要素结构,并据此构建理论模型(见图 3-2)。

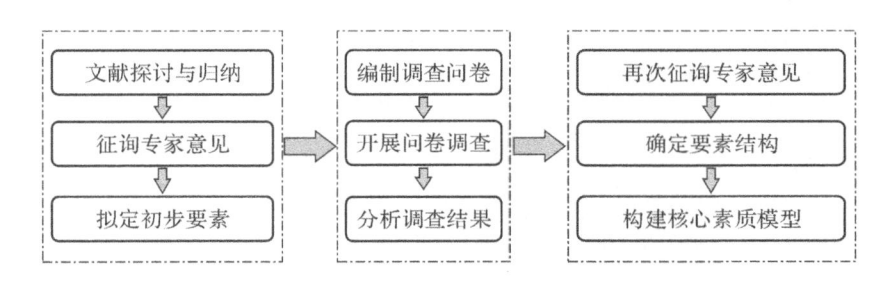

图 3-2 高职学生核心素质模型构建步骤

以上三个步骤用到的研究方法主要涉及文献分析法、问卷调查法、统计分析法和德尔菲专家咨询法。其中，在第一个步骤中，主要采用了文献分析法和德尔菲专家咨询法。通过文献分析法对国内外核心素质的指标、要素和内容进行了整理、描述和比较，以此作为初步遴选核心素质要素的基础。德尔菲专家咨询法则用于对初步要素进行筛选，以增强研究的针对性，并减小弱相关要素对研究结果的影响。在第二个步骤中，主要采用了问卷调查法和统计分析法。首先，我们编制了问卷并进行了测试，以确保问卷的有效性和可靠性。其次，我们开展了问卷调查，并对调查结果进行了分析。在数据分析的过程中，我们使用了 Excel 和 SPSS 27.0 软件进行统计分析，以帮助我们更好地理解和解释调查数据。通过这些方法，我们能够获取并分析大量的数据，从而得出对研究问题的深入认识和有意义的结论。在第三个步骤中，我们再次采用了德尔菲专家咨询法，对问卷调查的结果进行专家意见征询。通过向专家征求意见，我们可以根据他们的反馈对要素结构进行适当的修正和完善，以达到去除不必要因素、保留真实因素的目的。多次反复运用德尔菲专家咨询法旨在最终获得尽可能准确的结果。相比于常见的开放式、一次性问卷调查，采用德尔菲专家咨询法获得的结果更具有说服力，因为它能够结合专家的知识和经验，提供更具权威性和可靠性的结论。

总的来说，构建高职学生核心素质模型需要综合运用多种方法，并相互补充，以确保研究过程的科学性和有效性。本研究基于国内外文献分析，将理论研究与实证分析相结合，并结合调查问卷和专家意见征询，既广泛征求了不同类型和层次对象的意见和建议，又最大限度地保证了研究结果的可信度和有效性。

三、问卷的编制与调查实施

(一) 搜集核心素质要素，征求专家意见

在要素遴选的过程中，参照专家提出的意见，一是考虑到人工智能时代信息社会技术发展的背景,以及新兴技术对职业岗位及人才素养的影响;二是考虑到高职教育在整个教育体系中的位置以及学段发展特点;三是考虑到高职学生职业可持续发展需要的必备品格和关键能力。以"大学生""高职学生""核心素质""能力素质""胜任特征""胜任力"等为关键词搜索国内外数据库文献和相关书籍,从中选取了含有"核心素质"的60篇国内外的实证研究文献及相关书籍。频数统计这些文献和书籍中提到的核心素质内容,对意义相同或相近的名称进行统一和归类,最后归纳了40个核心素质,形成了《人工智能时代高职学生核心素质意见征求表》,然后向20位职业教育专家征询意见,从中选出他们认可的、在确定高职学生核心素质指标时可供选择的要素。根据专家征询意见的结果,对原有的40个核心素质进行增减和合并。综合考量后初步确定以下32个核心素质要素,分别是:创新创造能力、专业知识、技能应用能力、强健体魄、法律法规意识、伦理道德品质、责任意识、人文知识、团队合作能力、人际沟通能力、心理健康、信息收集与处理能力、数据分析能力、创新思维、国家认同、政治法律知识、积极主动意识、任务执行能力、跨学科知识、理想信念、信息技术知识、感恩意识、批判精神、审美能力、自我管理能力、理解尊重他人意识、文字表达能力、自主学习能力、社会实践能力、反思意识、外语能力、国际交流意识。

(二)编制调查问卷,实施问卷调查

1.编制调查问卷

根据文献分析法和德尔菲专家咨询法拟定的32个初步要素构成问卷选项。问卷分为三种,一种是针对学生的调查问卷,一种是针对教师的调查问卷,还有一种是针对用人单位的调查问卷,采用李克特五级量表,要求调查对象对每个指标在"非常重要""重要""一般""不重要""非常不重要"五个维度进行选择。

2.调查对象取样

本次问卷调查对象包括高职院校学生、教师、用人单位。其中学生有效问卷为439份,教师有效问卷为45份,用人单位有效问卷为20份。调查问卷的有效回收率学生群体最高,其次是教师,最后是用人单位。

四、调查数据的统计与分析

(一)信度和效度检验

1.高职学生核心素质特征调查问卷:学生视角

对我们的问卷进行信效度检验,采用克隆巴赫(Cronbach's α)系数:

$$\rho_\tau = \frac{k}{k-1}\left[1 - \frac{\sum_{i=1}^{k} Var(x_i)}{Var(X)}\right]$$

其中 ρ_τ 为信度系数,k 表示问题个数,$Var(x_i)$ 为问卷中单个问题(测量值)的方差,$Var(X)$ 则为所有测量值和的方差,结果如表3-1所示。

表3-1 核心素质(学生视角)问卷信度分析

Cronbach's α	基于标准项的 Cronbach's α	项数
0.982	0.983	32

α系数为0.982,说明该问卷具有较高的信度。

我们针对学生视角下的问卷利用相关性矩阵进行相关性检验分析:

$$\rho_{ij} = \frac{Cov(x_i, x_j)}{\sqrt{Var(x_i)Var(x_j)}}$$

其中 ρ_{ij} 为相关性矩阵第 i 行第 j 列元素,$Cov(x_i, x_j)$ 表示第 i 个测量值和第 j 个测量值之间的协方差系数,结果如表3-2所示。

表 3-2 核心素质(学生视角)相关性矩阵分析

	H1	H2	H3	H4	H5	H6	H7	H8	H9	H10	H11	H12	H13	H14	H15	H16
H1	1.000	0.699	0.731	0.487	0.624	0.581	0.629	0.643	0.610	0.589	0.567	0.684	0.685	0.782	0.496	0.571
H2	0.699	1.000	0.822	0.508	0.628	0.554	0.640	0.664	0.644	0.582	0.556	0.628	0.704	0.647	0.620	0.615
H3	0.731	0.822	1.000	0.504	0.644	0.621	0.687	0.591	0.634	0.609	0.605	0.603	0.660	0.667	0.520	0.599
H4	0.487	0.508	0.504	1.000	0.487	0.510	0.548	0.600	0.540	0.535	0.567	0.499	0.519	0.511	0.464	0.484
H5	0.624	0.628	0.644	0.487	1.000	0.726	0.783	0.622	0.618	0.639	0.640	0.623	0.610	0.621	0.670	0.733
H6	0.581	0.554	0.621	0.510	0.726	1.000	0.763	0.658	0.639	0.620	0.709	0.563	0.538	0.602	0.530	0.660
H7	0.629	0.640	0.687	0.548	0.783	0.763	1.000	0.699	0.726	0.691	0.713	0.629	0.638	0.672	0.645	0.706
H8	0.643	0.664	0.591	0.600	0.622	0.658	0.699	1.000	0.784	0.707	0.612	0.692	0.688	0.672	0.602	0.679
H9	0.610	0.644	0.634	0.540	0.618	0.639	0.726	0.784	1.000	0.801	0.739	0.748	0.751	0.714	0.557	0.643
H10	0.589	0.582	0.609	0.535	0.639	0.620	0.691	0.707	0.801	1.000	0.709	0.740	0.697	0.679	0.569	0.634
H11	0.567	0.556	0.605	0.567	0.640	0.709	0.713	0.612	0.739	0.709	1.000	0.664	0.643	0.641	0.560	0.676
H12	0.684	0.628	0.603	0.499	0.623	0.563	0.629	0.692	0.748	0.740	0.664	1.000	0.831	0.784	0.621	0.660
H13	0.685	0.704	0.660	0.519	0.610	0.538	0.638	0.688	0.751	0.697	0.643	0.831	1.000	0.819	0.582	0.618
H14	0.782	0.647	0.667	0.511	0.621	0.602	0.672	0.672	0.714	0.679	0.641	0.784	0.819	1.000	0.567	0.652
H15	0.496	0.620	0.520	0.464	0.670	0.530	0.645	0.602	0.557	0.569	0.560	0.621	0.582	0.567	1.000	0.796
H16	0.571	0.615	0.599	0.484	0.733	0.660	0.706	0.679	0.643	0.634	0.676	0.660	0.618	0.652	0.796	1.000
H17	0.572	0.602	0.578	0.566	0.617	0.615	0.649	0.657	0.695	0.657	0.647	0.678	0.637	0.684	0.619	0.696
H18	0.666	0.668	0.701	0.549	0.670	0.647	0.776	0.708	0.746	0.760	0.706	0.723	0.755	0.755	0.654	0.686
H19	0.535	0.580	0.511	0.521	0.413	0.436	0.493	0.668	0.603	0.587	0.485	0.608	0.623	0.579	0.509	0.556
H20	0.589	0.613	0.594	0.515	0.579	0.620	0.638	0.719	0.666	0.648	0.647	0.625	0.658	0.644	0.612	0.708
H21	0.613	0.656	0.594	0.467	0.552	0.560	0.599	0.665	0.686	0.630	0.578	0.722	0.739	0.695	0.603	0.648
H22	0.523	0.586	0.596	0.513	0.603	0.681	0.695	0.629	0.687	0.699	0.739	0.563	0.617	0.594	0.562	0.643
H23	0.589	0.558	0.553	0.478	0.528	0.572	0.595	0.635	0.654	0.611	0.640	0.662	0.668	0.698	0.522	0.645
H24	0.567	0.593	0.559	0.478	0.537	0.500	0.572	0.691	0.650	0.686	0.561	0.666	0.627	0.670	0.542	0.578
H25	0.624	0.641	0.651	0.508	0.647	0.640	0.729	0.626	0.712	0.733	0.742	0.686	0.722	0.721	0.624	0.653
H26	0.586	0.665	0.650	0.539	0.706	0.659	0.736	0.644	0.678	0.705	0.730	0.638	0.667	0.617	0.678	0.711
H27	0.621	0.639	0.629	0.529	0.602	0.566	0.663	0.701	0.688	0.726	0.624	0.678	0.709	0.684	0.616	0.648
H28	0.599	0.601	0.610	0.477	0.590	0.568	0.680	0.617	0.728	0.676	0.657	0.719	0.729	0.743	0.579	0.637
H29	0.608	0.653	0.598	0.528	0.646	0.559	0.710	0.677	0.705	0.731	0.679	0.700	0.716	0.713	0.689	0.704
H30	0.608	0.690	0.651	0.486	0.633	0.566	0.663	0.678	0.731	0.710	0.656	0.731	0.778	0.692	0.669	0.666
H31	0.469	0.607	0.474	0.498	0.461	0.418	0.506	0.640	0.636	0.555	0.486	0.615	0.631	0.562	0.556	0.565
H32	0.517	0.551	0.494	0.467	0.478	0.463	0.533	0.653	0.648	0.586	0.525	0.601	0.623	0.612	0.564	0.603

续表

	H17	H18	H19	H20	H21	H22	H23	H24	H25	H26	H27	H28	H29	H30	H31	H32
H1	0.572	0.666	0.535	0.589	0.613	0.523	0.589	0.567	0.624	0.586	0.621	0.599	0.608	0.608	0.469	0.517
H2	0.602	0.668	0.580	0.613	0.656	0.586	0.558	0.593	0.641	0.665	0.639	0.601	0.653	0.690	0.607	0.551
H3	0.578	0.701	0.511	0.594	0.594	0.596	0.553	0.559	0.651	0.650	0.629	0.610	0.598	0.651	0.474	0.494
H4	0.566	0.549	0.521	0.515	0.467	0.513	0.478	0.478	0.508	0.539	0.529	0.477	0.528	0.486	0.498	0.467
H5	0.617	0.670	0.413	0.579	0.552	0.603	0.528	0.537	0.647	0.706	0.602	0.590	0.646	0.633	0.461	0.478
H6	0.615	0.647	0.436	0.620	0.560	0.681	0.572	0.500	0.640	0.659	0.566	0.568	0.559	0.566	0.418	0.463
H7	0.649	0.776	0.493	0.638	0.599	0.695	0.595	0.572	0.729	0.736	0.663	0.680	0.710	0.663	0.506	0.533
H8	0.657	0.708	0.668	0.719	0.665	0.629	0.635	0.691	0.626	0.644	0.701	0.617	0.677	0.678	0.640	0.653
H9	0.695	0.746	0.603	0.666	0.686	0.687	0.654	0.650	0.712	0.678	0.688	0.728	0.705	0.731	0.636	0.648
H10	0.657	0.760	0.587	0.648	0.630	0.699	0.611	0.686	0.733	0.705	0.726	0.676	0.731	0.710	0.555	0.586
H11	0.647	0.706	0.485	0.647	0.578	0.739	0.640	0.561	0.742	0.730	0.624	0.657	0.679	0.656	0.486	0.525
H12	0.678	0.723	0.608	0.625	0.722	0.563	0.662	0.666	0.686	0.638	0.678	0.719	0.700	0.731	0.615	0.601
H13	0.637	0.755	0.623	0.658	0.739	0.617	0.668	0.627	0.722	0.667	0.709	0.729	0.716	0.778	0.631	0.623
H14	0.684	0.755	0.579	0.644	0.695	0.594	0.698	0.670	0.721	0.617	0.684	0.743	0.713	0.692	0.562	0.612
H15	0.619	0.654	0.509	0.612	0.603	0.562	0.522	0.542	0.624	0.678	0.616	0.579	0.689	0.669	0.556	0.564
H16	0.696	0.686	0.556	0.708	0.648	0.643	0.645	0.578	0.653	0.711	0.648	0.637	0.704	0.666	0.565	0.603
H17	1.000	0.718	0.646	0.646	0.637	0.640	0.617	0.631	0.675	0.650	0.667	0.701	0.710	0.644	0.630	0.618
H18	0.718	1.000	0.631	0.748	0.701	0.740	0.662	0.671	0.807	0.786	0.827	0.795	0.790	0.780	0.600	0.660
H19	0.646	0.631	1.000	0.657	0.702	0.619	0.648	0.662	0.556	0.590	0.692	0.581	0.628	0.636	0.758	0.725
H20	0.646	0.748	0.657	1.000	0.698	0.748	0.692	0.654	0.681	0.687	0.711	0.629	0.647	0.685	0.610	0.636
H21	0.637	0.701	0.702	0.698	1.000	0.627	0.665	0.674	0.618	0.639	0.696	0.684	0.690	0.706	0.653	0.635
H22	0.640	0.740	0.619	0.748	0.627	1.000	0.653	0.621	0.708	0.807	0.714	0.649	0.679	0.653	0.588	0.594
H23	0.617	0.662	0.648	0.692	0.665	0.653	1.000	0.679	0.662	0.617	0.662	0.634	0.639	0.649	0.602	0.638
H24	0.631	0.671	0.662	0.654	0.674	0.621	0.679	1.000	0.685	0.670	0.725	0.656	0.690	0.670	0.636	0.635
H25	0.675	0.807	0.556	0.681	0.618	0.708	0.662	0.685	1.000	0.815	0.752	0.756	0.765	0.744	0.534	0.615
H26	0.650	0.786	0.590	0.687	0.639	0.807	0.617	0.670	0.815	1.000	0.782	0.691	0.764	0.767	0.582	0.610
H27	0.667	0.827	0.692	0.711	0.696	0.714	0.662	0.725	0.752	0.782	1.000	0.782	0.781	0.795	0.682	0.678
H28	0.701	0.795	0.581	0.629	0.684	0.649	0.634	0.656	0.756	0.691	0.782	1.000	0.820	0.775	0.609	0.607
H29	0.710	0.790	0.628	0.647	0.690	0.679	0.639	0.690	0.765	0.764	0.781	0.820	1.000	0.784	0.664	0.689
H30	0.644	0.780	0.636	0.685	0.706	0.653	0.649	0.670	0.744	0.767	0.795	0.775	0.784	1.000	0.678	0.665
H31	0.630	0.600	0.758	0.610	0.653	0.588	0.602	0.636	0.534	0.582	0.682	0.609	0.664	0.678	1.000	0.787
H32	0.618	0.660	0.725	0.636	0.635	0.594	0.638	0.635	0.615	0.610	0.678	0.607	0.689	0.665	0.787	1.000

2.高职学生核心素质特征调查问卷：教师视角

我们针对教师视角下的问卷进行信效度检验，采用 Cronbach's α

系数：

$$\rho_\tau = \frac{k}{k-1}\left[1 - \frac{\sum_{i=1}^{k} Var(x_i)}{Var(X)}\right]$$

其中 ρ_τ 为信度系数，k 表示问题个数，$Var(x_i)$ 为问卷中单个问题（测量值）的方差，$Var(X)$ 则为所有测量值和的方差，结果如表 3-3 所示。

表 3-3　核心素质（教师视角）问卷信度分析

Cronbach's α	基于标准项的 Cronbach's α	项数
0.960	0.959	32

α 系数为 0.960，说明该问卷具有较高的信度。

我们针对教师视角下的问卷利用相关性矩阵进行相关性检验分析：

$$\rho_{ij} = \frac{Cov(x_i, x_j)}{\sqrt{Var(x_i)Var(x_j)}}$$

其中 ρ_{ij} 为相关性矩阵第 i 行第 j 列元素，$Cov(x_i, x_j)$ 表示第 i 个测量值和第 j 个测量值之间的协方差系数，结果如表 3-4 所示。

表 3-4　核心素质（教师视角）相关性矩阵分析

	H1	H2	H3	H4	H5	H6	H7	H8	H9	H10	H11	H12	H13	H14	H15	H16
H1	1.000	0.196	0.240	0.375	0.203	0.240	0.324	0.304	0.377	0.370	0.127	0.437	0.406	0.588	0.047	0.196
H2	0.196	1.000	0.545	0.316	0.267	0.429	0.214	0.377	0.054	0.262	0.541	0.260	0.394	0.372	0.423	0.483
H3	0.240	0.545	1.000	0.150	0.494	0.392	0.324	0.459	0.245	0.127	0.127	0.437	0.317	0.182	0.326	0.196
H4	0.375	0.316	0.150	1.000	0.323	0.375	0.195	0.306	0.584	0.300	0.390	0.271	0.440	0.225	0.504	0.484
H5	0.203	0.267	0.494	0.323	1.000	0.494	0.302	0.549	0.452	0.325	0.209	0.483	0.256	0.232	0.461	0.458
H6	0.240	0.429	0.392	0.375	0.494	1.000	0.324	0.304	0.508	0.370	0.370	0.327	0.406	0.284	0.326	0.414
H7	0.324	0.214	0.324	0.195	0.302	0.324	1.000	0.098	0.250	0.238	0.238	0.177	0.103	0.158	0.166	0.170
H8	0.304	0.377	0.459	0.306	0.549	0.304	0.098	1.000	0.461	0.271	0.457	0.691	0.648	0.559	0.561	0.545
H9	0.377	0.054	0.245	0.584	0.452	0.508	0.250	0.461	1.000	0.322	0.112	0.520	0.488	0.368	0.503	0.490
H10	0.370	0.262	0.127	0.300	0.325	0.370	0.238	0.271	0.322	1.000	0.418	0.425	0.420	0.696	0.414	0.400
H11	0.127	0.541	0.127	0.390	0.209	0.370	0.238	0.457	0.112	0.418	1.000	0.250	0.348	0.291	0.265	0.487
H12	0.437	0.260	0.437	0.271	0.483	0.327	0.177	0.691	0.520	0.425	0.250	1.000	0.681	0.601	0.518	0.410
H13	0.406	0.394	0.317	0.440	0.256	0.406	0.103	0.648	0.488	0.420	0.348	0.681	1.000	0.714	0.611	0.511
H14	0.588	0.372	0.182	0.225	0.232	0.284	0.158	0.559	0.368	0.696	0.291	0.601	0.714	1.000	0.458	0.494

续表

	H1	H2	H3	H4	H5	H6	H7	H8	H9	H10	H11	H12	H13	H14	H15	H16
H15	0.047	0.423	0.326	0.504	0.461	0.326	0.166	0.561	0.503	0.414	0.265	0.518	0.611	0.458	1.000	0.559
H16	0.196	0.483	0.196	0.484	0.458	0.414	0.170	0.545	0.490	0.400	0.487	0.410	0.511	0.494	0.559	1.000
H17	0.202	0.397	0.508	0.328	0.449	0.508	0.165	0.642	0.483	0.395	0.395	0.633	0.572	0.490	0.668	0.600
H18	0.189	0.226	0.381	0.165	0.513	0.285	0.155	0.700	0.370	0.218	0.294	0.802	0.593	0.460	0.568	0.563
H19	0.482	0.355	0.235	0.326	0.331	0.317	0.076	0.513	0.447	0.390	0.324	0.600	0.576	0.627	0.352	0.556
H20	0.385	0.450	0.284	0.450	0.426	0.385	0.158	0.352	0.368	0.453	0.534	0.381	0.535	0.459	0.396	0.567
H21	0.308	0.507	0.508	0.419	0.535	0.508	0.132	0.497	0.443	0.448	0.289	0.627	0.631	0.546	0.497	0.515
H22	0.213	0.355	0.307	0.348	0.341	0.401	0.130	0.397	0.358	0.516	0.290	0.412	0.570	0.539	0.658	0.647
H23	0.317	0.462	0.228	0.440	0.426	0.585	0.103	0.420	0.411	0.420	0.348	0.423	0.581	0.595	0.339	0.575
H24	0.430	0.418	0.349	0.559	0.433	0.430	0.061	0.728	0.522	0.399	0.464	0.463	0.675	0.604	0.496	0.591
H25	0.088	0.416	0.088	0.253	0.417	0.088	-0.096	0.351	0.170	0.289	0.289	0.379	0.359	0.325	0.466	0.533
H26	0.128	0.542	0.462	0.302	0.616	0.462	0.186	0.671	0.359	0.363	0.452	0.559	0.594	0.415	0.680	0.605
H27	0.123	0.513	0.392	0.420	0.582	0.481	0.098	0.672	0.469	0.404	0.546	0.529	0.502	0.394	0.487	0.616
H28	0.311	0.226	0.171	0.276	0.267	0.311	0.282	0.206	0.282	0.509	0.174	0.326	0.365	0.466	0.417	0.301
H29	0.325	0.016	0.136	0.233	0.450	0.230	0.380	0.519	0.543	0.385	0.310	0.507	0.436	0.377	0.275	0.541
H30	0.227	0.377	0.227	0.518	0.363	0.327	0.138	0.524	0.467	0.389	0.548	0.439	0.489	0.373	0.517	0.473
H31	0.228	0.363	0.297	0.393	0.477	0.228	0.164	0.600	0.415	0.444	0.389	0.526	0.520	0.434	0.455	0.517
H32	0.288	0.403	0.154	0.382	0.463	0.288	0.159	0.479	0.345	0.431	0.431	0.364	0.504	0.466	0.359	0.646

	H17	H18	H19	H20	H21	H22	H23	H24	H25	H26	H27	H28	H29	H30	H31	H32
H1	0.202	0.189	0.482	0.385	0.308	0.213	0.317	0.430	0.088	0.128	0.123	0.311	0.325	0.227	0.228	0.288
H2	0.397	0.226	0.355	0.450	0.507	0.355	0.462	0.418	0.416	0.542	0.513	0.226	0.016	0.377	0.363	0.403
H3	0.508	0.381	0.235	0.284	0.508	0.307	0.228	0.349	0.088	0.462	0.392	0.171	0.136	0.227	0.297	0.154
H4	0.328	0.165	0.326	0.450	0.419	0.348	0.440	0.559	0.253	0.302	0.420	0.276	0.233	0.518	0.393	0.382
H5	0.449	0.513	0.331	0.426	0.535	0.341	0.426	0.433	0.417	0.616	0.582	0.267	0.450	0.363	0.477	0.463
H6	0.508	0.285	0.317	0.385	0.508	0.401	0.585	0.430	0.088	0.462	0.481	0.311	0.230	0.327	0.228	0.288
H7	0.165	0.155	0.076	0.158	0.132	0.130	0.103	0.061	-0.096	0.186	0.098	0.282	0.380	0.138	0.164	0.159
H8	0.642	0.700	0.513	0.352	0.497	0.397	0.420	0.728	0.351	0.671	0.672	0.206	0.519	0.524	0.600	0.479
H9	0.483	0.370	0.447	0.368	0.443	0.358	0.411	0.522	0.170	0.359	0.469	0.282	0.543	0.467	0.415	0.345
H10	0.395	0.218	0.390	0.453	0.448	0.516	0.420	0.399	0.289	0.363	0.404	0.509	0.385	0.389	0.444	0.431
H11	0.395	0.294	0.324	0.534	0.289	0.290	0.348	0.464	0.289	0.452	0.546	0.174	0.310	0.548	0.389	0.431
H12	0.633	0.802	0.600	0.381	0.627	0.412	0.423	0.463	0.379	0.559	0.529	0.326	0.507	0.439	0.526	0.364
H13	0.572	0.593	0.576	0.535	0.631	0.570	0.581	0.675	0.359	0.594	0.502	0.365	0.436	0.489	0.520	0.504
H14	0.490	0.460	0.627	0.459	0.546	0.539	0.595	0.604	0.325	0.415	0.394	0.466	0.377	0.373	0.434	0.466
H15	0.668	0.568	0.352	0.396	0.497	0.658	0.339	0.496	0.466	0.680	0.487	0.417	0.275	0.517	0.455	0.359
H16	0.600	0.563	0.556	0.567	0.515	0.647	0.575	0.591	0.533	0.605	0.616	0.301	0.541	0.473	0.517	0.646
H17	1.000	0.745	0.446	0.422	0.516	0.699	0.393	0.484	0.352	0.668	0.672	0.397	0.281	0.408	0.442	0.383

续表

	H17	H18	H19	H20	H21	H22	H23	H24	H25	H26	H27	H28	H29	H30	H31	H32
H18	0.745	1.000	0.522	0.332	0.484	0.478	0.312	0.403	0.492	0.697	0.517	0.284	0.501	0.445	0.458	0.359
H19	0.446	0.522	1.000	0.682	0.695	0.483	0.721	0.544	0.600	0.585	0.498	0.574	0.517	0.568	0.430	0.453
H20	0.422	0.332	0.682	1.000	0.679	0.602	0.714	0.550	0.581	0.637	0.513	0.559	0.440	0.573	0.388	0.556
H21	0.516	0.484	0.695	0.679	1.000	0.601	0.807	0.656	0.644	0.670	0.722	0.561	0.385	0.508	0.548	0.532
H22	0.699	0.478	0.483	0.602	0.601	1.000	0.570	0.503	0.471	0.586	0.546	0.634	0.330	0.507	0.477	0.504
H23	0.393	0.312	0.721	0.714	0.807	0.570	1.000	0.627	0.510	0.529	0.607	0.611	0.381	0.548	0.398	0.543
H24	0.484	0.403	0.544	0.550	0.656	0.503	0.627	1.000	0.393	0.510	0.643	0.289	0.490	0.536	0.596	0.578
H25	0.352	0.492	0.600	0.581	0.644	0.471	0.510	0.393	1.000	0.692	0.641	0.485	0.415	0.585	0.517	0.558
H26	0.668	0.697	0.585	0.637	0.670	0.586	0.529	0.510	0.692	1.000	0.704	0.556	0.475	0.551	0.536	0.520
H27	0.672	0.517	0.498	0.513	0.722	0.546	0.607	0.643	0.641	0.704	1.000	0.348	0.469	0.581	0.722	0.621
H28	0.397	0.284	0.574	0.559	0.561	0.634	0.611	0.289	0.485	0.556	0.348	1.000	0.308	0.491	0.262	0.316
H29	0.281	0.501	0.517	0.440	0.385	0.330	0.381	0.490	0.415	0.475	0.469	0.308	1.000	0.537	0.525	0.509
H30	0.408	0.445	0.568	0.573	0.508	0.507	0.548	0.536	0.585	0.551	0.581	0.491	0.537	1.000	0.553	0.492
H31	0.442	0.458	0.430	0.388	0.548	0.477	0.398	0.596	0.517	0.536	0.722	0.262	0.525	0.553	1.000	0.847
H32	0.383	0.359	0.453	0.556	0.532	0.504	0.543	0.578	0.558	0.520	0.621	0.316	0.509	0.492	0.847	1.000

3.高职学生核心素质特征调查问卷:用人单位视角

我们针对用人单位视角下的问卷进行信效度检验,采用Cronbach's α 系数:

$$\rho_\tau = \frac{k}{k-1}\left[1 - \frac{\sum_{i=1}^{k}Var(x_i)}{Var(X)}\right]$$

其中 ρ_τ 为信度系数,k 表示问题个数,$Var(x_i)$ 为问卷中单个问题(测量值)的方差,$Var(X)$ 则为所有测量值和的方差,结果如表 3-5 所示。

表 3-5 核心素质(用人单位视角)问卷信度分析

Cronbach's α	基于标准项的 Cronbach's α	项数
0.967	0.971	32

α 系数为 0.967,说明该问卷具有较高的信度。

我们针对用人单位视角下的问卷利用相关性矩阵进行相关性检验分析:

$$\rho_{ij} = \frac{Cov(x_i, x_j)}{\sqrt{Var(x_i)Var(x_j)}}$$

其中 ρ_{ij} 为相关性矩阵第 i 行第 j 列元素，$Cov(x_i, x_j)$ 表示第 i 个测量值和第 j 个测量值之间的协方差系数，结果如表 3-6 所示。

表 3-6　核心素质(用人单位视角)相关性矩阵分析

	H1	H2	H3	H4	H5	H6	H7	H8	H9	H10	H11	H12	H13	H14	H15	H16
H1	1.000	0.679	0.384	0.582	0.659	-0.090	0.196	0.480	0.196	0.110	0.523	0.000	0.141	0.762	0.384	0.679
H2	0.679	1.000	0.728	0.451	0.728	0.397	0.577	0.471	0.577	0.404	0.577	0.200	0.311	0.647	0.728	0.467
H3	0.384	0.728	1.000	0.022	0.608	-0.096	0.327	0.229	0.327	0.216	-0.140	0.081	0.277	0.345	0.608	0.404
H4	0.582	0.451	0.022	1.000	0.241	0.251	0.104	0.574	0.104	0.459	0.625	0.271	0.168	0.385	0.241	0.271
H5	0.659	0.728	0.608	0.241	1.000	-0.096	0.327	0.229	0.327	0.216	0.327	0.081	0.277	0.555	0.216	0.404
H6	-0.090	0.397	-0.096	0.251	-0.096	1.000	0.688	0.281	0.688	0.546	0.688	0.397	0.288	0.189	0.546	-0.132
H7	0.196	0.577	0.327	0.104	0.327	0.688	1.000	0.408	1.000	0.793	0.444	0.577	0.718	0.523	0.793	0.192
H8	0.480	0.471	0.229	0.574	0.229	0.281	0.408	1.000	0.408	0.514	0.408	0.707	0.660	0.824	0.514	0.707
H9	0.196	0.577	0.327	0.104	0.327	0.688	1.000	0.408	1.000	0.793	0.444	0.577	0.718	0.523	0.793	0.192
H10	0.110	0.404	0.216	0.459	0.216	0.546	0.793	0.514	0.793	1.000	0.327	0.728	0.780	0.345	0.608	0.081
H11	0.523	0.577	-0.140	0.625	0.327	0.688	0.444	0.408	0.444	0.327	1.000	0.192	0.120	0.523	0.327	0.192
H12	0.000	0.200	0.081	0.271	0.081	0.397	0.577	0.707	0.577	0.728	0.192	1.000	0.726	0.475	0.404	0.200
H13	0.141	0.311	0.277	0.168	0.277	0.288	0.718	0.660	0.718	0.780	0.120	0.726	1.000	0.577	0.528	0.311
H14	0.762	0.647	0.345	0.385	0.555	0.189	0.523	0.824	0.523	0.345	0.523	0.475	0.577	1.000	0.555	0.820
H15	0.384	0.728	0.608	0.241	0.216	0.546	0.793	0.514	0.793	0.608	0.327	0.404	0.528	0.555	1.000	0.404
H16	0.679	0.467	0.404	0.271	0.404	-0.132	0.192	0.707	0.192	0.081	0.192	0.200	0.311	0.820	0.404	1.000
H17	0.049	0.289	0.140	0.351	0.140	0.459	0.667	0.612	0.667	0.840	0.250	0.577	0.853	0.411	0.490	0.289
H18	0.539	0.577	0.140	0.351	0.490	0.459	0.667	0.612	0.667	0.490	0.667	0.289	0.629	0.785	0.490	0.577
H19	0.524	0.537	0.195	0.672	0.358	0.373	0.542	0.854	0.542	0.684	0.542	0.671	0.564	0.747	0.521	0.671
H20	0.240	0.574	0.418	0.107	0.203	0.579	0.841	0.656	0.841	0.632	0.331	0.574	0.810	0.669	0.846	0.397
H21	0.690	0.574	0.203	0.346	0.632	0.228	0.586	0.656	0.586	0.418	0.586	0.397	0.673	0.897	0.418	0.574
H22	0.659	0.728	0.216	0.459	0.608	0.546	0.793	0.514	0.793	0.608	0.793	0.404	0.528	0.764	0.608	0.404
H23	0.740	0.594	0.192	0.750	0.432	0.236	0.343	0.840	0.343	0.432	0.629	0.396	0.554	0.820	0.432	0.594
H24	0.557	0.388	0.073	0.549	0.283	0.154	0.224	0.854	0.224	0.283	0.473	0.561	0.362	0.788	0.283	0.734
H25	0.049	0.289	0.140	-0.039	0.140	0.459	0.667	0.612	0.667	0.490	0.250	0.577	0.853	0.598	0.490	0.289
H26	0.110	0.081	0.216	-0.197	0.216	-0.096	0.327	0.514	0.327	0.216	-0.140	0.404	0.780	0.555	0.216	0.404
H27	0.480	0.471	0.229	0.574	0.229	0.281	0.408	1.000	0.408	0.514	0.408	0.707	0.660	0.824	0.514	0.707
H28	0.453	0.467	0.081	0.271	0.404	0.397	0.577	0.707	0.577	0.404	0.577	0.467	0.726	0.820	0.404	0.467
H29	0.385	0.378	0.031	0.545	0.336	0.350	0.509	0.802	0.509	0.642	0.509	0.630	0.823	0.701	0.336	0.378
H30	0.535	0.545	0.279	0.638	0.279	0.313	0.454	0.899	0.454	0.572	0.454	0.545	0.734	0.760	0.572	0.545
H31	0.567	0.577	0.296	0.764	0.140	0.331	0.296	0.839	0.296	0.451	0.481	0.449	0.379	0.639	0.607	0.577
H32	0.492	0.630	0.489	0.290	0.183	0.350	0.509	0.802	0.509	0.336	0.327	0.378	0.529	0.783	0.794	0.756

	H17	H18	H19	H20	H21	H22	H23	H24	H25	H26	H27	H28	H29	H30	H31	H32
H1	0.049	0.539	0.524	0.240	0.690	0.659	0.740	0.557	0.049	0.110	0.480	0.453	0.385	0.535	0.567	0.492
H2	0.289	0.577	0.537	0.574	0.574	0.728	0.594	0.388	0.289	0.081	0.471	0.467	0.378	0.545	0.577	0.630
H3	0.140	0.140	0.195	0.418	0.203	0.216	0.192	0.073	0.140	0.216	0.229	0.081	0.031	0.279	0.296	0.489
H4	0.351	0.351	0.672	0.107	0.346	0.459	0.750	0.549	-0.039	-0.197	0.574	0.271	0.545	0.638	0.764	0.290
H5	0.140	0.490	0.358	0.203	0.632	0.608	0.432	0.283	0.140	0.216	0.229	0.404	0.336	0.279	0.140	0.183

续表

	H17	H18	H19	H20	H21	H22	H23	H24	H25	H26	H27	H28	H29	H30	H31	H32
H6	0.459	0.459	0.373	0.579	0.228	0.546	0.236	0.154	0.459	-0.096	0.281	0.397	0.350	0.313	0.331	0.350
H7	0.667	0.667	0.542	0.841	0.586	0.793	0.343	0.224	0.667	0.327	0.408	0.577	0.509	0.454	0.296	0.509
H8	0.612	0.612	0.854	0.656	0.656	0.514	0.840	0.854	0.612	0.514	1.000	0.707	0.802	0.899	0.839	0.802
H9	0.667	0.667	0.542	0.841	0.586	0.793	0.343	0.224	0.667	0.327	0.408	0.577	0.509	0.454	0.296	0.509
H10	0.840	0.490	0.684	0.632	0.418	0.608	0.432	0.283	0.430	0.216	0.514	0.404	0.642	0.572	0.451	0.336
H11	0.250	0.667	0.542	0.331	0.586	0.793	0.629	0.473	0.250	-0.140	0.408	0.577	0.509	0.454	0.481	0.327
H12	0.577	0.289	0.671	0.574	0.397	0.404	0.396	0.561	0.577	0.404	0.707	0.467	0.630	0.545	0.449	0.378
H13	0.853	0.629	0.564	0.810	0.673	0.528	0.554	0.362	0.853	0.780	0.660	0.726	0.823	0.734	0.379	0.529
H14	0.411	0.785	0.747	0.669	0.897	0.764	0.820	0.788	0.598	0.555	0.824	0.820	0.701	0.760	0.639	0.783
H15	0.490	0.490	0.521	0.846	0.418	0.608	0.432	0.283	0.490	0.216	0.514	0.404	0.336	0.572	0.607	0.794
H16	0.289	0.577	0.671	0.397	0.574	0.404	0.594	0.734	0.289	0.404	0.707	0.467	0.378	0.545	0.577	0.756
H17	1.000	0.687	0.668	0.688	0.497	0.490	0.514	0.336	0.687	0.490	0.612	0.577	0.764	0.681	0.444	0.491
H18	0.687	1.000	0.668	0.688	0.879	0.840	0.729	0.523	0.687	0.490	0.612	0.866	0.764	0.681	0.444	0.627
H19	0.668	0.668	1.000	0.516	0.604	0.684	0.718	0.817	0.378	0.195	0.854	0.537	0.685	0.707	0.749	0.621
H20	0.688	0.688	0.516	1.000	0.649	0.632	0.551	0.360	0.879	0.632	0.656	0.751	0.651	0.729	0.518	0.818
H21	0.497	0.879	0.604	0.649	1.000	0.846	0.813	0.589	0.688	0.632	0.656	0.927	0.818	0.729	0.433	0.567
H22	0.490	0.840	0.684	0.632	0.846	1.000	0.672	0.492	0.490	0.216	0.514	0.728	0.642	0.572	0.451	0.489
H23	0.514	0.729	0.718	0.551	0.813	0.672	1.000	0.718	0.514	0.432	0.840	0.792	0.861	0.935	0.800	0.674
H24	0.336	0.523	0.817	0.360	0.589	0.492	0.718	1.000	0.336	0.283	0.854	0.561	0.603	0.650	0.772	0.603
H25	0.687	0.687	0.378	0.879	0.688	0.490	0.514	0.336	1.000	0.840	0.612	0.866	0.764	0.681	0.306	0.627
H26	0.490	0.490	0.195	0.632	0.632	0.216	0.432	0.283	0.840	1.000	0.514	0.728	0.642	0.572	0.140	0.489
H27	0.612	0.612	0.854	0.656	0.656	0.514	0.840	0.854	0.612	0.514	1.000	0.707	0.802	0.899	0.839	0.802
H28	0.577	0.866	0.537	0.751	0.927	0.728	0.792	0.561	0.866	0.728	0.707	1.000	0.882	0.787	0.449	0.630
H29	0.764	0.764	0.685	0.651	0.818	0.642	0.861	0.603	0.764	0.642	0.802	0.882	1.000	0.892	0.582	0.524
H30	0.681	0.681	0.707	0.729	0.729	0.572	0.935	0.650	0.681	0.572	0.899	0.787	0.892	1.000	0.827	0.778
H31	0.444	0.444	0.749	0.518	0.433	0.451	0.800	0.772	0.306	0.140	0.839	0.449	0.582	0.827	1.000	0.764
H32	0.491	0.627	0.621	0.818	0.567	0.489	0.674	0.603	0.627	0.489	0.802	0.630	0.524	0.778	0.764	1.000

针对不同类型群体而言，各题项与总分之间的相关系数存在差异情况，通过相关性分析结果如表 3-7 所示。

表 3-7 各题项与总分相关分析

因素	总分相关性（学生视角）	总分相关性（教师视角）	总分相关性（用人单位视角）
创新创造能力	0.756**	0.433**	0.623**
专业知识	0.788**	0.560**	0.703**
技能应用能力	0.764**	0.457**	0.366
强健体魄	0.658**	0.558**	0.561*
法律法规意识	0.759**	0.622**	0.461*

续表

因素	总分相关性（学生视角）	总分相关性（教师视角）	总分相关性（用人单位视角）
伦理道德品质	0.738**	0.552**	0.428
责任意识	0.818**	0.256	0.678**
人文知识	0.836**	0.761**	0.905**
团队合作能力	0.852**	0.609**	0.678**
人际沟通能力	0.829**	0.590**	0.652**
心理健康	0.793**	0.548**	0.579**
信息收集与处理能力	0.833**	0.725**	0.624**
数据分析能力	0.846**	0.776**	0.752**
创新思维	0.836**	0.700**	0.904**
国家认同	0.747**	0.693**	0.700**
政治法律知识	0.811**	0.766**	0.673**
积极主动意识	0.814**	0.734**	0.698**
任务执行能力	0.889**	0.686**	0.826**
跨学科知识	0.769**	0.749**	0.855**
理想信念	0.823**	0.738**	0.809**
信息技术知识	0.818**	0.818**	0.842**
感恩意识	0.811**	0.729**	0.795**
批判精神	0.791**	0.750**	0.885**
审美能力	0.797**	0.787**	0.750**
自我管理能力	0.847**	0.645**	0.698**
理解尊重他人意识	0.849**	0.810**	0.521*
文字表达能力	0.864**	0.811**	0.905**
自主学习能力	0.832**	0.571**	0.831**
社会实践能力	0.865**	0.623**	0.849**
反思意识	0.860**	0.722**	0.913**
外语能力	0.763**	0.737**	0.788**
国际交流意识	0.777**	0.726**	0.826**

注：** 表示相关性强，* 表示相关性一般，没有星号表示相关性弱。

由表 3-7 可知,对不同群体而言,各题项与总分之间的相关系数存在差异。仅有技能应用能力、伦理道德品质以及责任意识三个题项在某一类群体中与总分的相关系数未达到显著水平。因此,整体而言,各题项与总分之间存在显著的相关性,呈现较高的同质性水平。

(二)因子分析

本研究借助 IBM SPSS Statistics 27.0 软件进行因子分析,旨在探究分析不同类型群体对各种高职学生核心素质要素的认可度,从而提出有效的培养措施,以促进高职学生核心素质的发展。下文将对学生、教师以及用人单位这三类群体的问卷数据分别进行因子分析,分析结果如下。

1. 高职学生核心素质:学生视角

在进行因子分析前,首先需要对数据进行适用性检验,常用工具为 KMO(Kaiser-Meyer-Olkin)检验统计量和巴特利特(Bartlett)球形检验。其中 KMO 检验通过研究各变量之间的共性,以确定进行因子分析是否有意义,KMO 的取值范围为 0 到 1 之间,越接近 1 表示变量之间的共性越高,一般情况下,KMO 值大于 0.6 即可满足条件。而 Bartlett 球形检验的核心思想是将样本协方差矩阵与单位矩阵进行比较,检验两者之间是否有显著差异,若有则适合进行因子分析(见表 3-8)。

表 3-8　KMO 和 Bartlett 球形检验结果

KMO 取样适切性量数		0.970
Bartlett 球形检验	近似卡方	16080.141
	自由度	496
	显著性	0.000

由检验结果可得,各指标样本数据的 KMO 检验值为 0.970,显著大于 0.6,且 Bartlett 球形检验中的显著性值约为 0,拒绝原假设,两个检验结果均说明各指标间存在共线性,适合进行因子分析。对学生问卷数据进行描述性统计,结果见表 3-9,由此得到学生问卷数据碎石图

(见图 3-3)。

表 3-9 学生问卷数据描述性统计

因素	平均值	标准差
创新创造能力	4.64	0.578
专业知识	4.64	0.584
技能应用能力	4.70	0.524
强健体魄	4.52	0.705
法律法规意识	4.75	0.493
伦理道德品质	4.77	0.498
责任意识	4.74	0.501
人文知识	4.54	0.660
团队合作能力	4.64	0.577
人际沟通能力	4.64	0.576
心理健康	4.70	0.555
信息收集与处理能力	4.64	0.555
数据分析能力	4.62	0.588
创新思维	4.64	0.587
国家认同	4.69	0.583
政治法律知识	4.70	0.552
积极主动意识	4.62	0.637
任务执行能力	4.68	0.544
跨学科知识	4.30	0.838
理想信念	4.61	0.653
信息技术知识	4.58	0.628
感恩意识	4.64	0.625
批判精神	4.56	0.648
审美能力	4.52	0.685
自我管理能力	4.70	0.542
理解尊重他人意识	4.69	0.557

续表

因素	平均值	标准差
文字表达能力	4.59	0.634
自主学习能力	4.68	0.551
社会实践能力	4.63	0.602
反思意识	4.65	0.573
外语能力	4.38	0.802
国际交流意识	4.38	0.810

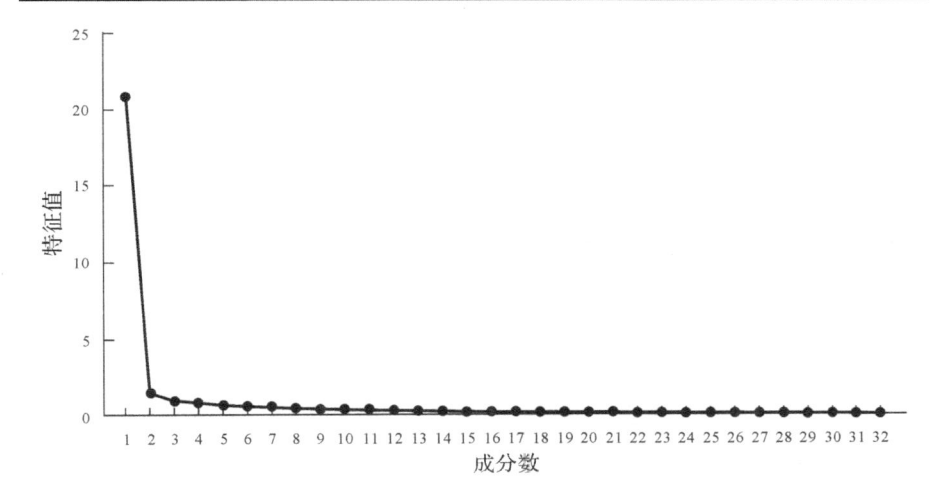

图 3-3　学生问卷数据碎石图

为进一步确定所需提取的主成分个数,表 3-10 列出了每一个主成分的占比,并计算了累积的方差百分比。

表 3-10　学生数据解释的总方差分析

成分数	初始特征值 总计	初始特征值 方差/%	初始特征值 累积/%	提取载荷平方和 总计	提取载荷平方和 方差/%	提取载荷平方和 累积/%	旋转载荷平方和 总计	旋转载荷平方和 方差/%	旋转载荷平方和 累积/%
1	20.953	65.477	65.477	20.953	65.477	65.477	5.837	18.240	18.240
2	1.405	4.390	69.867	1.405	4.390	69.867	5.011	15.659	33.899
3	0.976	3.050	72.917	0.976	3.050	72.917	4.564	14.263	48.162
4	0.822	2.568	75.485	0.822	2.568	75.485	3.920	12.252	60.413
5	0.776	2.424	77.909	0.776	2.424	77.909	3.205	10.016	70.429

续表

成分数	初始特征值 总计	方差/%	累积/%	提取载荷平方和 总计	方差/%	累积/%	旋转载荷平方和 总计	方差/%	累积/%
6	0.658	2.055	79.964	0.658	2.055	79.964	3.051	9.535	79.964
7	0.606	1.893	81.857						
8	0.483	1.509	83.365						
9	0.438	1.368	84.733						
10	0.433	1.353	86.086						
11	0.383	1.197	87.283						
12	0.365	1.141	88.424						
13	0.333	1.041	89.465						
14	0.310	0.968	90.433						
15	0.262	0.818	91.252						
16	0.256	0.801	92.052						
17	0.246	0.769	92.821						
18	0.237	0.740	93.561						
19	0.230	0.720	94.281						
20	0.196	0.612	94.893						
21	0.191	0.597	95.490						
22	0.180	0.562	96.052						
23	0.179	0.558	96.610						
24	0.165	0.515	97.124						
25	0.156	0.489	97.613						
26	0.148	0.462	98.075						
27	0.139	0.435	98.511						
28	0.110	0.344	98.855						
29	0.101	0.316	99.170						
30	0.095	0.298	99.469						
31	0.090	0.281	99.749						
32	0.080	0.251	100.000						

注：提取方法为主成分分析法。

根据图 3-3 观察到,前 6 个特征值的变化显著,而从第 7 个特征值开始,曲线趋于平缓。表 3-10 显示,前 6 个特征值的累积方差贡献率已接近 80%,且依据主成分分析一般不提取超过 6 个主成分的原则,这里选择提取前 6 个公共因素。同时,利用正交旋转中的方差最大法进行因子转轴以获得更清晰的因子负荷形式,结果如表 3-11 所示。

表 3-11 学生数据旋转成分矩阵分析

因素	成分数					
	1	2	3	4	5	6
H1	0.226	0.151	0.495	0.288	0.154	0.622
H2	0.375	0.241	0.213	0.186	0.289	0.714
H3	0.200	0.324	0.241	0.300	0.179	0.745
H4	0.405	0.086	0.137	0.625	0.093	0.247
H5	0.084	0.300	0.264	0.421	0.590	0.348
H6	0.101	0.312	0.217	0.682	0.336	0.254
H7	0.149	0.426	0.279	0.507	0.414	0.317
H8	0.506	0.162	0.362	0.483	0.262	0.250
H9	0.374	0.363	0.518	0.440	0.175	0.171
H10	0.308	0.478	0.468	0.413	0.180	0.134
H11	0.171	0.496	0.353	0.574	0.235	0.118
H12	0.354	0.228	0.708	0.228	0.288	0.212
H13	0.381	0.310	0.630	0.177	0.195	0.353
H14	0.301	0.256	0.681	0.263	0.202	0.347
H15	0.347	0.260	0.188	0.150	0.768	0.188
H16	0.334	0.256	0.265	0.351	0.678	0.166
H17	0.439	0.276	0.372	0.385	0.354	0.134
H18	0.351	0.570	0.381	0.293	0.262	0.302
H19	0.806	0.204	0.204	0.218	0.086	0.206
H20	0.508	0.374	0.212	0.403	0.253	0.218
H21	0.540	0.255	0.434	0.183	0.261	0.276

续表

因素	成分数					
	1	2	3	4	5	6
H22	0.391	0.616	0.091	0.486	0.170	0.176
H23	0.490	0.301	0.419	0.356	0.141	0.142
H24	0.545	0.395	0.365	0.218	0.125	0.194
H25	0.254	0.648	0.374	0.287	0.238	0.251
H26	0.326	0.663	0.137	0.319	0.348	0.285
H27	0.508	0.584	0.294	0.176	0.203	0.268
H28	0.334	0.566	0.515	0.136	0.239	0.189
H29	0.423	0.536	0.388	0.157	0.375	0.190
H30	0.436	0.520	0.391	0.104	0.320	0.294
H31	0.802	0.206	0.202	0.123	0.231	0.156
H32	0.728	0.271	0.245	0.161	0.237	0.118

注：提取方法为主成分分析法，旋转方法为凯撒正态化最大方差法。旋转在10次迭代后已收敛。

从表3-11可以看出，对第一个因子影响比较大的核心素质要素包括H19(跨学科知识)、H31(外语能力)、H32(国际交流意识)。对第二个因子影响比较大的核心素质要素包括H18(任务执行能力)、H22(感恩意识)、H25(自我管理能力)、H26(理解尊重他人意识)、H27(文字表达能力)、H28(自主学习能力)、H29(社会实践能力)。对第三个因子影响比较大的核心素质要素包括H12(信息收集与处理能力)、H13(数据分析能力)、H14(创新思维)。对第四个因子影响比较大的核心素质要素包括H4(强健体魄)、H6(伦理道德品质)、H11(心理健康)。对第五个因子影响比较大的核心素质要素包括H5(法律法规意识)、H15(国家认同)、H16(政治法律知识)。对第六个因子影响比较大的核心素质要素包括H2(专业知识)、H3(技能应用能力)。这六个因子累积的方差百分比为79.964%。表3-12的各因子成分得分系数矩阵可表示各指标与因子间的关系密切程度，并可依据确定的指标值求得各因子得分。

表 3-12 学生数据旋转后成分得分系数矩阵

因素	成分数					
	1	2	3	4	5	6
H1	−0.085	−0.194	0.167	0.004	−0.120	0.404
H2	0.051	−0.073	−0.215	−0.148	0.020	0.574
H3	−0.079	0.033	−0.176	−0.033	−0.143	0.600
H4	0.143	−0.250	−0.146	0.472	−0.173	0.050
H5	−0.173	−0.091	−0.035	0.071	0.367	0.070
H6	−0.137	−0.066	−0.071	0.406	0.039	−0.023
H7	−0.148	0.045	−0.057	0.163	0.116	0.035
H8	0.123	−0.260	0.042	0.238	0.001	−0.033
H9	−0.025	−0.032	0.220	0.167	−0.124	−0.150
H10	−0.073	0.120	0.170	0.124	−0.127	−0.174
H11	−0.143	0.137	0.064	0.284	−0.087	−0.191
H12	−0.063	−0.189	0.461	−0.059	0.071	−0.134
H13	−0.039	−0.061	0.320	−0.128	−0.065	0.064
H14	−0.096	−0.140	0.400	−0.032	−0.058	0.031
H15	0.025	−0.124	−0.103	−0.199	0.654	−0.070
H16	−0.004	−0.176	−0.028	0.015	0.506	−0.140
H17	0.060	−0.124	0.080	0.114	0.123	−0.163
H18	−0.052	0.225	−0.002	−0.065	−0.059	0.035
H19	0.375	−0.110	−0.155	0.026	−0.144	0.036
H20	0.129	0.020	−0.151	0.127	−0.030	−0.017
H21	0.120	−0.110	0.109	−0.093	0.037	0.024
H22	0.046	0.322	−0.300	0.189	−0.180	−0.037
H23	0.094	−0.056	0.126	0.123	−0.121	−0.129
H24	0.129	0.081	0.031	−0.040	−0.139	−0.035
H25	−0.122	0.337	0.015	−0.071	−0.086	−0.013
H26	−0.031	0.360	−0.276	−0.054	0.027	0.067
H27	0.078	0.283	−0.108	−0.158	−0.100	0.049

续表

因素	成分数					
	1	2	3	4	5	6
H28	−0.081	0.247	0.199	−0.202	−0.031	−0.094
H29	0.000	0.190	0.038	−0.197	0.123	−0.085
H30	0.012	0.193	0.020	−0.253	0.059	0.049
H31	0.366	−0.115	−0.139	−0.093	0.048	−0.026
H32	0.296	−0.056	−0.086	−0.069	0.038	−0.090

注：提取方法为主成分分析法，旋转方法为凯撒正态化最大方差法。

2. 高职学生核心素质：教师视角

对教师问卷数据进行描述性统计，结果见表 3-13，形成教师问卷数据碎石图（见图 3-4）。可见各题项间的得分均值差异较学生问卷而言更大，其中责任意识最受教师青睐，创新创造能力、技能应用能力、伦理道德品质等也是教师较为看重的能力。

表 3-13 教师问卷数据描述性统计

因素	平均值	标准差
创新创造能力	4.82	0.387
专业知识	4.71	0.506
技能应用能力	4.82	0.387
强健体魄	4.67	0.522
法律法规意识	4.80	0.405
伦理道德品质	4.82	0.387
责任意识	4.98	0.149
人文知识	4.49	0.757
团队合作能力	4.73	0.447
人际沟通能力	4.76	0.484
心理健康	4.76	0.484
信息收集与处理能力	4.62	0.535
数据分析能力	4.44	0.659
创新思维	4.60	0.580

续表

因素	平均值	标准差
国家认同	4.69	0.633
政治法律知识	4.60	0.539
积极主动意识	4.62	0.576
任务执行能力	4.62	0.614
跨学科知识	4.36	0.712
理想信念	4.60	0.580
信息技术知识	4.51	0.589
感恩意识	4.53	0.625
批判精神	4.44	0.659
审美能力	4.29	0.727
自我管理能力	4.71	0.458
理解尊重他人意识	4.64	0.529
文字表达能力	4.42	0.657
自主学习能力	4.78	0.420
社会实践能力	4.56	0.624
反思意识	4.53	0.588
外语能力	3.91	0.848
国际交流意识	3.91	0.874

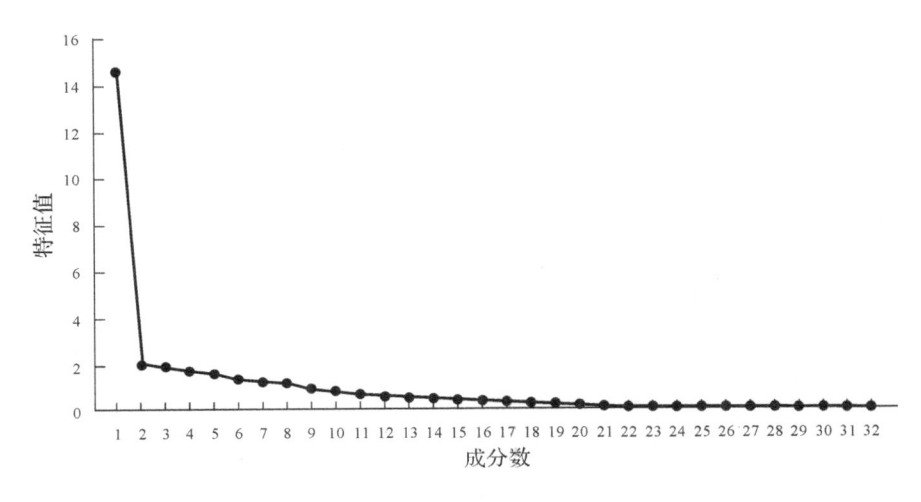

图 3-4 教师问卷数据碎石图

为进一步确定所需提取的主成分个数,表 3-14 列出了每一个主成分的占比,并计算了累积的方差百分比。

表 3-14　教师数据解释的总方差分析

成分数	初始特征值 总计	方差/%	累积/%	提取载荷平方和 总计	方差/%	累积/%	旋转载荷平方和 总计	方差/%	累积/%
1	14.617	45.678	45.678	14.617	45.678	45.678	4.686	14.645	14.645
2	2.004	6.262	51.940	2.004	6.262	51.940	4.504	14.074	28.719
3	1.893	5.916	57.856	1.893	5.916	57.856	3.438	10.745	39.464
4	1.695	5.298	63.154	1.695	5.298	63.154	2.730	8.532	47.995
5	1.556	4.861	68.015	1.556	4.861	68.015	2.642	8.257	56.252
6	1.312	4.100	72.115	1.312	4.100	72.115	2.445	7.641	63.894
7	1.229	3.841	75.956	1.229	3.841	75.956	2.376	7.425	71.318
8	1.163	3.633	79.589	1.163	3.633	79.589	2.014	6.295	77.613
9	0.921	2.878	82.467	0.921	2.878	82.467	1.553	4.854	82.467
10	0.823	2.572	85.039						
11	0.670	2.094	87.133						
12	0.559	1.747	88.880						
13	0.510	1.593	90.473						
14	0.496	1.551	92.023						
15	0.411	1.284	93.307						
16	0.397	1.241	94.548						
17	0.340	1.061	95.610						
18	0.305	0.953	96.562						
19	0.264	0.826	97.388						
20	0.197	0.617	98.005						
21	0.161	0.503	98.508						
22	0.130	0.406	98.913						
23	0.115	0.359	99.273						
24	0.077	0.240	99.513						

续表

成分数	初始特征值			提取载荷平方和			旋转载荷平方和		
	总计	方差/%	累积/%	总计	方差/%	累积/%	总计	方差/%	累积/%
25	0.058	0.182	99.694						
26	0.050	0.157	99.851						
27	0.023	0.072	99.923						
28	0.015	0.047	99.970						
29	0.006	0.018	99.988						
30	0.003	0.009	99.997						
31	0.001	0.003	99.999						
32	0.000	0.001	100.000						

注：提取方法为主成分分析法。

根据主成分分析的结果，前 6 个特征值的累积方差贡献率为 72.115%，若仅提取这 6 个成分将导致大量信息的丢失。前 8 个成分的初始特征值均大于 1，且根据图 3-4，前 9 个特征值的变化显著，从第 10 个特征值开始，曲线趋于平缓。因此，这里选择提取前 9 个公共因素。同时，利用正交旋转中的方差最大法进行因子转轴以获得更为清晰的因子负荷形式，结果如表 3-15 所示。

表 3-15 教师数据旋转成分矩阵分析

因素	成分数								
	1	2	3	4	5	6	7	8	9
H1	0.060	0.150	0.035	0.186	0.806	0.095	−0.043	0.004	0.253
H2	0.067	0.234	0.160	−0.016	0.108	0.595	0.167	0.607	−0.075
H3	0.345	0.038	0.052	0.014	0.103	0.808	0.000	0.031	0.163
H4	0.023	0.168	0.154	0.791	0.118	0.067	0.132	0.258	0.018
H5	0.343	0.249	0.450	0.241	−0.098	0.448	0.015	−0.143	0.325
H6	0.066	0.184	0.031	0.481	0.099	0.548	0.216	0.126	0.227
H7	0.025	−0.036	0.010	0.083	0.131	0.218	0.110	0.134	0.860
H8	0.724	0.073	0.361	0.196	0.255	0.208	−0.015	0.231	−0.041

续表

因素	\multicolumn{9}{c}{成分数}
	1	2	3	4	5	6	7	8	9
H9	0.344	0.126	0.182	0.761	0.199	0.051	0.095	−0.194	0.199
H10	0.028	0.182	0.316	0.068	0.409	−0.008	0.613	0.133	0.260
H11	0.153	0.159	0.217	0.146	0.067	0.040	0.075	0.859	0.168
H12	0.733	0.200	0.178	0.102	0.402	0.178	0.099	−0.060	0.094
H13	0.500	0.223	0.168	0.288	0.478	0.120	0.279	0.177	−0.155
H14	0.307	0.223	0.205	0.021	0.725	0.034	0.434	0.113	−0.032
H15	0.537	0.156	0.137	0.351	−0.092	0.143	0.567	0.123	−0.037
H16	0.348	0.307	0.397	0.342	0.047	0.052	0.286	0.315	0.037
H17	0.644	0.120	0.100	0.214	0.045	0.329	0.466	0.156	0.021
H18	0.888	0.219	0.147	0.016	0.061	0.100	0.125	0.053	0.093
H19	0.359	0.705	0.121	0.142	0.430	0.036	0.017	0.095	−0.004
H20	0.097	0.700	0.181	0.230	0.217	0.146	0.158	0.302	0.092
H21	0.246	0.616	0.314	0.201	0.250	0.454	0.180	−0.014	−0.081
H22	0.276	0.398	0.201	0.189	0.080	0.137	0.683	0.077	−0.013
H23	0.033	0.688	0.222	0.319	0.319	0.276	0.169	0.104	−0.077
H24	0.283	0.219	0.425	0.457	0.404	0.205	0.069	0.242	−0.160
H25	0.292	0.730	0.426	−0.057	−0.125	−0.019	0.112	0.129	−0.128
H26	0.558	0.512	0.260	0.069	−0.087	0.312	0.238	0.222	0.099
H27	0.367	0.345	0.563	0.249	−0.028	0.325	0.137	0.239	−0.036
H28	0.075	0.700	−0.032	0.056	0.159	0.049	0.494	−0.055	0.251
H29	0.423	0.321	0.444	0.220	0.200	−0.228	−0.101	0.009	0.472
H30	0.325	0.503	0.247	0.362	0.043	−0.076	0.086	0.363	0.118
H31	0.294	0.131	0.821	0.137	0.146	0.093	0.161	0.123	0.044
H32	0.095	0.277	0.804	0.134	0.181	0.053	0.184	0.197	0.047

注：提取方法为主成分分析法，旋转方法为凯撒正态化最大方差法。旋转在 12 次迭代后已收敛。

从表 3-15 可以看出,对第一个因子影响比较大的核心素质要素包括 H8(人文知识)、H12(信息收集与处理能力)、H17(积极主动意识)、H18(任务执行能力)。对第二个因子影响比较大的核心素质要素包括 H19(跨学科知识)、H20(理想信念)、H21(信息技术知识)、H23(批判精神)、H25(自我管理能力)、H28(自主学习能力)。对第三个因子影响比较大的核心素质要素包括 H31(外语能力)、H32(国际交流意识)。对第四个因子影响比较大的核心素质要素包括 H4(强健体魄)、H9(团队合作能力)。对第五个因子影响比较大的核心素质要素包括 H1(创新创造能力)、H14(创新思维)。对第六个因子影响比较大的核心素质要素包括 H2(专业知识)、H3(技能应用能力)。对第七个因子影响比较大的核心素质要素包括 H10(人际沟通能力)、H22(感恩意识)。对第八个因子影响比较大的核心素质要素是 H11(心理健康)。对第九个因子影响比较大的核心素质要素是 H7(责任意识)。这九个因子累积的方差百分比为 82.467%。表 3-16 的各因子成分得分系数矩阵可表示各指标与因子间的关系密切程度,并可依据确定的指标值求得各因子得分。

表 3-16 教师数据旋转后成分得分系数矩阵

因素	成分数								
	1	2	3	4	5	6	7	8	9
H1	−0.051	−0.010	−0.057	−0.003	0.409	0.026	−0.142	−0.017	0.103
H2	−0.093	−0.018	−0.031	−0.142	0.038	0.286	−0.010	0.335	−0.080
H3	0.042	−0.055	−0.031	−0.107	0.032	0.444	−0.102	−0.060	0.053
H4	−0.100	−0.041	−0.071	0.469	−0.047	−0.058	−0.019	0.096	−0.064
H5	−0.013	0.023	0.205	0.028	−0.153	0.208	−0.089	−0.247	0.176
H6	−0.113	−0.016	−0.097	0.219	−0.042	0.250	0.040	−0.018	0.080
H7	−0.039	−0.062	−0.043	−0.066	0.001	0.051	0.040	0.098	0.589
H8	0.230	−0.125	0.034	−0.013	0.079	0.007	−0.157	0.097	−0.080
H9	0.040	−0.049	−0.030	0.430	−0.024	−0.064	−0.039	−0.224	0.045

续表

因素	成分数								
	1	2	3	4	5	6	7	8	9
H10	−0.146	−0.117	0.150	−0.125	0.143	−0.077	0.396	−0.012	0.145
H11	0.025	−0.049	−0.081	−0.024	−0.019	−0.118	−0.077	0.594	0.129
H12	0.243	−0.030	−0.060	−0.080	0.145	0.001	−0.074	−0.095	0.011
H13	0.113	−0.072	−0.084	0.055	0.185	−0.037	0.052	0.048	−0.178
H14	0.008	−0.093	0.019	−0.160	0.345	−0.052	0.204	0.002	−0.082
H15	0.132	−0.100	−0.087	0.136	−0.171	−0.056	0.316	−0.010	0.065
H16	0.022	−0.025	0.061	0.094	−0.086	−0.096	0.077	0.110	−0.007
H17	0.181	−0.115	−0.117	0.013	−0.074	0.057	0.220	0.026	−0.032
H18	0.359	0.006	−0.120	−0.111	−0.053	−0.082	−0.052	0.010	0.052
H19	0.075	0.274	−0.151	−0.037	0.141	−0.070	−0.199	0.001	−0.036
H20	−0.080	0.248	−0.099	0.018	0.009	−0.012	−0.078	0.112	0.039
H21	−0.083	0.170	0.053	−0.018	0.042	0.215	−0.048	−0.180	−0.124
H22	−0.032	0.008	−0.006	−0.008	−0.075	−0.024	0.396	−0.081	−0.044
H23	−0.155	0.225	−0.025	0.084	0.074	0.107	−0.061	−0.072	−0.116
H24	−0.036	−0.081	0.106	0.166	0.148	0.043	−0.099	0.043	−0.198
H25	0.023	0.283	0.105	−0.143	−0.157	−0.083	−0.064	−0.029	−0.070
H26	0.131	0.130	−0.055	−0.102	−0.161	0.052	0.000	0.049	0.058
H27	−0.016	−0.004	0.200	0.016	−0.108	0.102	−0.040	0.006	−0.069
H28	−0.070	0.274	−0.157	−0.078	−0.037	−0.054	0.230	−0.124	0.167
H29	0.114	0.075	0.120	0.007	−0.002	−0.243	−0.194	−0.040	0.315
H30	0.068	0.147	−0.094	0.131	−0.186	−0.112	0.193	0.070	
H31	−0.068	−0.155	0.459	−0.082	0.014	−0.001	0.048	−0.082	−0.014
H32	−0.166	−0.073	0.446	−0.084	0.029	−0.015	0.055	−0.038	−0.005

注：提取方法为主成分分析法，旋转方法为凯撒正态化最大方差法。

3. 高职学生核心素质：用人单位视角

对用人单位问卷数据进行描述性统计，结果见表3-17，形成用人单位问卷数据碎石图（见图3-5）。可见各题项间的得分均值普遍较高,均值高于 4.90 的题项较学生问卷及教师问卷更多,包括伦理道德品质、责任意识、团队合作能力以及心理健康。与前两份问卷相似,外语能力以及国际交流意识的得分均值相对偏低。

表 3-17　用人单位问卷数据描述性统计

因素	平均值	标准差
创新创造能力	4.80	0.523
专业知识	4.75	0.444
技能应用能力	4.85	0.366
强健体魄	4.70	0.657
法律法规意识	4.85	0.366
伦理道德品质	4.95	0.224
责任意识	4.90	0.308
人文知识	4.60	0.503
团队合作能力	4.90	0.308
人际沟通能力	4.85	0.366
心理健康	4.90	0.308
信息收集与处理能力	4.75	0.444
数据分析能力	4.70	0.571
创新思维	4.55	0.686
国家认同	4.85	0.366
政治法律知识	4.75	0.444
积极主动意识	4.80	0.410
任务执行能力	4.80	0.410
跨学科知识	4.40	0.883
理想信念	4.65	0.671
信息技术知识	4.65	0.671
感恩意识	4.85	0.366
批判精神	4.60	0.598
审美能力	4.45	0.686

续表

因素	平均值	标准差
自我管理能力	4.80	0.410
理解尊重他人意识	4.85	0.366
文字表达能力	4.60	0.503
自主学习能力	4.75	0.444
社会实践能力	4.70	0.470
反思意识	4.65	0.489
外语能力	4.30	0.923
国际交流意识	4.40	0.940

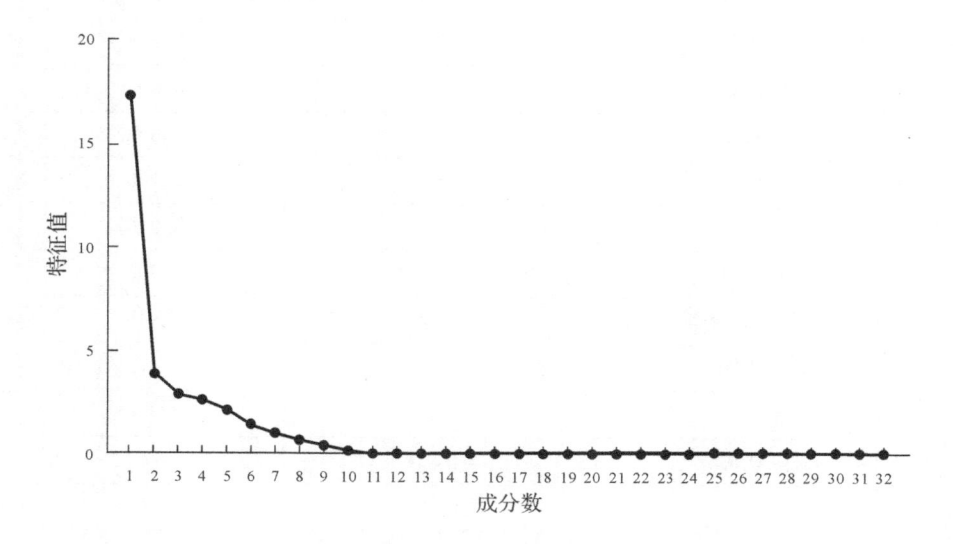

图 3-5　用人单位问卷数据碎石图

为进一步确定所需提取的主成分个数，表 3-18 列出了每一个主成分的占比，并计算了累积的方差百分比。

表 3-18 用人单位数据解释的总方差分析

成分数	初始特征值 总计	方差/%	累积/%	提取载荷平方和 总计	方差/%	累积/%	旋转载荷平方和 总计	方差/%	累积/%
1	17.422	54.445	54.445	17.422	54.445	54.445	8.420	26.313	26.313
2	3.811	11.910	66.356	3.811	11.910	66.356	5.685	17.765	44.078
3	2.815	8.797	75.153	2.815	8.797	75.153	5.029	15.716	59.794
4	2.547	7.960	83.113	2.547	7.960	83.113	3.670	11.468	71.262
5	2.033	6.352	89.465	2.033	6.352	89.465	3.657	11.429	82.691
6	1.313	4.102	93.568	1.313	4.102	93.568	3.481	10.877	93.568
7	0.934	2.919	96.487						
8	0.612	1.912	98.399						
9	0.402	1.256	99.655						
10	0.110	0.345	100.000						
11	0	0	100.000						
12	0	0	100.000						
13	0	0	100.000						
14	0	0	100.000						
15	0	0	100.000						
16	0	0	100.000						
17	0	0	100.000						
18	0	0	100.000						
19	0	0	100.000						
20	0	0	100.000						
21	0	0	100.000						
22	0	0	100.000						
23	0	0	100.000						
24	0	0	100.000						
25	0	0	100.000						
26	0	0	100.000						
27	0	0	100.000						

续表

成分数	初始特征值			提取载荷平方和			旋转载荷平方和		
	总计	方差/%	累积/%	总计	方差/%	累积/%	总计	方差/%	累积/%
28	0	0	100.000						
29	0	0	100.000						
30	0	0	100.000						
31	0	0	100.000						
32	0	0	100.000						

注：提取方法为主成分分析法。

根据图3-5可以观察到，前6个特征值的变化显著，从第7个特征值开始，曲线趋于平缓。表3-18显示，前6个特征值均大于1，并且累积方差贡献率已超93%。因此，这里选择提取前6个公共因素。同时，利用正交旋转中的方差最大法进行因子转轴以获得更为清晰的因子负荷形式，结果如表3-19所示。

表3-19 用人单位数据旋转成分矩阵分析

因素	成分数					
	1	2	3	4	5	6
H1	0.580	0.051	−0.207	0.137	0.701	0.176
H2	0.337	0.003	0.119	0.330	0.585	0.590
H3	0.067	−0.016	0.119	−0.310	0.449	0.790
H4	0.755	−0.331	0.263	0.268	0.261	−0.169
H5	0.093	0.119	0.091	−0.026	0.938	0.157
H6	0.063	0.054	0.371	0.845	−0.220	0.223
H7	−0.016	0.331	0.601	0.489	0.204	0.461
H8	0.846	0.363	0.320	0.047	0.031	0.171
H9	−0.016	0.331	0.601	0.489	0.204	0.461
H10	0.204	0.051	0.915	0.243	0.124	0.168
H11	0.406	0.024	0.031	0.846	0.311	−0.089
H12	0.385	0.240	0.731	0.028	−0.119	0.070

续表

因素	成分数					
	1	2	3	4	5	6
H13	0.221	0.620	0.718	−0.025	0.118	0.163
H14	0.636	0.511	0.057	0.172	0.421	0.264
H15	0.263	0.130	0.332	0.322	0.077	0.809
H16	0.681	0.320	−0.163	−0.149	0.293	0.348
H17	0.285	0.373	0.751	0.150	0.009	0.096
H18	0.360	0.565	0.206	0.474	0.404	0.104
H19	0.736	0.070	0.467	0.207	0.231	0.132
H20	0.241	0.589	0.417	0.304	0.001	0.564
H21	0.399	0.638	0.169	0.284	0.557	0.029
H22	0.289	0.266	0.304	0.606	0.566	0.177
H23	0.782	0.336	0.164	0.225	0.352	0.002
H24	0.861	0.197	0.084	0.082	0.132	0.010
H25	0.160	0.847	0.385	0.209	−0.067	0.199
H26	0.140	0.915	0.205	−0.282	0.059	0.086
H27	0.846	0.363	0.320	0.047	0.031	0.171
H28	0.397	0.772	0.190	0.353	0.264	0.010
H29	0.545	0.552	0.499	0.203	0.213	−0.162
H30	0.730	0.420	0.350	0.129	0.134	0.160
H31	0.887	−0.023	0.189	0.171	0.006	0.300
H32	0.622	0.419	0.045	0.152	−0.017	0.633

注：提取方法为主成分分析法，旋转方法为凯撒正态化最大方差法。旋转在18次迭代后已收敛。

从表3-19可以看出，对第一个因子影响比较大的核心素质要素包括H4（强健体魄）、H8（人文知识）、H14（创新思维）、H16（政治法律知识）、H19（跨学科知识）、H23（批判精神）、H24（审美能力）、H27（文字表达能力）、H30（反思意识）、H31（外语能力）、H32（国际交流意识）。对第二个因子影响比较大的核心素质要素包括H13（数据分析能力)、H21(信息技术知识)、H25(自我管理能力)、H26(理解尊重他人意识)、H28(自主学习能力)。对第三个因子影响比较大的核心素质要素包括 H7(责任意识)、H9(团队合作能力)、H10(人际沟通能力)、H12(信息收集与处理能力)、H13(数据分析能力)、H17(积极主动意识)。对第四个因子影响比较大的核心素质要素包括 H6(伦理道德品质)、H11(心理健康)、H22(感恩意识)。对第五个因子影响比较大的核心素质要素包括 H1(创新创造能力)、H5(法律法规意识)。对第六个因子影响比较大的核心素质要素包括 H2(专业知识)、H3(技能应用能力)、H15(国家认同)、H32(国际交流意识)。这六个因子累积的方差百分比为 93.568%。表 3-20 的各因子成分得分系数矩阵可表示各指标与因子间的关系密切程度,并可依据确定的指标值求得各因子得分。

表 3-20　用人单位数据旋转后成分得分系数矩阵

因素	成分数					
	1	2	3	4	5	6
H1	0.055	−0.036	−0.102	0.000	0.194	0.008
H2	−0.016	−0.092	−0.026	0.044	0.139	0.170
H3	−0.042	−0.092	0.064	−0.219	0.154	0.287
H4	0.147	−0.211	0.122	0.017	0.067	−0.132
H5	−0.097	−0.039	0.093	−0.127	0.397	−0.047
H6	−0.020	−0.024	−0.035	0.330	−0.184	0.065
H7	−0.108	0.000	0.100	0.096	0.032	0.096
H8	0.141	0.005	0.014	−0.062	−0.091	0.008
H9	−0.108	0.000	0.100	0.096	0.032	0.096
H10	−0.031	−0.148	0.330	−0.065	0.074	−0.043
H11	0.026	−0.023	−0.113	0.324	0.018	−0.097
H12	0.042	−0.055	0.234	−0.106	−0.050	−0.048
H13	−0.048	0.070	0.200	−0.140	0.048	−0.043

续表

因素	\multicolumn{6}{c}{成分数}
	1	2	3	4	5	6
H14	0.048	0.089	−0.104	0.006	0.050	0.029
H15	−0.002	−0.057	−0.019	0.059	−0.089	0.293
H16	0.108	0.052	−0.139	−0.094	0.002	0.114
H17	−0.010	−0.011	0.216	−0.063	−0.002	−0.058
H18	−0.033	0.118	−0.069	0.130	0.070	−0.056
H19	0.103	−0.116	0.125	−0.037	0.028	−0.034
H20	−0.031	0.102	−0.032	0.059	−0.110	0.168
H21	−0.036	0.136	−0.044	0.038	0.154	−0.102
H22	−0.057	−0.004	0.010	0.151	0.154	−0.040
H23	0.098	0.017	−0.027	0.014	0.045	−0.084
H24	0.160	−0.015	−0.042	−0.019	−0.047	−0.043
H25	−0.049	0.217	−0.035	0.043	−0.100	0.013
H26	−0.043	0.258	−0.018	−0.153	0.000	−0.025
H27	0.141	0.005	0.014	−0.062	−0.091	0.008
H28	−0.018	0.197	−0.093	0.098	0.013	−0.087
H29	0.030	0.070	0.103	−0.021	0.049	−0.179
H30	0.095	0.025	0.022	−0.036	−0.040	−0.013
H31	0.181	−0.111	−0.020	0.006	−0.124	0.092
H32	0.094	0.069	−0.170	0.037	−0.177	0.241

注：提取方法为主成分分析法，旋转方法为凯撒正态化最大方差法。

（三）高职学生核心素质模型的讨论

通过比较学生、教师、用人单位三方对于高职学生核心素质特征的认可度，可以看出三方对于某些核心素质特征都有很高的认可度，但对于其他一些核心素质特征又各有侧重，汇总情况如下。

在政治素质方面，总体而言，学生和用人单位对政治法律知识、国家认同、法律法规意识、伦理道德品质的认可度更高。这充分表明当前学校的思想政治教育取得了良好的成效,学生普遍具备较高的政治素养。同时,用人单位也更加青睐那些具备高度社会责任感、集体荣誉感以及法律法规意识的学生,这体现了用人单位对可持续发展和社会责任的关注。而教师的关注点更多地集中在学生的理想信念层面。在他们看来,学生的理想信念才是塑造其人生观、价值观和行为准则的重要因素,故而教师更希望学生能够怀揣远大的理想和抱负,在追求个人成长的同时为国家和社会做出贡献。

高职学生的专业知识以及技能应用能力普遍受到三方的关注,并且这两个核心素质均被纳入第六个主成分因子。这表明三个群体对于这两个核心素质均持有一致的认可态度。然而,由于这两个核心素质并未在主成分分析中排列前几位,我们可以推断出这两个要素并未被视为最核心的素质。此外,在对专业素质的重视程度上,教师和学生展现出了不同的偏好。教师更倾向关注学生的任务执行能力,即学生是否能够按时完成指定的任务;学生则更加重视自己的社会实践能力,在他们看来,个人的社会实践能力将对未来的就业产生积极影响。

在人文素质方面,教师、学生和用人单位关注的侧重点有所不同,但感恩意识都被三方放在了非常重要的位置。这表明这三方普遍希望通过教师的引导、用人单位的重视以及学生的自我提升,加强学生的感恩意识,从而塑造学生积极向上的价值观。对于教师和用人单位而言,高职学生的人文知识都被纳入第一个主成分因子,这充分表明在教师和用人单位的视角下,高职学生在掌握专业知识和技能的同时,需要注重培养自身的人文素养,但这一点常常被学生忽略。相反,他们更注重提升自己的文字表达能力,这也表明高职学生关注的侧重点是自己对文字的实际应用能力。

针对高职学生的对外交流能力,如外语能力、国际交流意识,均得到了三方的高度认可。在学生和用人单位视角下,这两个要素被纳入第一个主成分因子。这也表明,在当前国际交流日益频繁的背景下,高职学生是否具备国际视野将成为影响其社会竞争力的一个关键因素。

高职学生的自我管理能力和自主学习能力也得到了三方的高度认可,这些因素均被纳入第二个主成分因子。这表明,三方均认为学生的自学和拓展能力是专业素质重要的组成部分。

高职学生的身心素质,包括心理健康和身体健康的程度(强健体魄)备受三方关注。尤其对于用人单位而言,强健体魄甚至被纳入第一个主成分因子。在用人单位看来,身心素质优良的学生表现出更强的抗压能力,能够适应长时间高强度的工作环境。这也表明了身心素质在高职学生教育和就业中的重要性。

高职学生的跨学科知识、信息技术知识、信息收集与处理能力和数据分析能力受到的认可度均较高。这表明在当前科技和人工智能飞速发展的大环境下,无论是教师、用人单位还是学生自己,都高度重视对信息技术能力的培养。

高职学生的创新思维、创新创造能力获得了一定程度的认可,这进一步印证了高职教育应当着重培养学生的创新能力。面对当今社会对高精尖人才需求量大的现状,学生创新能力的增强对于个人发展和社会进步都具有重要意义。

值得注意的是,责任意识、团队合作能力和人际沟通能力三个要素被用人单位和教师高度重视,但学生并没有意识到。这可能是因为用人单位和教师拥有更为丰富的社会阅历和经验,因而对团队素质的重要性具有深刻的认知。相反,学生可能过于关注个人成就和竞争优势,而对与他人合作与沟通的重要性缺乏认知。这也为学校的教育提供了一个发展思路,即需要积极引导学生,将团队能力纳入教育目标和课程设置,促进学生相关素质的提高。

前面的调查问卷与因子分析结果,从学生视角、教师视角、用人单位视角构建人工智能时代高职学生核心素质模型,最后发现32个要素可以分为六个类别,分别是思想政治素质、专业素质、人文素质、创新素质、信息素质、身心素质(见表3-21)。

表 3-21　高职学生核心素质模型要素指标分析

核心素质类别（一级指标）	核心素质要素（二级指标）
思想政治素质	政治法律知识
	国家认同
	法律法规意识
	伦理道德品质
	理想信念
专业素质	专业知识
	技能应用能力
	人际沟通能力
	自我管理能力
	团队合作能力
	任务执行能力
	自主学习能力
	社会实践能力
人文素质	人文知识
	责任意识
	反思意识
	理解尊重他人意识
	感恩意识
	积极主动意识
	文字表达能力
	审美能力
	国际交流意识
	外语能力
创新素质	创新思维
	创新创造能力
	批判精神

续表

核心素质类别（一级指标）	核心素质要素（二级指标）
信息素质	信息技术知识
	跨学科知识
	信息收集与处理能力
	数据分析能力
身心素质	强健体魄
	心理健康

第二节　高职学生核心素质模型的结构特征

一、高职学生核心素质模型的构建

基于高职教育的功能特点和高职人才培养的目标定位，高职学生核心素质模型构建的主要目的是培养人工智能时代社会经济发展需要的高素质技术技能人才。这样的学生应扎实掌握学校教授的知识和技能，满足未来职业生涯可持续发展的需求，并成为国家产业升级不可或缺的新型人才。核心素质模型的六项一级指标彼此之间相互作用，相互影响，相辅相成，共同促进高职学生核心素质的全面形成。

思想政治素质是最具方向性作用的核心素质，指引着其他素质的形成及发展。它是一个人所具有的潜在特质，由先天形成及后期学习融汇，藏于个性深处并稳定存在，是人工智能时代大学生应具备的重要引领性核心素质。思想政治素质包含了政治法律知识、国家认同、法律法规意识、伦理道德品质、理想信念五个要素。思想政治素质属于社会意识形态，是高职学生在思想觉悟、政治意识、政治立场、道德修养、法律意识等方面的素质。它是一个人综合素质的重要组成部分，体现了一个人的思想品质和政治素养，集中表现为高职学生树立正确的政治信仰，践行社会主义核心价值观，坚定中国特色社会主义道路自信、理论自信、制度自信、文化自信，具备爱国主义情怀和民族自豪感。高职学生要具备较高的政治意识，关注国家和社会的发展，了解国家政策和政治动态，积极参与政治决策和公共事务，具备社会责任感和公民意识。高职学生要具备良好的道德修养，树立正确的价值观念和道德标准，遵守社会公德、职业道德、家庭美德，具备正直、诚信、守纪律、尊重他人等个人道德品质。

专业素质是高职学生核心素质的重要组成部分，是高职学生的立业之本，也是高职学生有别于其他劳动者之根本。专业素质包含了专业知识、技能应用能力、人际沟通能力、自我管理能力、团队合作能力、任务执行能力、自主学习能力、社会实践能力八个要素。专业素质是指高职学生通过学习掌握相关专业的基础理论知识，包括相关学科的基本概念、理论原理、规律等，是学生在职业生涯中应用所学知识的基础，也是学生能够在特定领域胜任工作的关键。这些知识是学生后续学习和实践的基础，为他们提供了解决实际问题的理论依据。除了理论知识，还需要掌握相关的实践技能。这些技能包括实验操作、技术操作、实践应用等，能够让学生在实际工作中运用所学知识解决问题。专业素质是由获得的专业知识和专业能力内化而形成的品质。除了专业知识和技能，高职学生还需要培养和提升相关的专业素质包括人际沟通能力、自我管理能力、团队合作能力、任务执行能力等。这些素质能够使学生在职业生涯中具备可持续发展能力，能够适应职业发展的需求。

人文素质在高职学生素质全面形成的过程中扮演着支撑性的角色，是在其他素质的基础之上形成的，同时反作用于其他素质，对全面提高高职学生核心素质有着深刻影响。它是一个人综合知识与修养的体现，是保障与指导高职学生个人行为、观念的核心因素。人文素质包括人文知识、责任意识、反思意识、理解尊重他人意识、感恩意识、积极主动意识、文字表达能力、审美能力、国际交流意识、外语能力等。从人文知识、人文思维、人文方法、人文原则升华到人文精神是高职学生人文素质的体现。学生首先要掌握人文知识，包括历史、哲学、文学、艺术等方面的基础知识，了解和理解人类文明的发展历程、文化传统和价值观念。在掌握人文知识的基础上发展人文思维激活知识，用人文方法和原则发展知识、创造知识，这有利于鼓励学生追求知识和智慧，培养学生的思考能力和创造力，使他们关注人类的情感和情感体验，探索人类的文化和历史。学生对人类自身和人类社会的思考、关怀和探索，关注人类尊严、价值和意义的精神追求，最终会形成求真、务善、臻美、创新的人文精神。人文精神对于个人和社会的发展都起到重要的作用，它能够帮助个人找到自己的内心追求，提高个人的生活质量和满足感。同时，人文精神也能够促进社会的和谐发展，增进人与人之间的理解和合作。

创新素质的重要性在人工智能时代尤为显著。随着技术的飞速发展，对于高职学生而言，拥有创新和创业的素质不仅能帮助他们适应快速变化的工作环境，还能使他们在众多求职者中脱颖而出。创新思维、创新创造能力和批判精神是创新素质的三个维度，它们相互补充，共同构成了个体突破现有知识和技能局限的基础。创新思维是一种能够跳出传统思维模式，从新的角度审视问题和寻求解决方案的思考方式。它要求学生具备开放性思维、批判性思维和问题解决能力。在人工智能时代，创新思维尤为重要，因为它能帮助个体在面对未知和复杂情境时灵活调整策略，创造性地解决问题。创新创造能力是指个体将创新思维转化为具体成果的能力，包括发现问题、提出创新性解决方案和将解决方案实现的能力。对于高职学生来说，培养这种能力不仅可以增强他们的职业竞争力，还可以激励他们自主创业，进而推动社会和经济的发展。培养批判精神对于提高高职学生的创新素质来说是极其重要的，因为知识和技术的迅速发展不仅要求学生能够吸收和应用新信息，还要能够评估、分析并改进现有的知识和技术。

在快速变化的工作环境中,学生的职业发展越来越依赖持续学习和自我更新的能力。

信息素质是人工智能时代助力性的核心素质,是较为基础的核心素质,对其他素质的形成也有一定的影响。信息素质包括信息技术知识、跨学科知识、信息收集与处理能力、数据分析能力,是人工智能时代对高职学生新的素质要求。高职学生应具备主动获取信息的能力,能够灵活运用各种信息资源,包括图书馆、互联网、电子数据库等,获取所需的学习和工作信息;能够对所获取的信息进行评估,判断其真实性、可靠性和适用性,做出正确的决策和判断;能够对所获取的信息进行整理、分析和归纳,提炼出有用的信息,并用以解决问题和创新;能够运用各种媒体和工具,包括口头、书面、图像、音频、视频等,进行信息的传递和交流,并清晰、准确地表达自己的观点和想法。高职学生还应具备信息安全意识,正确使用、保护个人信息和他人的隐私,遵守信息安全规范和法律法规;具备信息道德意识,遵守信息伦理和学术规范,不传播虚假信息以及侵犯他人权益的信息。高职学生的信息素质能够帮助其更好地适应社会的发展和变化,提高学习和工作效率,增强创新能力和竞争力。

身心素质是其他一切素质形成和发展的基础,作为高职学生身体和心理健康程度的综合表现,是高职学生追求个人发展过程中最为基础的内在素质。一个人只有拥有健康的身体、积极的心态,才能在此基础上有所发展和作为。因此,身心素质是核心素质模型的基石。身心素质是指学生在身体和心理方面的健康状况和发展水平,是学生应具备的稳定向上的情感力量、坚强恒久的意志力量及鲜明独特的人格力量,是学生成长的基础素质。身体健康是指高职学生要保持良好的身体状态,具备良好的体能和耐力,能够适应学习和工作的需要。身体素质与学生的机体状态和健康有关。良好的身体素质要求学生体质健康,身体无重大疾病等,可以通过身体形态、机体能力、健康意识三个指标来衡量。心理健康是指高职学生要有健康的心理状态,能够积极应对各种压力和困难,具备良好的情绪管理能力。高职学生应能够适应学习和生活的压力,具有良好的自我调节能力,能够积极应对挫折和困难。高职学生情绪应平稳,不易受外界环境和情绪波动的影响,能够保持积极向上的情绪状态,应对自己有正确的认识和评价,具备一定的自信心和自尊心,不易受他人评价和批评的影响。高职学生还应具备良好的生活习惯和健康的生活方式,包括合理饮食、适当运动、规律作息和良好的心理状态。

综上所述,本书构建了高职学生核心素质的五层次关系(见图 3-6)。在人工智能时代,高职院校在培养学生的过程中除了要注重学生基础素质的养成,还应关注他们发展性素质的形成和完善,并特别注重培养具有方向性、引领性功能的核心素质,善于抓住有利因素,因势利导,促进高职学生的全面发展。

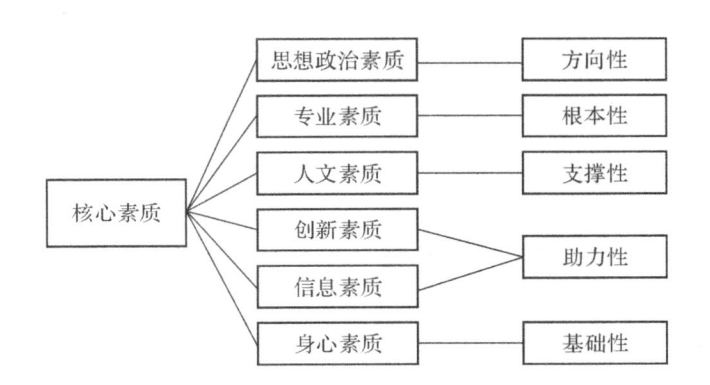

图 3-6 高职学生核心素质的五层次关系

二、高职学生核心素质模型的特征

本研究根据调查的因子分析结果和五层次关系,从学生视角、教师视角和用人单位视角,按六个一级指标和 32 个二级指标构建人工智能时代高职学生核心素质模型(见图 3-7),这些指标彼此之间相互作用,相互影响,相辅相成。

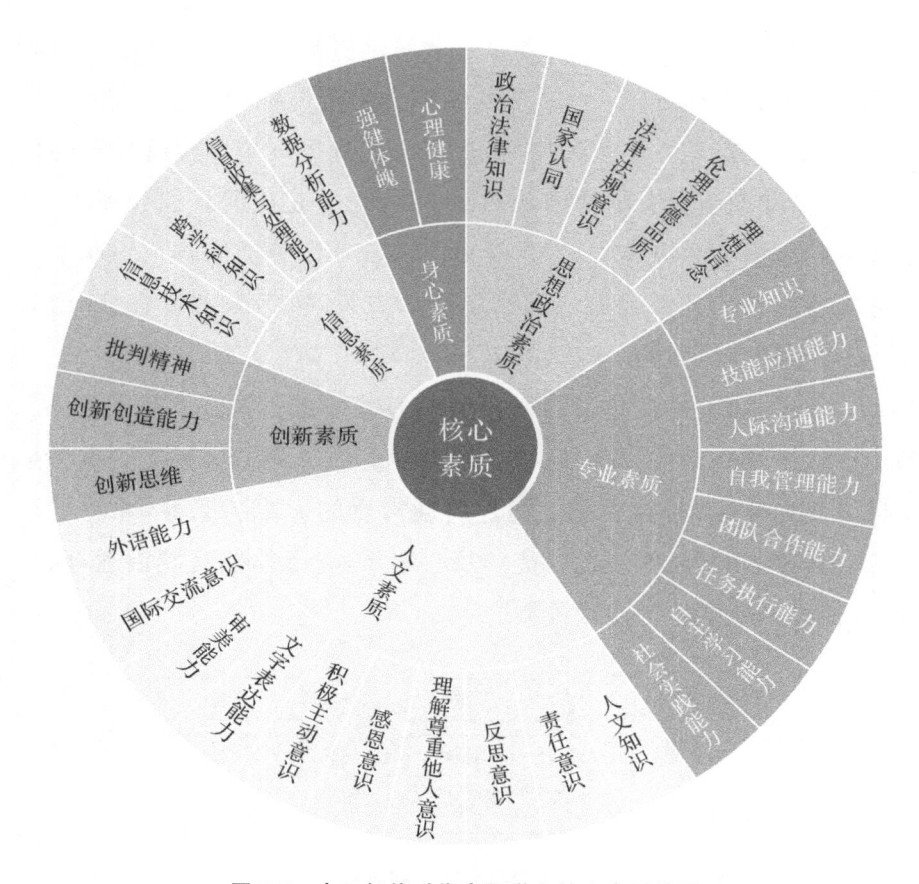

图 3-7 人工智能时代高职学生核心素质模型

（一）立德树人德技并修核心价值观的体现

坚持立德树人、德技并修是 2022 年新修订的《中华人民共和国职业教育法》（以下称新职教法）对职业教育人才培养提出的目标要求。新职教法将教育内容规定为职业道德、科学文化与专业知识、技术技能三个方面。第四条第二款规定，实施职业教育应当弘扬社会主义核心价值观，对受教育者进行思想政治教育和职业道德教育，培育劳模精神、劳动精神、工匠精神，传授科学文化与专业知识，培养技术技能，进行职业指导，全面提高受教育者的素质。第四十九条规定，职业学校学生应当遵守法律、法规和学生行为规范，养成良好的职业道德、职业精神和行为习惯,努力学习,完成规定的学习任务,按照要求参加实习实训,掌握技术技能。在高职学生核心素质模型构建中,突出立德树人和德技并修的中心位置,既是高职教育落实教育理念的精神体现,又是高职院校人才培养改革的现实要求。人工智能时代知识经济和信息技术的快速发展,使人与人、人与物之间的关系更加多元化,人的价值观也会发生很多变化,但是教育立德树人的核心价值观不会发生变化。新时代的高职教育要培养社会经济发展需要的、担当民族复兴大任的高素质高技能人才,就必须把德育放在首位。

人工智能时代的教育发生着实质性的变化,而且这种变化随着技术的更新将持续深化。这种变化是教育手段、教育方法、教育形态的变化,但是教育的本质和教师的根本使命没有发生实质性的变化。教育的根本任务永远是立德树人,而教师则是立德树人的实践者,机器和技术永远代替不了教师教书育人的工作。人工智能时代的信息技术也是为了帮助教师更好地完成这一根本任务。在人工智能时代,教师应该以包容和开放的态度去适应教育生态的变化,思考如何利用技术更好地实现立德树人,将技术视为帮助学生"立德"和"修技"的工具,将其在立德树人和德技并修中的作用发挥到最大。

本书提出的人工智能时代高职学生核心素质模型探索构建了思想政治素质、专业素质、人文素质、创新素质、信息素质与身心素质相结合的立德树人体系。思想政治素质旨在将思想政治教育贯穿高职人才培养的全过程和各环节,弘扬社会主义核心价值观,对高职学生进行思想政治教育和职业道德教育,培育学生成为具有劳模精神、劳动精神、工匠精神的社会主义建设者和接班人;专业素质旨在传授科学文化与专业知识,培养技术技能,进行职业指导,着力提升学生的实践技能和动手能力;人文素质旨在提升学生人文情怀,培养人文精神;创新素质则以培养创新精神和批判性思维为抓手,打造创新人才;信息素质是人工智能时代学生能够深度学习、交互学习和融合学习的重要基础,帮助学生成为学习主体,引导学生自主、探究、合作学习;身心素质是其他素质的基础。六个类别的素质培养虽有各自内涵,但彼此相顾,一体贯彻,成为一个相互贯通、相互促进、相互支撑的整体。

(二)六个核心素质一级指标的结构特征

人工智能时代高职学生核心素质模型构建了一个全方位、多层次的立德树人体系。本研究借鉴个体素质结构的四个维度,即抽象性、应用性、稳定性和发展性来讨论六个核心素质一级指标的结构特征。

第一,思想政治素质和人文素质作为个体素质的重要组成部分,其抽象性和稳定性尤为显著。这两种素质往往涉及学生的价值观、道德观念、文化认知等深层次的精神领域,它们不是通过简单的知识灌输或技能训练就能迅速形成的。相反,它们需要在教育活动中逐渐滋润和培养,只有通过长期的思想熏陶和文化浸润,才能使学生在不知不觉中逐渐形成稳定的思想观念和文化底蕴。一旦这些素质得以养成,它们就不易改变,成为学生终身受益的精神财富。第二,专业素质是与个体职业生涯密切相关的一种素质类型。专业素质的抽象性和发展性比较突出,这是因为专业素质的形成并非一蹴而就,而是需要在职业生涯中不断实践和积累,经过长时间的磨砺和沉淀才能形成。这就要求学生通过不断参与专业实践、接受专业培训和拓展专业知识,逐步提高自己的专业水平。第三,创新素质的应用性和发展性较为明显,这是因为创新需要学生具备发现问题、解决问题和创造新价值的能力。这种能力不是靠死记硬背或机械训练就能获得的,而是需要通过持续的学习和实践训练逐渐养成。第四,信息素质的稳定性和应用性较为显著,这是因为信息素质涉及学生获取、处理和应用信息的能力。在人工智能时代,学生需要具备高效的信息筛选和整合能力,以便更好地适应社会发展的需求。这种能力需要通过具体的岗位实践训练来检验、巩固和提高。第五,身心素质作为学生全面发展的基础,具有明显的发展性。身心素质需要个体在日常生活中不断锻炼和培养,通过保持良好的生活习惯、积极的心态和社交能力来不断提升。一个具备良好身心素质的学生,不仅能够在工作中表现出色,还能够在生活中享受更多的乐趣和幸福感。

这六个核心素质一级指标的四个维度特征为我们提供了一个全面的框架,有助于我们理解和分析不同核心素质一级指标的特点及其在教育、职业生涯和日常生活中的发展途径。高职学生核心素质模型六个核心素质一级指标相互交织、相互促进,共同构成了高职学生全面发展的体系。

第三节 高职学生核心素质模型的要素阐述

一、思想政治素质

(一)政治法律知识

高职学生应该掌握一定的政治法律知识,这可以帮助学生了解国家法律体系及其基本原理。政治法律知识有助于培养学生的公民意识。学生了解国家政治制度、公民的义务和权利,认识到自己的角色和责任,理解参与公共事务的重要性,这有助于学生树立正确的价值观,积极参与社会和政治活动。掌握政治法律知识可以提高学生的法治素养,使其具备正确的法律观念和法律意识。法治素养是现代社会公民应具备的基本素质,它能够帮助学生正确理解和遵守法律规范,了解自身的权益和法律保护途径,理性应对各种法律问题,避免受到不公平待遇和侵权行为的伤害,维护自身合法权益,同时也能避免其实施违法行为。政治法律知识是学生参与社会事务和公共决策的基础,了解相关知识可以使大学生更加理性地参与社会讨论和公共事务,为社会发展和进步做出贡献。

（二）国家认同

高职学生的国家认同是指他们对自己所属国家的归属感和认同感。内心深处的民族意识和家国情怀，认识并了解国情历史，认同国民身份，都能帮助他们更好地融入社会。国家认同可以提供归属感和自豪感，让学生感到自己是国家的一部分，从而更加积极地参与社会事务，履行公民责任。国家认同可以激发学生的社会责任感和使命感，坚定文化自信，尊重中华民族的优秀文化成果。当学生对自己所属国家有强烈的认同感时，他们会更加关注国家的发展和繁荣，愿意为国家的建设和进步做出贡献。此外，国家认同还可以促进学生的文化传承和身份认同，国家的历史、文化和价值观是国家认同的重要组成部分，通过加强对国家文化的学习和传承，学生可以更好地了解和认同自己所属国家的独特性。

（三）法律法规意识

高职学生的法律法规意识涵盖多个方面，包括法律知识认知、法律理解能力、法律素养、法律风险防范、法律责任意识和法律援助与维权。具体表现为学生掌握基础和专业相关的法律知识，掌握宪法、民法、刑法等基本内容，了解与自己所学专业相关的行业法规和标准，如劳动法、合同法、知识产权法等。要培养学生能够理解并应用法律条文，自觉尊重和遵守法律，具备识别和防范法律风险的能力，认识到违法行为的后果并能承担相应责任。通过高职教育使学生了解如何利用法律援助资源依法维权，使其能够在合法权益受到侵害时，运用法律手段进行维权。通过系统的法律教育和实践训练，帮助高职学生增强法律意识，使其在学习、生活和职业生涯中遵法守法，依法维护自身权益，为建设法治社会贡献力量。

（四）伦理道德品质

高职学生的伦理道德品质涵盖多个方面，包括诚信守信、责任意识、尊重他人、助人为乐、勤奋敬业、勇于担当和遵纪守法等。诚信守信要求学生在学业和工作中不作弊、不抄袭,遵守承诺,维护个人信誉。责任意识体现在学生对自己的行为负责,积极参与公益活动,关注社会问题。尊重他人包括尊重他人的权利和尊严,包容不同观点,平等对待每个人。助人为乐要求学生热心帮助他人,关心集体和社会,增强团队合作精神。勤奋敬业体现在学生努力学习,认真工作,追求卓越。勇于担当要求学生面对困难和挑战时不退缩,积极承担责任。遵纪守法要求学生遵守法律规定和学校纪律,做一个守法公民。通过系统的道德教育,学生的这些品质能够得到提升,使学生在学习、生活和职业生涯中展现出良好的道德素质和行为规范。

(五)理想信念

高职学生的理想信念涵盖职业理想、学习信念、社会责任感、爱国情怀和个人价值观等方面。职业理想要求学生树立明确的职业目标并规划发展路径;学习信念强调终身学习和持之以恒的学习动力;社会责任感体现在学生对社会贡献和环境保护的关注;爱国情怀表现为对国家和民族的热爱与关心;个人价值观要求学生追求真善美,具备高尚的道德品质和正确的人生观、世界观。这些理想信念为学生提供了明确的方向和动力,促使他们在学习、生活和职业生涯中不断努力,实现个人价值和社会价值的统一。

二、专业素质

(一)专业知识

专业知识是指高职学生在大学期间所学的与自己专业相关的知识和技能,这些知识可以分为理论知识和实践技能两个方面。理论知识包括专业基础知识和公共基础知识。专业基础知识包括专业的核心概念、理论框架、原理和相关领域的前沿研究进展等。通过学习专业课程,学生可以掌握自己专业领域的基本理论知识。公共基础知识与专业基础知识相互补充,共同构成学生综合素质的基础。公共基础知识为学生提供广泛的背景知识和解决问题的思维方法，而专业基础知识则为学生进一步深入学习和从事特定领域的研究或工作奠定基础。对于学生而言，既要具备扎实的公共基础知识，又要掌握精深的专业基础知识，这样才能够全面发展，并在特定领域有所作为。实践技能包括通过实验、实习、实训等形式训练所获得的实际操作技能，这些技能可以是与专业相关的实验技能、实地调研能力、项目管理能力等。实践技能的培养使学生能够将理论知识应用于实际问题的解决，并具备实践操作的能力。高职学生专业知识在未来的职业发展中起到至关重要的作用，它帮助学生理解和应用专业知识，提高职业素养和竞争力，为未来的就业和职业发展提供有力支撑。高职学生应通过学习课程、参加实践活动等途径不断丰富自己的专业知识。

（二）技能应用能力

技能应用能力是指高职学生在实际岗位上能够熟练运用所学的专业知识和技能，解决实际工作中的问题，完成相应的任务和项目。具体来说，高职学生的技能应用能力包括专业知识应用能力和技能操作能力，要掌握相应专业领域的基础理论知识和实践操作技能，并能够将所学知识应用于实际工作中，解决问题和完成任务；能够熟练操作所学的专业工具、设备和软件，灵活运用各种实践技能解决实际问题，提高工作效率和质量。高职学生还应具备解决问题的能力，能够识别和分析问题并采取相应的解决方案，不断改进和提高工作效果。

（三）人际沟通能力

人际沟通能力是指高职学生在与他人交流和互动的过程中，有效地表达自己的意思、理解他人的意见和观点、建立良好的人际关系、解决问题和处理冲突的能力。人际沟通能力是非常重要的一项综合素质，对个人的学习、工作和生活都有着重要的影响。第一，培养口头表达能力。高职学生应具备清晰、准确、有逻辑的口头表达能力，能够用简洁明了的语言向他人传达自己的观点和想法。第二，增强听取他人观点的能力。学生应具备良好的倾听能力,能够耐心地倾听他人的观点和需求,并能积极思考和回应。第三,掌握有效的非语言交流能力。非语言交流是人际沟通中非常重要的一部分,包括面部表情、姿势、眼神等。高职学生要能够观察他人的非语言信号,理解他人的心理状态和意图,并适时运用自己的非语言交流技巧,与他人进行良好的沟通和互动。

(四)自我管理能力

自我管理能力是指高职学生能够有效地组织、规划和控制自己的学习、生活和职业发展等方面的能力。第一,培养良好的时间管理能力,合理安排学习和休息时间,并且能够遵守自己制订的学习计划,高效地完成各项任务。第二,具备目标设定和规划能力,明确自己的学习目标和职业发展目标,并且能够制定切实可行的策略来实现这些目标。第三,具备自我激励和自我评估能力,保持积极的学习态度和动力,不断提高自己的学习成绩和技能水平。同时,高职学生也应该及时评估自己的学习效果,发现不足之处并及时调整自己的学习方法和学习计划。自我管理能力还包括健康管理和情绪管理能力,要注意自己的身体健康,合理安排饮食和运动,并且能够有效地管理自己的情绪,保持良好的心态和情绪状态。总之,高职学生的自我管理能力对于他们的学习、生活和职业发展都至关重要。只有具备了良好的自我管理能力,学生才能更好地应对各种挑战,实现个人的成长和发展。

(五)团队合作能力

团队合作能力的重要性不仅体现在职场中的工作效果和职业发展上,还有助于个人的成长与发展。通过团队合作,高职学生能够锻炼领导力、沟通能力、问题解决能力和创新能力,提升专业素养,并与他人建立良好的人际关系,为未来的成功打下坚实基础。高职学生通过积极参与团队项目和活动,如课程项目、社团活动、志愿者工作等,与他人合作共同解决问题,锻炼自己的团队合作能力。学生要能够学会倾听和尊重他人意见,学会倾听他人的观点,不断学习和接纳不同的意见,提高团队协作的效果。在团队合作中,合理分工和任务分配是至关重要的,学生要学会分工合作和任务分配,根据每个人的技能、兴趣和能力合理安排任务,确保团队工作的高效进行。良好的沟通是团队合作的基础,学生要学会与团队成员进行有效的沟通,传递信息、解决问题、协商和达成共识。同时,学生要与团队成员建立良好的人际关系,增进团队凝聚力。

(六)任务执行能力

高职学生的任务执行能力是指他们在学习、工作和生活中有效完成各项任务的综合能力,其内涵包括多个方面。首先,目标设定和规划能力要求学生能够根据任务要求设定清晰、可行的目标并制订详细的行动计划。执行力是核心,指在任务过程中严格按照计划执行的能力,包括专注力、坚韧性和自律性。此外,资源利用和调配能力要求学生学会有效识别、协调和使用各种资源以支持任务完成。问题解决能力涉及发现、分析和解决问题的能力,要求学生能够快速反应并采取有效措施。时间管理能力强调合理安排和利用时间,要求学生通过优先级排序和科学分配时间确保任务按时完成。总结和反思能力要求学生在任务完成后进行经验总结和自我反思,以不断增强执行能力。任务执行能力能够帮助高职学生高效完成任务,展示出良好的综合素质和职业竞争力。

(七)自主学习能力

自主学习能力是指学生在学习过程中能够独立思考、自我管理和自我调节的能力。第一,独立思考能力。这意味着学生能够对学习内容进行深入思考和分析,而不仅是机械地接受和记忆知识,他们能够提出问题、发现问题、解决问题,并在思维上独立地探索、评估和选择不同的学习方法和策略。第二,自我管理能力。这意味着学生能够合理安排学习时间,制订学习计划,并按计划高效地完成学习任务。他们能够根据自己的学习目标和时间表合理分配时间,懂得如何处理各种干扰因素,提高学习效率。第三,自我调节能力。这意味着学生能够及时反馈和调整学习策略,针对学习过程中的困难和问题进行自我评估,找出学习中存在的不足,然后制定调整措施,以便更好地完成学习任务;学生还能够掌握自己的学习节奏,根据个人差异和学习需求,调整学习速度和深度,以便更好地适应学习环境。

(八)社会实践能力

高职学生的社会实践能力是指他们在社会实践活动中展示出的能力。第一,实践动手能力。高职学生经过专业教育的培养,具备一定的实际操作能力,可以熟练运用所学理论知识进行实践工作。第二,独立解决问题的能力。学生在社会实践中能够独立思考和解决问题,具备一定的自主学习和创新能力。第三,积极参与学校组织的社会实践活动,如社区服务、实习实训、实践调研等,接触实际工作环境,了解社会问题和需求。社会实践活动不仅可以培养学生的实践技能,如沟通能力、团队合作能力、问题解决能力等,还可以提升专业技能,如实验技能、操作技能等。在现实环境中实践,可以将课堂知识与实际情况相结合,使学生加深对专业知识的理解和应用。

三、人文素质

(一)人文知识

人文知识包括对人文领域的基本概念、理论、历史、思想和价值观的了解。高职学生需要了解哲学基本概念、主要流派及其思想家,如西方哲学、中国哲学等;掌握哲学思维方式,培养批判性思维和思辨能力;了解文学、戏剧、音乐、绘画和雕塑等艺术形式的发展历史、主要作品、流派和风格,培养艺术鉴赏能力和表达能力;掌握历史知识,了解国内外的历史事件、历史进程和历史人物;掌握一定的社会科学知识,了解社会学、心理学、政治学、经济学等社会科学领域的基本概念、理论和方法;理解社会现象和社会问题,培养社会责任感和社会分析能力;熟悉人类与自然的关系,了解环境保护、可持续发展、地理知识等方面的基本概念和重要问题。

（二）责任意识

责任意识是高职学生成长发展的关键因素,对于迈好职业生涯的第一步、提高个人素质和适应社会需求都具有重要的意义。第一,培养学习责任意识。学生要对自己的学习负责,努力丰富自己的专业知识并提高实践能力,积极参与课堂学习和实习实训,刻苦钻研,争取在学业上取得好成绩。第二,培养专业责任意识。学生要对本专业负责,不断学习专业知识和技能,跟上行业发展的脚步,做到经验丰富、技术过硬,为未来的职业发展打下坚实的基础。第三,培养社会责任意识。学生要具备社会责任感,关注社会问题,积极参与社会公益活动,为社会做出积极的贡献,树立良好的社会形象。

（三）反思意识

反思意识是指高职学生对自己的行为、思想和价值观进行深入思考和反思的意识。大学阶段是一个人成长和发展的重要阶段,在这个阶段,学生开始更多地接触社会和知识,也面临着更多的选择和挑战。通过反思,学生可以对自己的行为和决策进行评估和调整,从而不断提升自己的能力和素质,实现个人的成长和发展。通过反思,学生可以深入思考问题的原因和解决方法,从而提高自己的问题解决能力,更好地应对困难和挑战。通过反思,学生可以对自己的学习和生活进行总结和规划,找出问题所在并采取相应的措施,提高自我管理能力和效率。

（四）理解尊重他人意识

理解尊重他人的意识对于建立和谐的人际关系、促进合作和发扬团队精神非常重要。要学会听取他人的声音、理解他人的观点和感受,只有这样才能更好地与他人相处和合作,提高自身的社交能力和改善人际关系。学生要尊重文化差异,学会尊重不同国家、民族、区域的文化背景,理解不同文化之间的差异,避免对其他文化的偏见和歧视。学生要尊重他人的性别身份,并反对性别歧视和性别不平等,认识到男女平等的重要性,不对某一性别持有偏见或歧视。学生要学会包容多样性,理解并接纳不同的个人特点和倾向,不歧视或排斥任何人,建立一个对多样性友善和包容的环境。学生要学会倾听他人的观点和意见,尊重他人的个人思考和表达方式,不嘲笑、贬低或忽略他人的观点。学生在与他人交流时,要保持礼貌和友好,尊重他人的言论权,避免争吵和冲突,以建设性的方式进行交流和辩论。

(五)感恩意识

感恩意识的培养可以帮助高职学生树立正确的价值观和理念,增强对他人的尊重和关爱,培养良好的人际关系和社会责任感。感恩意识让学生意识到他们不仅要对老师、同学、家人等直接帮助自己的人心怀感激,还要对社会以及为自己创造条件、提供机会的人怀有感恩之情。这样他们才会学会与人为善,能够建立良好的人际关系。感恩意识可以培养学生的感激之心,让他们更加乐观向上,当遇到困难和挫折时,感恩意识能够让他们看到自己的成长和进步,并以此为动力继续努力。感恩意识可以帮助学生树立正确的价值观,明确什么是重要的事情,注重内心的满足和成长,而不是盲目追求物质和外在的成功,这有助于学生形成健康、积极向上的人生观。

(六)积极主动意识

高职学生的积极主动意识是指在学习、工作和生活中自觉、自主、积极地面对各种任务和挑战,并主动采取行动实现目标的意识和行为倾向。这种意识涵盖自主学习、主动参与、创新意识、责任意识、积极心态和自我激励等方面。具体表现为学生能够自主规划学习目标;在课堂上积极发言、提问,主动参与讨论和实验;主动参加学校组织的各种活动,如学术竞赛、社团活动、志愿服务等,提升自身的综合素质;积极参与实习、社会实践和职业培训,将理论知识应用于实际工作中;保持乐观向上的心态,管理和应对压力,并通过设定目标和自我奖励激发内在动力。通过培养和提升这些意识,高职学生可以在学习和职业生涯中具备更强的竞争力和适应能力,为个人发展打下坚实的基础。

(七)文字表达能力

文字表达能力是指正确使用语法、词汇和句子结构,以及清晰流畅地表达思想的能力。高职学生需要通过课堂学习和实践不断提升自己的语言表达能力。只有拥有良好的知识背景,才能在写作过程中有充分的素材和论据支持。高职学生需要通过大量阅读、学习和积累知识,拓宽自己的知识面,深入思考,逻辑清晰地分析问题,并用文字准确地表达自己的观点和见解。在写作的过程中,鼓励高职学生充分发挥自己的想象力和创作能力,提出新颖独特的观点和见解,并能够用恰当的语言精准地表达出来。

(八)审美能力

高职学生的审美能力包括感知美、理解美、欣赏美、创造美、审美体验与情感以及审美价值观等方面。感知美的能力是基础,涉及学生对视觉、听觉等感官刺激的敏锐度。理解美的能力要求学生通过学习和思考,掌握美学理论、文化背景和专业知识。欣赏美的能力体现在实际生活和工作中,能够发现、体验和评判美。创造美的能力是指学生运用审美知识和技能,进行设计创新和艺术创作,并美化生活环境。审美体验与情感涉及在审美过程中获得的情感共鸣和心理感受。审美价值观反映了学生对美的价值和意义的认知和判断,包括审美理想、价值判断和美育责任。

(九)国际交流意识

国际交流意识指的是高职学生对国际交流的重视,通过与来自不同国家和文化背景的人交流可以拓宽自己的视野,增长见识,获得更多的职业发展机会。高职学生也要意识到跨文化交流的挑战,因为跨文化交流存在语言、习俗、价值观等方面的差异,需要学生积极主动地学习和适应。学生应不断提高自己的语言能力、跨文化交流能力,增强全球意识,以便更好地融入国际交流环境。学生要积极参与国际交流活动,主动寻求参加国际交流项目、交流学习的机会,参加跨文化实习等活动,以提升自己的国际竞争力和专业能力。学生要积极关注全球热点和国际事务,具备一定的国际新闻热点敏感度,以拓宽自己的视野并适应未来的职业发展。

(十)外语能力

外语能力在现代社会中具有重要的意义和价值。随着全球化的发展,外语成为许多企业招聘人才的基本要求,具备较好的外语能力可以增强高职学生的就业竞争力。外语能力可以打破语言障碍,使高职学生能够更好地进行国际交流和合作,扩大自己的人际网络,获得更多的机会和资源。学习外语不仅是为了掌握一门语言,更是一个培养学习能力的过程。学习外语需要不断积累词汇、语法等知识,提高自己的思维能力、记忆力和沟通能力。有些领域的学术研究成果需要用英语或其他外语进行发表和交流,具备较强的外语能力可以帮助高职学生更好地参与学术研究,扩大学术影响力,提高学术竞争力。学习外语还可以使学生更好地了解世界各地的文化、习俗和思维方式,拓宽自己的视野。

四、创新素质

(一)创新思维

创新思维是指培养学生超越传统思维方式,发现新的解决问题的方法和角度的思维方式。创新思维能够帮助学生或学生团队在面对各种复杂的情况时寻找创造性的解决方案,并且能够适应快速变化的环境。创新思维的培养要注重开放性和多元性,能够接受各种不同的观点和思维方式,以便从中获得灵感和新的想法。培养创新思维需要学生具备冒险精神,愿意尝试新的方法和想法,以寻找新的解决方案。创新思维要能够摒弃传统的思维模式和框架,不受传统思维的束缚,以便创造出全新的解决方案。创新思维需要学生将不同学科的知识和思维方式结合起来,发掘新的联想和应用。

(二)创新创造能力

对于高职学生而言,创新创造能力具体指项目设计能力,在校期间,学生需要完成各种实践项目,如机械制造、电子工程、计算机应用等。在这些项目中,学生需要自主设计并完成项目的各个环节,包括方案设计、材料选用、技术实施等。学生在这个过程中展示了自己的创新思维和解决问题的能力。此外,学生通常会参与一些实验室或工厂的实际制造过程,学生需要根据实际需求,选择合适的工具和材料,进行产品的制造和组装。学生需要灵活运用实际技能和知识,同时也需要加入自己的独特创意,以提高产品的质量和性能。高职学生在校期间也可以参与一些创业项目,学习和实践创业流程和技能,可以自行创办小型企业或参与校内创业项目,并负责业务开展、推广策划、市场运作等。这样的实践经验可以培养学生的主动创新思维和创新能力,同时也为他们将来的创业道路做好准备。

(三)批判精神

批判精神是指学生在学习和生活中能够主动思考、审视和质疑现象、观点和权威,并通过批判性思维进行分析和评估。这种精神可以培养学生的独立思考和判断能力,促使他们对问题进行深入思考,并形成自己的观点和见解。批判精神培养需要学生学会主动思考,养成主动思考的习惯和能力,不轻易接受表面上的观点和结论,而是对问题进行深入分析和思考。学生要能够辨别信息的真实性和可信度,对于信息的来源和背景进行评估,避免受虚假消息的影响。学生要学会合理质疑,在学习和讨论中,提出合理、深入的问题,引发思考和讨论的深入和拓展,并推动对知识的进一步探索和理解。学生要能对问题进行全面的评估,形成自己的独立观点和见解,而不仅是接受他人的意见。

五、信息素质

(一)信息技术知识

信息技术知识是培养信息素质的基础。第一,学生要掌握计算机基础知识,包括操作系统、计算机网络、数据库等,了解计算机硬件和软件的工作原理。第二,学生要掌握计算机的基本操作和常用软件的使用,如操作系统、办公软件等。第三,学生要掌握至少一种编程语言,能够编写简单的程序,具备至少一门编程语言的应用能力,能够使用编程语言进行程序开发和调试,了解面向对象程序设计的基本原理和技巧。第四,学生要熟悉网络安全,了解常见的网络安全威胁和攻击方式,掌握网络安全的基本原理和防范措施,如防火墙、入侵检测系统等。第五,学生要了解人工智能、大数据、云计算等前沿技术的基本概念、应用和发展趋势。

(二)跨学科知识

跨学科知识在信息素质中起到重要的作用,它能够帮助学生更好地理解和应用信息技术,提高信息处理和创新能力。通过学习和应用跨学科知识,学生能够更全面地认识和利用信息技术,更好地解决问题,并在不同学科领域发挥创造力和创新能力。因此,跨学科知识是信息素质中不可或缺的一部分。人工智能涉及多个学科领域,如计算机科学、数学、统计学、机器学习等,解决复杂的问题需要综合运用不同领域的知识,因此需要跨学科知识来帮助理解和解决问题。在人工智能时代,数据成为重要的资源,处理和分析大量的数据需要数学、统计学和计算机科学等知识;同时,对数据的理解和应用需要对相关领域的背景和规则有一定的了解。人工智能的应用对社会产生了广泛的影响,涉及伦理、法律、社会学和心理学等多个学科,了解和研究这些领域的知识,能使学生更好地理解人工智能的社会影响并应对相关问题。跨学科知识能够帮助学生更好地理解和应用人工智能技术,解决复杂的问题,推动技术的创新和发展,并适应人工智能时代的职业需求和社会变革。

(三)信息收集与处理能力

信息收集与处理能力是指学生获取与整理信息,并对所获得的信息进行分析和处理的能力。第一,使用各种方法、通过多种渠道获取信息,如图书馆、互联网、学术期刊等,学生要能够快速准确地找到所需要的信息。第二,信息整理能力,学生要能够将获取到的信息按照一定的分类和整理方式进行归档,以便后续的查阅和使用。第三,学生要能够对所获取的信息进行筛选、提炼和评估,以确定其真实性和可靠性,并从中找出关键信息和价值,进行深入的思考和分析。第四,学生要能运用各种工具和技术来处理信息,如使用电子表格进行数据统计分析、使用图表和图像展示数据等,以便更好地理解和传递所获得的信息。

(四)数据分析能力

数据分析能力通常是指在数据收集、整理、分析和解释等方面的能力。第一,数据收集能力。学生要能够灵活运用各种数据收集方法,包括问卷调查、采访、实地观察等,以获取所需的数据。第二,数据整理能力。学生要能够对收集到的数据进行整理和清洗,包括数据录入、数据验证和数据清理等,以确保数据的准确性和完整性。第三,运用统计和数学方法对数据进行分析的能力。学生要能够使用相关软件和工具进行数据可视化和统计分析,以发现数据中的规律和趋势。第四,对数据分析结果进行解释和总结的能力。学生要能够将复杂的数据分析结果转化为简洁和易于理解的形式,并提出相应的建议和决策。第五,数据应用能力。学生要能够根据数据分析结果提出相应的改进和优化措施,以提高工作效率和质量。

六、身心素质

(一)强健体魄

拥有强健体魄是高职学生学业发展和未来职业发展的基础,是学生成长成才的基础素质。高职学生只有保持良好的身体状态,具备良好的体能和耐力,才能够适应学习和工作的需要。身体健康的学生拥有更好的精力,也更能集中注意力,能够更好地专注于学习,能够更好地吸收知识和掌握技能。身体健康也是顺利进入职场的重要条件之一,强壮健康的身体可以提高职业表现的稳定性和生产力,增加在工作中的竞争力。

(二)心理健康

心理健康是身心素质的另一大基石。身处瞬息万变的信息时代,高职学生要有健康的心理状态,能够积极应对各种压力和困难,具备良好的情绪管理能力。第一,学生能够适应学习和生活的压力,具有良好的自我调节能力,能够积极应对挫折和困难。第二,学生拥有平稳的情绪,不易受外界环境和情绪波动的影响,能够保持积极向上的情绪状态。第三,学生对自己有正确的认识和评价,具备一定的自信心和自尊心,不易受他人评价和批评的影响。健康的心理素质可以帮助学生更好地应对学业、职业选择、未来不确定性等多种压力,不易被焦虑、抑郁等负面情绪所困扰。心理健康的学生更容易与他人建立积极的人际关系,有助于创建支持系统,增强自身的社交能力,并为未来的就业和职业发展打下坚实的基础。

第四章　人工智能时代高职学生核心素质培养的现状调查

人工智能时代高职学生核心素质模型的构建为高职院校人才培养目标明确了基本的定位,同时也为高职学生核心素质的培养确定了基本的方向。当然,高职学生核心素质模型是一种相对理想的样态。对照这一框架,对现有高职学生核心素质及其培养状况进行调查,发现存在的不足并分析原因,有助于增强高职学生核心素质培养的针对性和实效性。

第一节　高职学生核心素质培养的现状分析

一、高职学生核心素质情况调查

围绕"人工智能时代高职学生核心素质状况"分别面向浙江省高职院校的部分教师和学生进行调查。调查问卷均在试测的基础上修改完善后编制完成,调查对象均为随机抽样产生,最终收集到高职学生有效问卷582份,高职教师有效问卷140份。高职学生分析样本以大二、大三学生为主。

(一)高职学生核心素质的自我评价

调查结果显示,高职学生普遍认为,六种核心素质都很重要,平均认同率接近69%，重视程度依次为：思想政治素质、人文素质、专业素质、身心素质、创新素质和信息素质。当然，具体到每个层面的要素，还是存在一定的差别。

第一，思想政治素质。高职学生对思想政治素质的认同率为84.36%。高职学生自我评价满意度最高的是伦理道德品质，达92.27%；其次为理想信念，达87.46%（见图4-1）。说明高职学生具有良好的理想信念和正确的道德价值取向。他们认为，自己最需要提升的是政治法律知识，这也恰恰反映出了目前高职学生法律知识的不足。

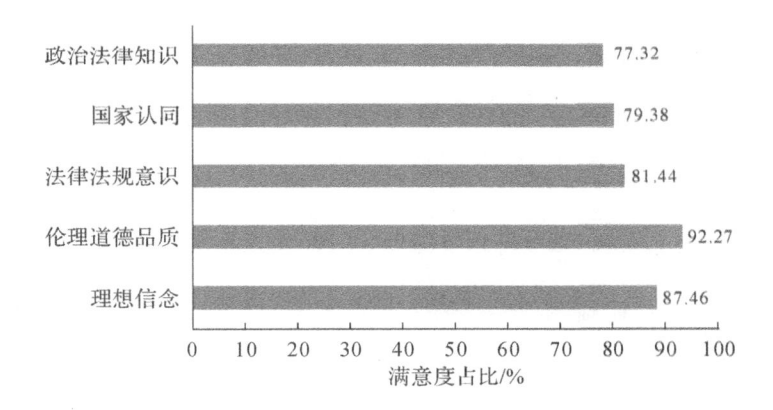

项目	满意度占比/%
政治法律知识	77.32
国家认同	79.38
法律法规意识	81.44
伦理道德品质	92.27
理想信念	87.46

图4-1　高职学生"思想政治素质"自我评价

第二，专业素质。高职学生对专业素质的认同率为70.62%。高职学生自我评价满意度最高的是人际沟通能力（74.79%）和自我管理能力（73.41%），对自己专业知识和技能应用能力的满意度不是很高，分别是67.92%和68.27%（见图4-2）。这两个方面作为专业素质的核心内容也是高职学生核心竞争力的主要体现，调查结果也说明了当前高职院校对学生专业素质知识和技能的教育存在一定的问题。

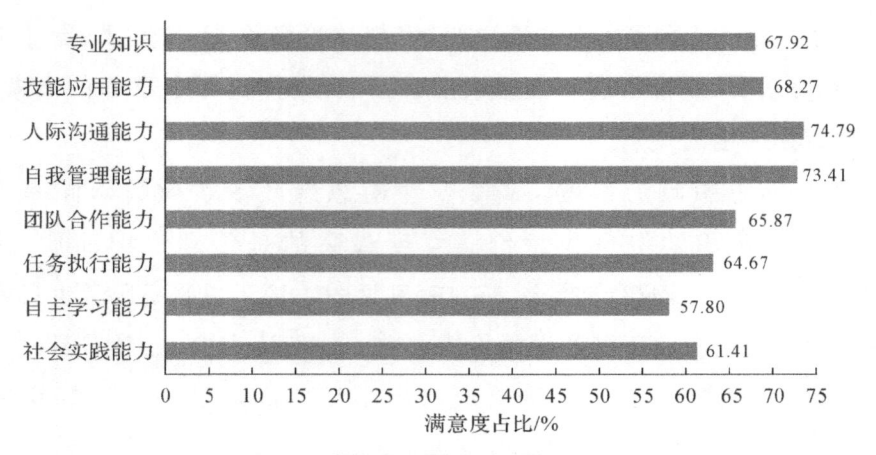

专业知识	67.92
技能应用能力	68.27
人际沟通能力	74.79
自我管理能力	73.41
团队合作能力	65.87
任务执行能力	64.67
自主学习能力	57.80
社会实践能力	61.41

图 4-2　高职学生"专业素质"自我评价

第三，人文素质。高职学生对人文素质的认同率为 71.82％。高职学生自我评价满意度最高的是理解尊重他人意识和责任意识，分别为 82.47％和 80.07％，这说明"00后"高职学生有包容开放的特质和较强的责任感；他们觉得自己最需要提升的是文字表达能力（44.85％）、国际交流意识（34.02％）和外语能力（29.73％），这在一定程度上反映出高职院校学生国际化程度和文字表达能力还有待进一步提升（见图 4-3）。

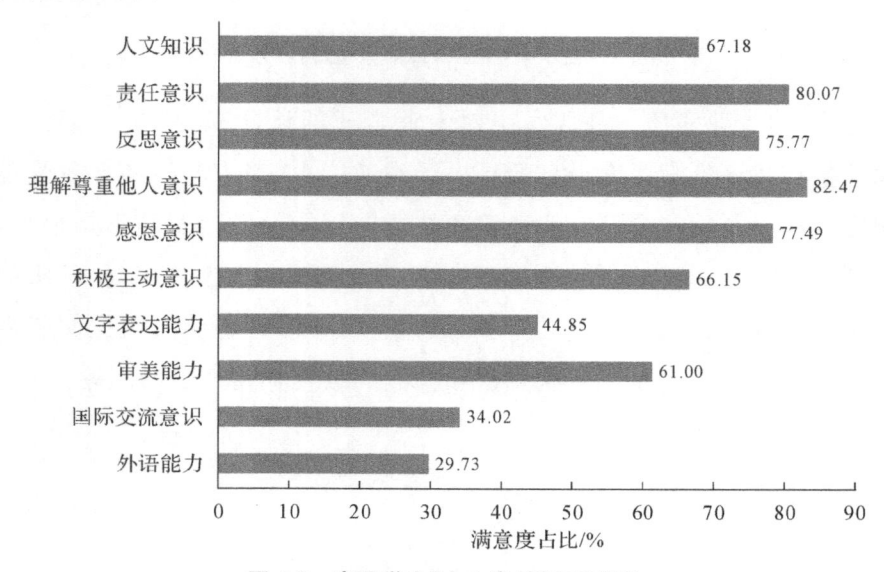

人文知识	67.18
责任意识	80.07
反思意识	75.77
理解尊重他人意识	82.47
感恩意识	77.49
积极主动意识	66.15
文字表达能力	44.85
审美能力	61.00
国际交流意识	34.02
外语能力	29.73

图 4-3　高职学生"人文素质"自我评价

第四,创新素质。高职学生对创新素质的认同率为 64.26%。高职学生自我评价满意度最高的是批判精神,达 73.54%,认为自己最需要提升的是创新创造能力,为 51.89%(见图 4-4)。高职人才培养长期以技术技能为导向,熟练掌握专业技能的要求在某种程度上也影响了学生创新思维的培养以及创新创造能力的发展。

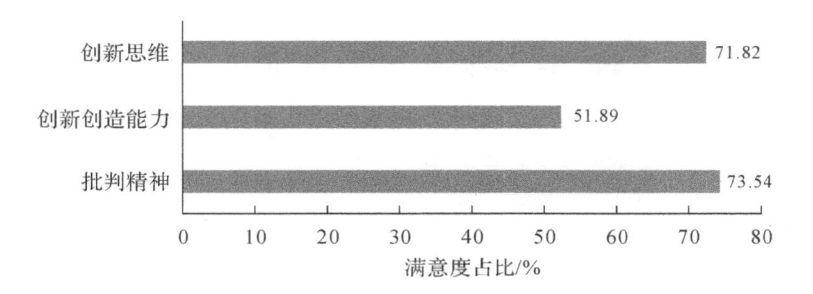

图 4-4　高职学生"创新素质"自我评价

第五,信息素质。高职学生对信息素质的认同率为 56.53%。高职学生自我评价满意度最高的是信息收集与处理能力和信息技术知识,分别为 75.95% 和 66.67%(见图 4-5),这反映出随信息社会一同成长起来的"00 后"高职学生对信息技术变革的适应性。值得注意的是,高职学生对自己的跨学科知识(48.80%)和数据分析能力(52.75%)都不是很满意,反映出高职教育教学中知识传授与实践应用之间的矛盾依然存在,知识和技能的实践应用转化不够。

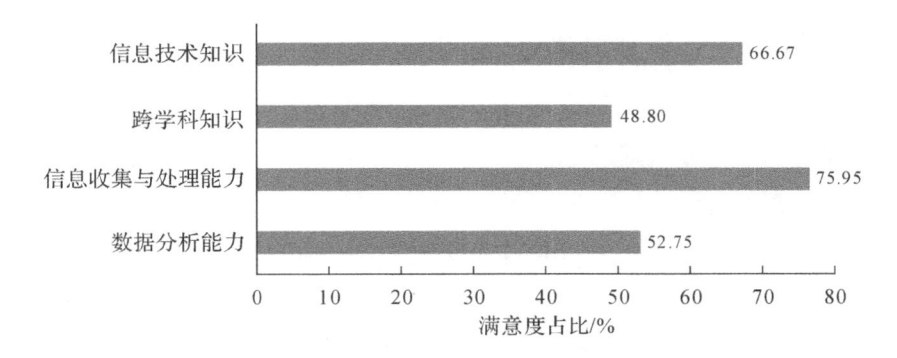

图 4-5　高职学生"信息素质"自我评价

第六,身心素质。高职学生对身心素质的认同率为65.46%。高职学生自我评价满意度最高的是心理健康,达85.74%,认为最需要提升的是强健体魄(69.07%)(见图4-6)。"00后"高职学生从小在信息社会长大,手机等电子产品占据其课外的大部分时间,户外运动明显减少,身体素质明显下降。

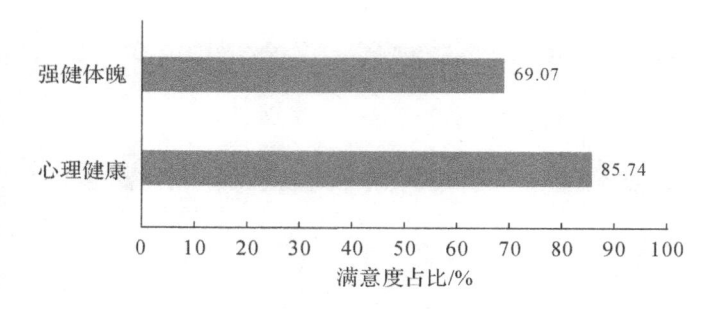

图 4-6 高职学生"身心素质"自我评价

(二)高职教师对学生核心素质的评价

高职教师调查问卷的题目与学生问卷的题目总体上保持一致,主要了解教师对高职学生核心素质的总体评价,反馈结果如图4-7所示。在高职教师看来,除了心理健康(92.86%),高职学生最需要提升的是信息素质中的跨学科知识(85.71%),其次是创新素质中的创新创造能力和批判精神以及专业素质中的自我管理能力(均为71.43%)(见图4-7)。同时,教师认为高职学生最需要提升的核心素质还包括法律法规意识、自主学习能力、国际交流意识、数据分析能力等。总之,通过对高职教师和学生两个群体的调查,高职学生核心素质总体情况良好,说明高职院校具有较好的培养成效。同时,具体到每一个层面的素质要素,教师和学生的评价也具有比较明显的共性指向。例如,高职教师评价和学生自我评价中都凸显的几种相对薄弱的素养包括法律法规意识、创新创造能力、数据分析能力等。这些也是人工智能时代高职学生核心素质培养中应当重点关注的基本点。当然,调查中教师和学生对部分素质的要素也有不同看法,也在一定程度上反映

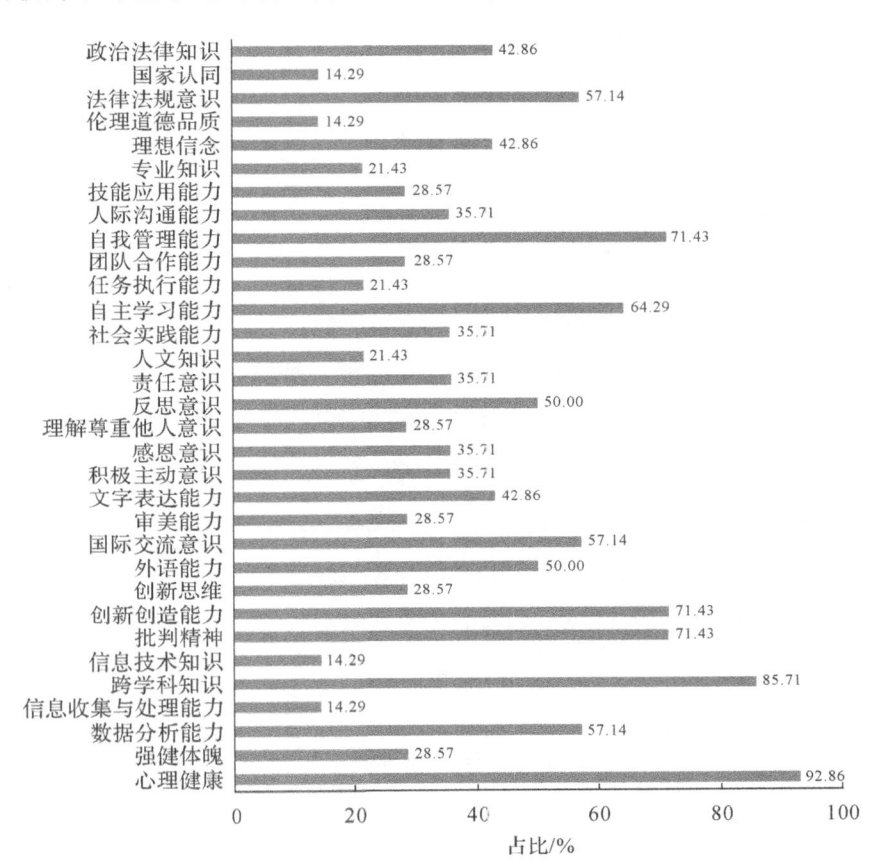

出教师和学生在思维方式和问题立场等方面存在的差异。

核心素质	占比/%
政治法律知识	42.86
国家认同	14.29
法律法规意识	57.14
伦理道德品质	14.29
理想信念	42.86
专业知识	21.43
技能应用能力	28.57
人际沟通能力	35.71
自我管理能力	71.43
团队合作能力	28.57
任务执行能力	21.43
自主学习能力	64.29
社会实践能力	35.71
人文知识	21.43
责任意识	35.71
反思意识	50.00
理解尊重他人意识	28.57
感恩意识	35.71
积极主动意识	35.71
文字表达能力	42.86
审美能力	28.57
国际交流意识	57.14
外语能力	50.00
创新思维	28.57
创新创造能力	71.43
批判精神	71.43
信息技术知识	14.29
跨学科知识	85.71
信息收集与处理能力	14.29
数据分析能力	57.14
强健体魄	28.57
心理健康	92.86

图 4-7 高职学生最需提升核心素质的教师评价

二、高职学生核心素质培养情况调查

(一)基于高职学生核心素质培养的学生调查

对高职学生的核心素质调查结果表明,在学生看来,高职院校对六类核心素质的培养都很重视,赞同率超过70%,并通过理论教学、实践教学、顶岗实习和各种活动得以体现。45.97%的学生认为学校核心素质教育与实际需求比较贴近,54.72%的学生对学校培养核心素质的做法比较满意,选择"不满意"的占比为1.89%,高职学生给出的不满意的原因主要包括：专业技能培养中实践平台较少，专业和素质类课程的设置配比问题，校内外实践活动的针对性需要增强。对于"您认为在校期间哪些活动更有利于提升核心素质"这一问题，高职学生普遍选择了学好专业课程、考取技能证书、参加技能竞赛、参与校园活动和社团活动、企业实践锻炼、参加社会实践活动和各类讲座与培训（见图 4-8）。

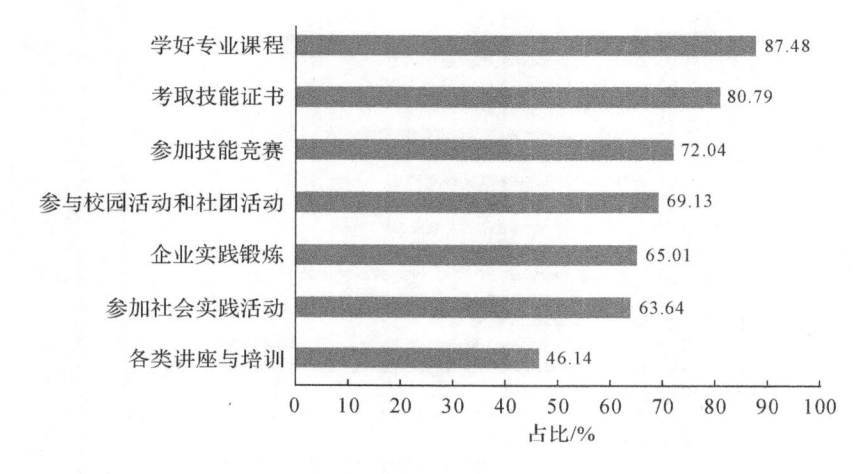

活动	占比/%
学好专业课程	87.48
考取技能证书	80.79
参加技能竞赛	72.04
参与校园活动和社团活动	69.13
企业实践锻炼	65.01
参加社会实践活动	63.64
各类讲座与培训	46.14

图 4-8　学生认为有利于提升核心素质的途径

（二）基于高职学生核心素质培养的教师调查

高职教师认同高职院校对学生核心素质培养的重要性由高到低依次为思想政治素质、专业素质、创新素质、人文素质、信息素质和身心素质。80.80%的教师普遍认为，学校核心素养教育与实际需求比较贴近，对学校核心素质培养的认同度和满意度较高，满意率达到71.43%，这两个比例明显比学生调查结果高出很多。对于学校哪些活动有利于提升学生核心素质，教师普遍选择了参加技能竞赛、学好专业课程、企业实践锻炼、考取技能证书、参加社会实践活动（见图 4-9）。

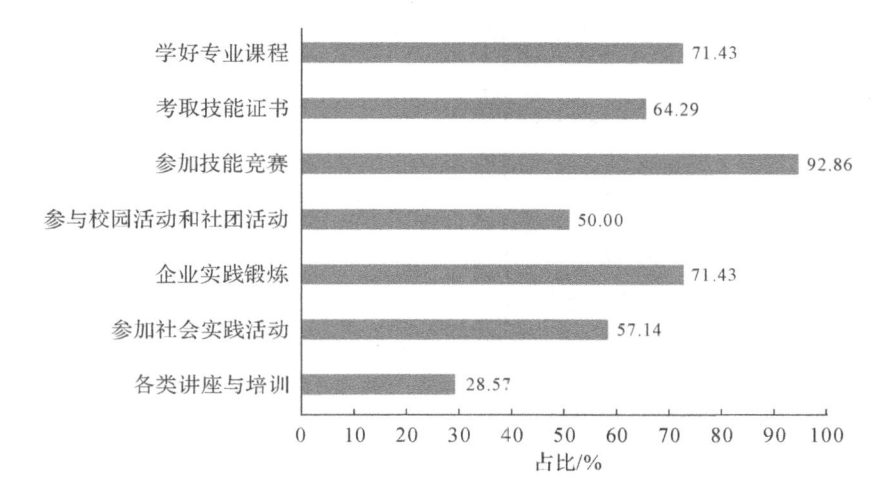

途径	占比/%
学好专业课程	71.43
考取技能证书	64.29
参加技能竞赛	92.86
参与校园活动和社团活动	50.00
企业实践锻炼	71.43
参加社会实践活动	57.14
各类讲座与培训	28.57

图 4-9　教师认为有利于提升学生核心素质的途径

对于"当前人工智能时代您认为高职院校在学生核心素质培养过程中主要的问题有哪些"这一问题，被访谈教师集中认为校企合作育人、产教融合育人还不够深入，学生实习实训环节不够扎实，教师数字化教学能力有待提升，学生的自我发展意识不强。对于"学校应当采取哪些有效措施帮助学生提升核心素质"，教师给出的建议主要包括加强校企合作和顶岗实习、开设职业素养类通识课程、加强专兼职教师队伍建设、加强学生核心素质培养过程化监控等。

第二节　高职学生核心素质培养存在的问题

新职教法明确了高职教育的类型地位，政策与环境都鼓励高职院校加强培养学生核心素质。根据上述问卷调研数据与访谈结果，高职学生核心素质的培养总体上是具有成效的，但是也反映出一定的问题。当前高职院校人才培养的实践，在学校与产业行业的对接、传统教育教学模式、"双师型"教师、教育考核评价等方面存在一定的滞后性。"脱离职业情境培养核心素质"的模式面临严重的现实困难，导致人工智能时代高职学生核心素质的培养效果欠佳。

一、培养目标：重理念轻设计

随着高等职业教育对素质教育理念的深度认同，越来越多的高职院校开始强调在知识、能力和素质三方面对学生进行全面培养。尽管如此，受传统教育模式的影响，高职院校在执行上仍显示出一定的偏差，未能有效整合理论学习与实践操作，导致未形成一个完善的、针对学生核心素质培养的一体化系统。实际上，调查显示，学生对学校在核心素质教育与满足职业发展需求方面的认可度和满意度较低，这反映了高职院校在加强专业技能训练的同时，忽视了对其他重要素质的培养。这种状况导致学生各方面素质培养的不均衡，同时存在明显的人才培养理念与实际操作之间的矛盾。

（一）人才培养方案的"泛化"设计

高职人才培养方案是指针对高等职业教育学生的培养计划和方案，其目标是培养具备职业素养和实践能力的高级技术技能人才。根据行业需求和就业市场需求制定相关的教学计划和课程设置，包括素质课程、专业课程、实践教学、考核评价等。人才培养方案的制定目标是让高职人才培养更加贴合实际需求，提高他们的就业竞争力和职业发展潜力。然而各学校在实际制定人才培养方案时，经常会出现目标设置过于抽象或理论化，与企业的实际需求存在偏差的问题。许多高职院校在明确核心素质培养目标时，往往只停留在表面，虽然提出了涵盖知识、能力和素养的全面培养目标，但缺少实际可执行的指标，导致教育内容虽然广泛但缺乏针对性。这直接导致课程内容重复以及课程设置和调整缺乏系统性和规范性。

由于机制上的限制，高职院校的专业人才培养方案和课程体系主要借鉴普通本科教育模式。所以一些高职院校无论是培养目标、课程内容、教学方法还是考核评价，都过多地以学校自身为中心。有些课程内容和技术已经多年未有实际应用或正在被更新替代,但学校仍要求学生学习。制定一套既适应企业需求又能满足教学大纲要求的人才培养方案,学校需要耗费大量时间、精力和资源,而且由于个性化需求过强,很难推广应用。此外,一些高职院校在制定人才培养方案时,过于注重知识本身,过分强调理论教育,而忽视了对学生专业技能方面的培养,更不用说培养他们的知识迁移能力、职业精神等核心能力。当课程标准无法与实际工作流程匹配时,毕业生自然无法满足行业的招聘要求,进而无法满足企业实际的生产和经营管理需求。

目前的高等职业教育办学大部分以"专业"为中心,学校在制定人才培养方案时,为提高专业培养的人才与市场需求的匹配度,要求各专业邀请企业共同参与人才培养方案和课程的设计与优化。但在实践中,学校仍是专业设置的主体,企业更多是象征性地参与研讨,没有深入对专业所对应的职业、岗位进行精准的匹配分析。学校在制定人才培养方案和课程设计的过程中,理论教学和实践教学比例不合理,课程设置与市场需求不符,导致学生在就业时与企业用人标准相差较大。一方面,课程内容过时或学生学到的知识与实际工作需求不一致;另一方面,学校的课程设置可能与企业用人标准存在较大的差异,难以满足企业的用人需求。所以在学生调查中只有45.97%的学生认为学校核心素质教育与实际需求比较贴近,54.72%的学生对学校培养核心素质的做法比较满意。高职学生给出的不满意原因主要包括专业技能培养中实践平台较少、专业和素质类课程的设置配比问题、某些课程存在一定内容重复性、有些专业课内容落后和过时、校内外实践活动的针对性不强等。

(二)核心素质的"选择性"培养

一些高职院校过分重视专业理论教学而忽略了与产业紧密结合的实践训练,导致学生在毕业后走上工作岗位时显得力不从心,缺乏必要的实操能力和创新思维。这种教育模式不仅与职场的实际需求不符，还造成了人才供给与需求之间的错配。在实践中，这种问题通常表现为部分高职院校盲目扩大招生规模、随意设立专业以及缺乏目标明确的人才培养方案。结果是学校培养出的毕业生难以满足产业升级和技术变革的需求，进而导致了就业市场上的"结构性"冲突，即毕业生难找工作，而企业又难以招到合适的人才。这种教育策略不仅未能有效适应产业发展的实际需要，而且加剧了就业市场的不平衡，导致了毕业生就业难和企业招聘难并存的局面。

一些高职院校只突出培养岗位所需要的技能。在实践中，学校常常为了迎合市场需求而过分强调学生的专业技能培养，而忽视对其他核心素质如表达、交流、沟通、合作、创新等方面的培养。学校往往只注重提升学生的技能水平，而忽略了他们的综合素质。换句话说，这些高职院校通常走的是一条"注重技能、忽视素质"的人才培养之路。现代职场的职业岗位需求本身就是一个动态变化的过程，特别是人工智能时代对员工的要求已经不再局限于技术能力。因此，高职院校应该更加注重培养学生的思想政治素质、人文素质和信息素质等，这些素质对于学生的职业可持续发展至关重要。只有全面培养学生的技能和素质，才能帮助他们适应未来职场的需求，并取得长期发展。调查结果显示，学生自认为在社会实践能力、文字表达能力以及创新创造能力等方面都有待于提升。这些薄弱的素质严重阻碍了他们的职业可持续发展。

在人工智能时代，高职学生核心素质的选择性培养可能带来更具挑战性的后果。学校过分强调对学生实际操作技能的训练，看似让学生习得了某项职业或某一岗位所需的技能，但是限制了他们长远的职业生涯发展。人工智能时代的经济社会对劳动者的要求远远超出了单一技能的掌握，更加注重个体的综合素质、创新能力、心理健康和适应变化的能力。例如，人工智能时代需要创新思维和解决问题的能力，选择性培养可能导致学生在这些方面的能力不足，影响他们在未来工作中的表现和创新贡献。缺少对创新思维和问题解决能力的培养,会使学生在面对新情况和挑战时无所适从。同时,人工智能时代要求个体具备快速学习新知识和技能的能力,选择性培养可能导致学生未能养成终身学习的习惯,影响他们的职业生涯适应性和成长性。高职院校要建立以"人"为本的高职人才培养模式,使学生成为既具备专业技能又拥有良好心理素质、创新能力和终身学习能力的复合型人才,从而满足新时代经济社会对高素质劳动者的要求。

(三)校企双赢预设目标的"现实性"挑战

产教融合校企合作是目前国家职业教育发展的新趋势,职业教育通过校企合作可以将学校的育人目标与企业的用人标准相结合,以实现人才培养的最终目标。预设的目标是学生在校期间,可以根据企业的要求来培养,以满足企业对人才的需求,同时学校也可以培养出高素质的人才。然而,由于组织系统的差异,学校和企业很难完全协调他们对学生培养目标的差异,这意味着他们对一些课程设置的观点可能不一致。例如,企业认为一些理论知识不必要学习,只需要掌握操作和使用的能力;企业也不要求学生掌握工作原理,只要能够完成基本操作即可。学校通常认为学生除了掌握基本的技能,还应具备一定的理论知识或能深入了解技能背后的原理知识,为未来的深造、发展或学习其他技能做好准备。这可能导致学校和企业在培养学生方面存在分歧,以致影响校企合作人才培养的效果。

在许多情况下,职业教育培养的目标与企业用人的标准之间存在一定的错位。高职院校的"育人目标"是指高等职业教育的目的和任务,包括培养学生的知识、技能、品德、态度等方面,使他们具备全面发展的素质和能力,成为合格的社会主义建设者和接班人。而企业的"用人标准"是指用人单位在招聘员工时的标准和条件,一般包括学历、专业、工作经验、技能等方面的要求。学校教育强调学术成绩,而用人单位更看重实际工作能力。在目前高职教育领域,学校对学生的考核还是比较注重专业考试成绩和毕业前是否达到一定的学分,对实训实践的考核比重较小，导致毕业生在求职时实际能力与用人单位要求之间存在较大的差距，在实际工作中出现实践技能不足的问题。目前，高职教育真正实现产教融合、校企合作存在一定的困难。高职院校与企业之间的联系不够紧密，缺乏有效的沟通与合作。一些学校未能充分了解企业对人才的实际需求，也没有及时调整教学内容与方法以适应企业用人标准的变化。同时，企业由于追求效率，一般不愿意投入大量人力、物力、精力给高职院校提供详细的人才指导。

二、培养过程：重理论轻应用

调查发现，当前高职院校对学生核心素质的培养，大多采用模块化课程的方式，通过公共课程、专业课程、实践课程科学、合理地进行组合和配置。高职学生核心素质的薄弱点主要集中在社会实践能力、岗位迁移能力、问题解决能力等实践应用性能力方面。针对高职学生核心素质培养中存在的问题，教师和学生都认为主要原因是校企合作紧密性不够，校内外实习实训实践环节的作用不足。以学校生活为主阵地的核心素质培养体系，无法与真实的职业情境有机整合，导致核心素质培养与职业要求出现错位。目前，许多高职院校在专业设置、课程体系及教学标准等方面依然存在强烈的本科缩减版的特征，还是以知识为中心，缺乏与行业产业的密切联系，在核心素质培养的过程中重理论轻应用。

（一）课程体系凸显知识本位

按照高职教育的属性要求，最好引入专业对应企业的工作内容、工作流程，这就需要校企共同制定课程、教学形式、理实课时比例等。专业人才培养方案需要每年进行论证和修正，并根据已毕业在岗工作学生的反馈进行调整。但是实践中企业参与程度不高，导致人才培养方案每年都大同小异，课程凸显知识本位。课程体系过于注重理论知识的传授和学习，忽视了实践和实际操作的重要性。这种教育模式使学生缺乏实际操作能力,不擅长解决实际问题,很难适应未来工作中的实际需求。另外,课程体系的知识内容相对较为固定和单一,缺乏与时俱进的更新和调整。随着社会的发展和科技的进步,新的专业技能和知识不断涌现,高职教育应该与时俱进,及时调整课程设置,但目前的高职课程体系在这方面存在局限。即使部分学校有行业教师授课课时规定,但是在实际操作中仍有诸多障碍。行业教师的参与能够有效衔接供需双方的需求与目标,但行业教师的技能标准、知识标准、教学方式等有时候达不到学历课程的要求,学生评价和教学评价不理想。由于实际操作上的种种困难,很多学校保留了原本知识本位的课程体系,但过于强调知识本位也容易造成学生对于知识的机械记忆和应试倾向,影响了他们的创新能力和综合素质。知识本位的教育模式使学生更注重分数和成绩,而忽略了培养学生实际解决问题的能力,无法真正提高学生的综合素质和社会适应能力。

(二)行业企业参与热情不高

高职教育无论在人才培养、专业建设、社会服务、国际交流还是文化传承与创新等方面都需要政校企多方合力开展行动。在高职学生核心素质培养的过程中,技术应用能力、岗位迁移能力和创新创造能力等相对隐性的素质,更多地需要通过行业企业的岗位实习实训途径来磨炼和启发,是一个积累和积聚的过程。虽然每所高职院校都有相关的合作企业、产业学院或聘请了行业院长,但紧密型合作的企业不多,企业参与高职学生核心素质培养的积极性不高。由于缺乏行业企业的参与,课程体系凸显知识本位,专业的设置和教材编写无法适应产业发展和生产过程快速变化的需要。当前很多高职院校的教材都是校本教材,由本校教师自己编写。虽然进行了多次修订,但是里面的实质内容没有很大的更新,这势必对学生的核心素质培养起阻碍作用。

企业缺乏参与高职学生核心素质培养的意识和行动的原因可以

从多个角度来解释。第一,传统观念限制,部分企业对高职学生的核心素质培养存在认知偏差,认为高职学生只需要掌握专业技能即可,这种传统观念使企业对高职学生核心素质培养的重要性缺乏充分认识。第二,资源限制,企业在培养高职学生方面可能缺乏必要的资源和条件,无法提供专门的培训计划和设施,也没有充足的人力资源来支持核心素质培养工作,这使企业在参与高职学生核心素质培养方面有一定的困难。第三,时间压力,企业通常注重高职学生的实际工作能力和技能,时间是有限的,可能难以给予学生足够的时间来参与核心素质培养活动。同时,企业需要高效生产和运营,也面临着时间上的压力。第四,产业结构的变化,随着产业结构的变化和技术的更新换代,企业的人才需求也发生了变化。一些企业可能更加关注高职学生的专业技能,这也导致了企业在参与高职学生核心素质培养方面的积极性不高。

(三)校企课程共建文化冲突明显

高职学生核心素质培养体系的企业参与非常重要。虽然企业参与热情不是很高,但是部分高职院校也开展了订单式人才培养,校企双方实现人才共育、过程共管、责任共担。而在实际培养的过程中,由于组织性质、主体利益等多方面因素的影响,企业仍然树立成本第一的意识,企业投入的人力物力和流程效率会影响课程效果。企业的组织结构是非常讲求效率的,所以管理流程相对灵活,但是学校的管理机制比较规范,管理流程的周期比较长,这就导致双方在协同育人过程中出现工作范式的不同。校企双方在协同育人的合作过程中,采用两种不同的工作范式、考核方式,往往导致难以调和的文化冲突。例如,在接受高职学生顶岗实习的过程中,企业方注重生产质量和进度,校方注重学生的安全生产。因而学生更多的是观摩现场演示,旁听工作人员讲解,缺少现场技术操练的机会,这对于技能应用能力、任务执行能力等实践应用性素质的培养价值不大。由于文化的冲突,相当部分学校会倾向于保守,即使知道企业对于人才的培养至关重要,也不得不放弃深度融合。

(四)教学过程对接职业发展薄弱

职业技能的培养仍然是很多高职院校人才培养的主旋律。但是目前高职院校技能的培养只是从普通教室到实验实训室,受制于实习实训条件,又缺乏课后的技术操作和应用,这实际上是"灌输式"教育的另一个版本。这种教育方式对学生的引导不足,仍然没有解决与生产实践应用脱节的问题。实践教学资源配置较弱,实践教学设备和设施不够完善难以满足学生的实践教学需求,学生难以将理论知识转化为实践能力,难以适应实际职场需求。实践教学对于高职学生核心素质培养来说是非常重要的。通过实践,学生可以更加深入地掌握知识,增强思维能力、创新能力和实践能力,从而提高自身的综合素质和能力。在理论教学的过程中,专业教学大部分体现了知识本位的理念,强调的是知识的传授和掌握,因此教学中照本宣科的现象比比皆是,忽视了培养学生的知识加工整理能力和举一反三应用的能力。随着人工智能时代的到来,很多专业会加深与技术的结合,专业知识会变得更加深奥,考试的方式又是以笔试为主,这就导致学生耗费大量时间和精力被动理解掌握这些知识。考试过后,学生运用知识分析问题、解决问题的能力却没有得到相应的训练和提升,长此以往,学生会缺乏主动探究意识、批判意识和创新创造意识。调查中,师生普遍反映学生缺少自主学习能力、批判精神、创新创造能力等素质与这样的理论教学模式有很大的关系。虽然企业参与融合度不高,但是学校也是想方设法在校内改善实习实训环境和设施设备条件。不同地区不同学校的实践教学建设程度和实践教学效果参差不齐。近年来,整个高等教育扩招,高职也是持续扩招,学生数量的大规模增加导致了教学场所特别是实训场所的压力,这势必会影响学校整个教学安排和实效。有些学校的学生虽然按照人才培养方案完成了规定的实训任务,但是学生个体实训的参与度和实践操作的机会还是变少了,学生在实践中应用技术、发现问题、解决问题的能力没有得到充分锻炼,实习实训的教学效果未能达到预期。这一问题同样出现在高职学生的顶岗实习中,随着专升本人数的增加,学生进行非专业对口实习的现象普遍存在,不利于高职学生核心素质的培养。

(五)教学合力难以成形

高职学生的 32 项核心素质,不仅涵盖了扎实的专业知识与技能,还包括了批判性思维、创新能力、团队协作、沟通技巧等重要的非技术性能力。同时,对学生情感、态度和价值观的培养也是不可或缺的。因此,高职学生的核心素质培养是一个多元化、全方位的系统工程。这一工程需要政府、企业和学校三方紧密合作,共同为学生创造一个有利于全面发展的学习环境。在高职学生的核心素质培养调查中,教师建议学校不仅要制订科学合理的培养计划,还要构建一支高水平、"双师型"的教师队伍,以确保教学质量。学生建议学校应充分利用校内外资源,为学生提供丰富的实践机会,如企业实践锻炼、实习实训、社会实践活动等。为了确保核心素质培养的有效性,学校各院系、行政部门、教辅后勤等组织机构需要按照全员、全过程、全方位的原则开展工作。这意味着每个部门都需要积极参与人才培养的过程,形成一股合力。

然而,在现实中,部分高职院校在学生核心素质培养方面仍存在一定的不足。首先,部分高职院校尚未建立起合力工作的组织架构,导致各部门之间缺乏有效的沟通和协作。行政惯性使部门之间难以打破固有的界限,缺乏创新精神和跨界合作的意识。这种情况下,学校各部门往往各自为战,难以形成有效的协同效应。其次,教学系统和学工系统之间存在一定程度的割裂。两者各有其特定的培养目标和重点,使第一课堂和第二课堂的融合变得困难重重。教学系统主要关注对学生专业知识与技能的培养,而学工系统则更注重学生职业素养和综合能力的提升。由于缺乏有效的沟通与合作机制,两者往往难以形成合力,这导致学生在不同课堂之间的学习体验存在较大的差异。最后,部分高职院校在核心素质培养过程中缺乏长远规划和系统设计,往往只关注眼前的课程设置和实践活动安排,缺乏对学生全面发展的整体考虑。这种情况下,学校容易陷入"碎片化"的培养模式,难以形成系统性的培养体系。

三、评价考核:重"学院派"轻"应用型"

核心素质的培养是一个连续性的过程,对其的考核评价直接影响培养的质量和成效。在调查过程中,大部分教师都提到了核心素质培养的质量监控问题,这说明了考核评价的重要性,因为这关系到能否及时关注学生核心素质的发展水平以便及时调整教学策略。根据访谈了解到的信息,当前高职学生核心素质的评价主要存在以下问题。

(一)评价标准制定以学校为主体

职业教育以职业为导向,高职学生核心素质的评价应该由学校和行业企业共同开展,然而行业企业实际介入职业教育的力量并不是很强,这导致在评价方面还是以学校为主。大多数高职院校在对学生进行考核时,仍然主要参考传统的笔试成绩。专业教师决定了这门课程的考核方式,通常是平时成绩加上期末成绩,专业教师根据自己的经验和水平出题改卷评分。所以大部分的专业课程考核标准仍然停留在以"专业本位"和"教学本位"为导向的阶段,真正行业企业参与考核评价的甚少。评价标准制定以学校为主体缺乏客观性,以学校为主体制定评价标准容易受到学校自身利益的影响,这可能导致评价标准的主观性较强,评价结果可能不公正,无法客观反映学生的真实学习水平和能力。以学校为主体的评价标准往往只关注学生的学习成绩和学科知识,忽略了学生在其他领域的发展和能力。以学校为主体的评价标准容易使学生变得应试化,只注重特定的考试的得分。这种评价方法会削弱学生的创造力和独立思考能力,使学生只追求死记硬背,而忽视了学习的目的和意义。以学校为主体的评价标准容易使学校只关注提高学生的成绩,而忽视了教育质量的改进。学校可能会过分追求学生的优秀表现,而忽略了其他方面的教育内容和学生的个性发展。这样的评价标准可能会导致教师只关注教授能够提高学生成绩的知识和技能,而忽视了其他重要的教育问题,如学生的创造力、批判性思维能力和社交能力等。这也许会使学校在评价上取得较好的成绩,却无法真正提升教育质量和学生的综合素质。学生的潜力无法得到充分挖掘,整个教育体系也会出现不平衡的现象。在实践中,以课堂为单位、以专业知识为取向的"学院派"考核,与"应用型"人才考核标准差异很大,这也将影响学生核心素质的培养评价。评价由学校单方面完成,其人才培养质量经不起社会、行业检验。

(二)评价内容不够全面

高职学生核心素质的培养是多方面要素的综合,有显性素质也有隐性素质。显性素质如专业知识和技能的掌握程度既可以通过课堂学习和实习实训完成任务即以学习成果的形式体现出来,也可以通过笔试考核、实操考核、专业资格证书考取等方式体现。然而,隐性素质是通过持续学习并在具体场景中积累形成的,因此对其进行质量监控和评价相对困难。尽管一些高职院校已经在学生素质积分系统和教学质量诊改系统中融入了部分隐性素质的考核,但由于缺乏行业企业的参与,这些考核缺乏针对性和实效性。当前核心素质评价内容也存在不够全面的问题,如评价指标过于片面,评价内容可能过于关注学生的学习成绩和专业知识,忽视了学生的可持续发展。高职教育的目标是培养具有职业技能和综合素质的应用型人才,评价内容应该涵盖学生的专业素养、实践能力、创新思维、团队合作等方面。评价应该具有客观性和公正性,评价内容应该有具体的指标和量化标准,使评价结果更加客观可信。每个学生都具有不同的特点和潜力,评价内容应该根据学生的个体差异进行综合评价,充分发挥学生的优势和潜力。一个完善的评价体系应该建立全面的评价指标和评价方法,包括定量指标和定性指标、过程性和终结性指标,以确保评价的客观性和准确性。评价指标可以包括学术能力、专业知识、综合素质、创新能力、实践能力等方面。评价方法可以包括考试、口试、实验、作业、项目等形式,以多元化的方式全面评估学生的核心素质掌握情况。

(三)评价方式不够合理

当前高职院校在评价学生核心素质时,主要采用定量和终结性评价,存在明显的"短视"问题。学生的隐性核心素质培养效果通常在其毕业后三至五年,甚至十年后才能完全显现,这些素质关系到学生的长期职业发展潜力。然而,目前的评价指标,如就业率和企业反馈等,主要关注短期成效而忽略了对长期职业能力的评价。许多高职院校的评价体系偏重知识考核,忽视能力培养,过分强调书本知识的掌握和理论考试的成绩,没有充分重视培养学生的社会实践能力和创新创造能力。传统的笔试和闭卷考试依然是高职教育评价学生的主要方式,这种单一的评价方式很难全面反映学生的核心素质和职业能力。高职学生的背景、兴趣和能力各不相同,但现行的评价体系往往采用统一标准,忽视了对学生个性化发展的关注和支持。理想的评价体系应该是多元评价主体,包括自我评价、同伴评价、教师评价和社会评价等,而目前很多高职院校仍然缺乏这样多元化的评价体系,评价主体多为教师。虽然目前的评价方式操作起来较为简单,但它很难反映学生在真实职业环境中的表现,忽略了评价过程中应有的对学生个性化需求和核心能力发展的持续关注和指导。因此,高职院校在培养学生核心素质的同时,面临着如何将教学目标、模式与效能评价体系相匹配的挑战。

第三节　高职学生核心素质培养问题的原因分析

针对高职学生核心素质培养中存在的问题,探究其存在的深层次原因,既有高职教育理念、教育机制、组织管理等自身的原因,也有与之相关的客观因素的局限,总体可概括为教育理念的束缚、运行机制的缺陷和资源配置的失衡三个方面。

一、教育理念的束缚

(一)长期"以就业为导向"的教育理念重技能轻素质

我国高职教育经过几十年的发展,从数量上已经成为高等教育的重要组成部分,新职教法将其从法律上定性为高等教育的一种类型。高职教育经过长足发展之后,已经转入高质量发展阶段。我国高职教育一直倡导"以就业为导向"的教育理念,这种教育理念强调学生在就业市场中的竞争力,注重培养学生实际操作的技能和专业知识,以此增加他们就业的机会。这也与当时的社会经济发展以及人才培养结构相适应,高职教育培养了数以万计的技术技能型毕业生从事一线生产劳动,满足了社会经济快速发展过程中对一线人才的需求。在这样的教育理念指引下,许多高职院校片面地将"以就业为导向"等同于拥有一技之长,不断加强专业知识与技能的训练与提高,而忽视了学生人格的养成与素养的提升。长期"以就业为导向"的教育理念重视学生的就业能力和技能提升,而相对轻视学生的素质教育。

然而,随着人工智能时代的到来,很多重复性的技能工作将被机器替代。高职教育长期过于重视技能培训而忽视素质教育存在一些问题。这种教育理念容易使教育过于功利化,忽视了对学生综合素质和人文素质的培养。学生除了掌握一些实用的技能,还应该具备批判思维能力、创新能力、人际交往能力等综合素质。高职院校过于重视技能培训,忽视了培养学生的其他核心素质,如社交能力、创新创造能力、领导力等。这样的教育体系往往只能培养出一批专业技能过硬但缺乏综合素质的毕业生,这在人才竞争激烈的社会中可能会成为不利因素。同时学校过于聚焦就业需求,往往会忽视培养学生的自主发展能力,使学生形成依赖性,失去主动学习和创新的能力。当就业市场出现变化时,这些毕业生可能会面临无法适应的问题。学校教育把职业技能的培养和培训放在首位,在人才培养目标上具有较强的工具意识,忽视了对高职学生传统道德、职业精神和职业素养等人文素质的培养。部分学生虽然具有较强的专业知识和职业技能,却缺乏社会责任感和现代文明道德,很难适应、融入社会,突出表现为可持续发展能力受限。重职业技能教育而轻素质教育理念制约现代高职人才培养目标的实现,使高职教育的素质教育水平相对落后于其职业技能教育,有违职业教育"立德树人"以及党的二十大报告对全面实施素质教育的要求。素质教育要求学生德智体美劳全面发展,使高职学生步入职场后即使是在面临区域经济的快速发展和产业转型升级时,也能适应形势变化而不被淘汰。

(二)功利主义的价值取向影响高职素质教育开展

长期以来,职业教育更多关注学生生存所必需的劳动技能,人们也习惯用功利主义价值观来理解高等职业院校的目的和功能。社会对高职教育的认可度较低,人们习惯性地把职业教育看成是谋职的手段,具有功利主义的价值取向。人们往往过分强调其培养人才的特殊技能要求,过多地强调教育教学过程的训练功能和操作功能。大学生不仅要学习专业知识,还应该有较高的文化素养、人文精神,有高尚的思想情操和社会责任感。高等学校当然要传授知识,但更重要的是创造一种富有前瞻性的思维方式,一种创新的精神,一种价值观,给学生以人生的启迪,使他们能够正确对待自然,正确对待社会,正确对待他人,正确对待自己。① 功利主义强调目的性和实用性,因此高职教育更加注重培养学生的实际技能和职业能力,以满足社会和经济的发展需求。这可能导致学校更加关注培养学生的就业能力和职业发展潜能,而忽视了学生的人文素养和社会责任意识。功利主义追求最大化的经济效益,学校更加注重培养与经济发展和市场需求相关的专业人才,而忽视了培养其他非经济领域的人才。这可能导致高职教育过度注重短期经济效益,而忽视了培养学生的综合素质和创新能力,进而忽视了人的自由全面发展这一教育最根本目的。高职院校在教育内容上凸显职业性和技能性,更注重培养学生的职业技能和职业素养,忽视学生社会性和个性的发展。这可能导致学生在职场上具备一定的技能,却缺乏社会交往能力和人际关系处理能力。高职院校在课程设计上更偏向于开设显性课程,即专注于教授实际的职业知识和技能,忽视隐性课程的建设,然而这些隐性课程对学生的职业发展和个人成长同样重要。高职院校在学生指导方面更注重强化学生的动手能力和技巧,以提高就业能力,忽视培养学生观察社会、与人交往和解决问题的能力。除了技术和实践技能,学生还需要具备在社会中适应和发展的能力。这包括培养学生的社会观察力、人际交往能力和解决问题的能力,以及为学生提供相关的职业规划和创业指导,使学生能够更好地适应和发展自己的职业生涯。

  功利主义的价值取向不能完全满足高等职业教育的育人目标,也无法根本提高高等职业教育的质量。随着社会的发展和经济的进步以及行业和岗位职业的变化,行业企业对劳动者综合素质的要求越来越全面,仅有熟练的技能和专业知识已经不足以胜任职业的需求。高等职业教育应该注重培养学生的综合素质,包括创造力、批判思维、解决问题的能力、团队合作、领导才能、社会责任感等。这些素质不仅是为了在特定职业岗位上成功,更重要的是能够帮助学生适应不断变化

---

① 顾明远.高等教育与人文精神[J].高等教育研究,2002(1):25-26,42.

的工作环境。高等职业教育应该致力于培养学生的终身学习能力、适应能力和创新能力,使他们具备面对变化和未知挑战的能力。

二、运行机制的缺陷

高职院校的发展离不开政府、行业、企业的合作,政校企三方的合作机制以及高职院校内部教育教学机构的运行机制都会影响高职学生核心素质的培养,这些机制运行方面存在的问题也是影响高职学生核心素质培养的重要因素。

(一)政校企三方的合作机制不完善

高职院校的发展离不开企业的合作,当前高职院校发展过程中或者说人才培养过程中存在的一个大问题就是没有能够很好地实现校企合作。根据调查问卷结果,师生都认为学生核心素质培养过程中的薄弱点主要是学校与产业行业的对接不紧密,导致学生的社会实践能力、岗位迁移能力、问题解决能力等实践应用性素质不高。针对这一现状,探究其主要原因是校企合作办学的有效途径没有得到落实,产教融合没有真正发挥作用。为此我们应该加强政府、学校以及企业的三方联动,发挥出共同的力量,坚持做到政府主导、行业指导以及校企合作和发展共赢,实现合作机制的构建。

政府方面应制定具体的措施和条例严格规范职业教育,在高职院校校企合作方面给予严格的指导,从法律层面构建一个校企合作的保障机制,针对校企合作的学校还有企业的权利和义务进行必要的监督和有效的约束。如果缺乏政府的政策支持和引导,则高职院校和企业难以在合作过程中明确目标、原则和规范,这将导致合作项目的开展缺乏方向性和长期规划,无法形成战略性的合作关系。政府的财政资金支持可以帮助高职院校和企业开展校企合作项目,如设立专项资金用于支持实践教学、职业技能培训等。如果政府没有提供足够的资金支持,合作项目的开展可能会受到资金不足的限制,无法充分发挥合作的效益。政府可以通过建设交流平台、实训基地等，为高职院校和企业提供合作的场所和设施。如果缺乏政府的合作平台建设，则校企双方在合作中面临场地、设备等资源缺乏的问题，限制了合作的深度和广度。政府应建立监督和评估机制，对校企合作项目进行定量评估和监督，确保合作的质量和效果。如果政府没有提供有效的监督和评估机制，校企合作可能面临着合作质量不高、效果不明显的问题。如果缺乏对合作项目进行监测和评估的机制，则校企双方将难以及时发现问题并采取有效措施加以改进。政府可以通过指导和支持，帮助高职院校和企业更好地理解和应对校企合作的挑战和机遇。如果政府没有提供相关的培训、研讨会等活动，双方可能缺乏对校企合作的专业知识和经验，影响合作的顺利开展。

学校方面，高职院校承受着校企合作方面的较大压力，比如学校积极地和企业合作，而企业对校企合作不够重视。高职院校和企业进行合作的时候，需要制定合作方案和组织学生，遇到问题和困难的时候还要充当解决者和协调者。虽然展开了校企合作，但是合作的关系并不是特别的稳定和牢固，很多时候合作仅仅停留在表面上，不够深入。一些学校缺少主动服务意识，服务企业的能力还需要进一步加强，而且企业也缺少一定的责任意识和原动力。学校可能受限于资源和能力，无法为所有学生提供与企业合作的机会。学校教师和管理人员也面临时间和精力有限的挑战，难以全面推进和管理大规模的校企合作项目。企业可能更倾向与知名大学合作，而对与高职院校的合作持保留态度，这使学校在寻找合作机会和建立合作关系时遇到困难。学校的教学内容和方法无法完全满足企业的实际需求，学生的实践能力和专业知识无法与企业的要求完全匹配，这使企业对学生的就业能力产生疑虑，学校在校企合作中遭遇阻力。

企业方面，高职教育的类型和特点决定了高职人才培养需要有企业参与，人才培养的目标设计、培养过程、考核评价都离不开政校企等多元利益主体。特别是在产教融合的大背景下，校企双主体之间的关系越来越密切,是高职学生核心素质有效培养的重要途径。但是大部分企业仍然持消极、被动的态度,严重影响了高职学生核心素质培养的质量。企业和学校的价值取向存在差异,学校主要是培养人才,追求办学育人的社会效益;企业的目标是追求利益的最大化,追求经济利益和经济效益,所以双方的合作动机存在很大的不同。这导致两者在合作方面缺乏一个共同的利益点,因此企业和学校合作的主动性和积极性不高,校企合作的效率得不到提升。高职院校的热情很高,合作意愿强烈,但是企业积极性不高,造成目前有限的合作也是非常浅层次的校企合作模式,合作内容表现出无序的状态,碎片化的合作多于系统化的合作。在校企合作中,校企双方没有解决人才培养的根本问题,如目标、标准和规格。尤其在高职学生核心素质的培养实践中,校企双方由于缺乏系统的合作框架和基础,无法明确通过顶岗实习培养高职学生的职业核心素质具体内容、培养标准和效果。换句话说,校企合作缺乏明确和清晰的指导方针。有些企业出于经济利益或保护知识产权的考虑,也不会把企业生产过程中的核心技术传授给实习学生。这样,高职学生在顶岗实习中只能全程观摩,缺乏实践操练的平台和机会,无法充分发展相关的核心素质。同时,校企合作缺乏明确的目标指向和监控机制,导致有些学生可能只是出于完成学分或满足毕业要求的目的而参与实习,对实践能力培养缺乏积极的意愿和决心。

(二)高职院校机构组织管理的失衡与错位

高职院校通过分工和职能分化成为一个有组织、有目标、有计划的社会机构。学校的组织结构和功能主要体现在教育目标、层级体制、沟通和适应等方面。在培养高职学生核心素质的过程中,培养各环节突出的问题在一定程度上也暴露出高职院校在组织管理方面存在一些薄弱环节,存在组织管理的失衡与错位。高职院校隶属于教育主管部门,由行业归口管理。过去,高职院校的定位更多是服务国家和地方的经济发展需求,因此政府在项目申报、经费拨付、人才引进等方面对高职院校进行很大程度的管控。然而,随着经济发展的变化和市场需求的多元化,政府开始放松对高职院校的管控,这使高职院校的组织管理出现失衡,很多高职院校未能及时调整自身发展目标和方向,没有处理好学校行政管理之于政府和市场的关系,反而弱化了人才培养的职业特性和市场需求。一些高职院校在人才培养方面出现了同质化,没有明显的职业和行业特色,或者只是形式上进行了人才培养,而没有制定为区域经济发展培养人才具体的培养目标和标准。因此,这样的人才培养理念只能起到装饰作用,难以在实际培养中取得良好的成效。

学校内部组织是根据功能分工而产生的,而它的有效性取决于学校各个部门结构与功能的协调和目标的实现。但是在具体运行过程中产生的失衡与错位,对高职人才培养造成了明显的羁绊,进而影响高职学生核心素质的培养成效。例如,岗位设置上存在失衡和错位,一方面某些岗位设置过多,导致职能交叉和重复,工作效率低下;另一方面某些岗位相对较少,难以满足学校的实际需求,导致工作负担不均衡。同时,高职院校的决策过于垂直化,学校为决策层,包括教学院系、党政部门、群团组织、直属单位和附属单位等内设部门属于执行层,每个部门根据自身的性质和功能具有一定的管理权限。决策权限过于集中在学校管理层,导致基层教师、职工和学生参与决策的机会较少,决策结果容易与实际情况脱节,影响学校的管理效能。大部分学校的行政部门掌握了大部分的管理权力,这给二级院系的管理造成了相当大的压力,使院系在专业人才培养中缺乏积极性和主动性。教学机构和行政职能部门在管理要求和权限上存在差异,有时候会因为沟通和交流的错位形成各自为政的状态,这就不利于整体的人才培养,并且难以形成高职学生核心素质培养的组织合力。

(三)高职院校教学体系结构失衡

高职学生核心素质的培养最终依附具体的学科专业,依赖具体的课程设置。然而，因高职院校组织管理边界而导致的课程体系结构失衡，制约了高职学生核心素质的培养。我国高等教育课程与教学体系大多采用公共基础课、专业基础课和专业核心课"三段式"的结构。高等职业教育在课程体系上也沿用了"三段式"课程框架，在人才培养方案中体现公共基础课、专业基础课和专业核心课三者的递进关系，但是在课程设置中难以实现交叉和融合，存在公共基础课、专业基础课和专业核心课之间的作用和关系联结不紧密、专业选修课与公共选修课的选择门类不多、课程内容重复且更新少、课程可操作性不强等问题，特别是公共基础课与专业课缺乏有效的奠基关系或服务关系。公共基础课与专业课在内容上少有关联和交集，使人文素质和专业素质在课程与教学体系上出现"两张皮"。通常情况下，公共基础课程旨在提升学生的基本素质以及为专业学习提供服务。然而，在构建高职院校的公共基础课程时，常常存在公共基础课与专业课之间衔接不紧密的问题。公共基础课和专业课之间的界限明显，无法有效地将公共基础课与专业课结合起来，导致各方面的素质无法实质性地融合。此外，高职院校还会出现课程的重复安排和根据个体情况设立课程等现象。这些问题进一步加剧了不同课程之间的分割，不利于高职学生核心素质的系统培养。

高职素质教育内容体系不够完善也是核心素质培养存在问题的一个原因。高职素质教育的构建是一个综合性的工程，其中内容的选择、安排和实施都是该体系的重要组成部分。这些内容不是独立存在的，而是相互联系且具有针对性和目的性的，旨在达到特定的教育效果。但是目前高职素质教育内容较为零散，缺乏一个完整的教育内容体系。不同学校、不同专业的素质教育内容差异较大，缺乏统一的标准和指导。课程内容重技能轻素质、重就业轻发展，大多停留在基础的职业技能培养上，没有紧跟时代发展潮流，不够关注当前社会所需的综合素质和实践能力、创新能力和社会责任感等。课程内容过于注重学科知识的传授，忽视了人文社会科学、艺术、体育等方面的教育内容。这种单一化的教育内容会限制学生对多元化知识的吸收,影响学生的全面发展。很多高职院校并未从学校层面上对高职素质教育内容体系进行系统设计与规划,素质教育内容不成体系或者不完善的现象普遍存在。有些学校片面地将公共基础、人文类教育内容加入课程体系就当成是素质教育内容,课时只要完成国家的要求即可,没有符合自己院校职业特点实际情况的设计。有的学校只是增加一些通识类课程就作为人文素质教育内容,对区域文化、行业文化、产业文化与职业文化的反映稍显不足,缺乏职业素质教育的针对性,如此,高职素质教育难以有完整的内容体系。高职教育面对的教育对象和教育环境不同于本科教育,高职学生有着自己的特点,他们的动手能力、专业技能和社会适应性比较强,但价值取向多元、功利,自律意识、文化基础、学习习惯较差,自信心相对不足。这就要求高职素质教育应在体现"高等"教育属性的同时兼顾"职业"的教育属性。高职教育培养的不是"工具人",而是全面发展的社会人,因此,完整的高职素质教育应该是包含思想道德、专业知识技能、人文涵养、身心和谐、职业可持续发展等方面素质的有机体,只具备或者注重其中的一方面或者几方面都是不完整、不成体系的。

三、资源配置的失衡

在大众化教育的背景下,高职院校的数量持续增长、规模持续扩大,但其经费支持和资源配置没有得到与之匹配的改善。目前,大部分高职院校将相对有限的经费主要用于基础设施建设、教学基本建设及教职工工资发放,没有充足的经费支持实习实训、教师队伍发展等方面的建设。这种教育资源配置不均衡的现象,对高职院校可持续发展和人才培养质量提升造成一定的影响。

(一)高职教育经费投入不足的影响

一直以来,经费投入是困扰高职教育改革和发展的重要影响因素之一。《2022中国职业教育质量年度报告》指出,我国职业教育高质量发展面临经费投入保障不足、学生发展需求多样化难以满足、教师能力不适应数字化转型三重挑战。报告指出,职业教育高质量发展需要充足的经费保障,近年来,各级政府虽然增加了职业教育经费投入,但经费不足仍是困扰职业教育改革发展的主要瓶颈。一是教育经费结构不协调。2020年职业教育在校生2976.98万人,中职人数占高中阶段教育的39.44%,高职专科人数占高等教育的44.40%。全国教育经费总投入53013亿元,其中中职2871亿元,占高中阶段教育的34.08%;高职专科2758亿元,占高等教育的19.70%。二是中职与普通高中经费投入差距进一步拉大。2007年以来,中职学校国家财政性教育经费收入增长3.49倍,低于普通高中4.30倍的增长幅度。三是高职生均拨款水平存在"不增反降"现象。2021年高职院校生均拨款未达到1.20万元水平的省份占比12.50%;与2020年相比,部分省份生均拨款水平"不增反降"。报告显示,2021年,在教学资源和生源存量相对紧张的背景下,教育部统筹协调,各地积极作为,高质量超额完成"3年扩招300万"的目标任务。与2020年相比,2021年15个省份高职院校生均财政拨款水平有所提升,16个省份有所下降,4个省份高职院校生均财政拨款水平未达到1.20万元,各地仍需进一步加强省级统筹,加大政策供给,健全稳定的生均财政拨款投入机制和多元资金筹措机制,保障职业教育经费投入与发展需求相适应。[1] 对高职教育与普通教育进行比较,高职教育技能人才培养需要更多的实习实训场所和设施设备作为保障,高职教育成本比较高。然而,目前我国高等教育经费补贴总体上实行的是"高层次高补贴"的办法,在很长一段时间内,被误认为"低层次"的高职教育,获得的经费支持相对较少。经费的短缺以及各省份之间的高职院校发展不平衡,导致部分高

---

[1] 中国教育科学研究院,全国职业高等院校校长联席会议.2022中国职业教育质量年度报告[M].北京:高等教育出版社,2023:34.

职院校的实习实训场地、设施、实验器材配备不齐,有些甚至低于教育部门规定的合格标准,学生实习实训受到很大的限制,直接影响了高职学生核心素质的培养。

(二)"双师型"教师队伍建设薄弱的影响

高水平的教师队伍是保证高职教育教学改革、提升人才培养质量的关键因素。"双师型"是职业教育中专业教师的重要特征,数量充足且素质全面的"双师型"教师队伍是我国职业院校的关键办学能力之一。当前,在国家一系列政策推动及多方努力下,"双师型"教师在职业院校专业教师中所占的比例已超55%。尽管如此,在职业教育高质量发展的大背景下,"双师型"教师队伍的数量和质量仍难以满足学校提质增效的迫切需要。当前高职院校的专业教师队伍由两部分组成,一部分是原来高职升格前的中专或者中职的教师,年龄偏大,有着丰富的教学经验,但是知识结构和实践经验都相对滞后。另一部分来自高职院校升格后招聘的各专业教师,或者引进的高层次人才,这部分教师大多具有高学历,他们的专业能力很强,有着丰富的知识储备。但他们在教育教学能力、实践能力方面较为薄弱,没有职业技术经历,也没有生产岗位一线的实践操作经验。自身对生产过程、操作规程等缺乏实践理解,对学生的实习实训指导自身能力储备不足。还有少部分从行业企业延揽的业务骨干、技术和管理人才,其实践能力强,但在教育教学能力方面尚显不足,势必也会影响高职学生核心素质的培养。一直以来,各地、各校对"双师型"教师的标准要求尺度不一,统计口径也大相径庭。2022年,教育部办公厅印发了《职业教育"双师型"教师基本标准(试行)》。由于各地的情况不同,该标准只提出了原则性要求,具体标准由各地、各校在不低于国家标准的前提下,结合自身情况制定相应的标准和办法。"双师型"教师的制度体系及配套政策完善尚需时日。另外,笔者在调查和访谈中也发现,很多高职院校对教师的业绩考核、职称评审尚未完全摆脱普通教育的考核规则,对他们提升实践能力、教育教学能力等方面的业绩,仅会"在同等条件下优先考虑",这导致面对"双师型"要求时,一些教师只求达标而缺乏主动提升的原动力。大量的教学任务占据着专任教师和实习实训教师的时间,"唯学历、唯论文、唯职称"等教师评价机制的存在影响专业教师完成自我能力提升和企业实践锻炼,教师参与人才培养的积极性并未被完全调动起来。同时行业企业在"双师型"教师建设过程中配合不够。"双师型"教师实践能力的提升,尤其是与行业企业新方法、新技术、新工艺、新标准不断发展相关的实践能力的提升,必须得到行业企业的配合。然而,由于很难在其中获益,行业企业参与和配合的积极性不高。因此,"双师型"高职教师的建设缺乏内驱力和外动力,这对高职学生核心素质培养是一个比较大的限制性因素。

(三)专业设置与产业结构不匹配的影响

随着国家经济转型升级和高质量发展的推进,经济产业对职业院校的专业质量提出了更高的要求。但大多数高职院校还停留在传统的专业建设逻辑上,对专业的内涵发展、生产性实训、研发型校企合作的关注不够。这就导致专业以及培养的人才不足以支撑区域经济产业的运行。专业招生计划与课程设置跟不上市场变化,市场对于某些技能的需求可能突然增加,但由于职业教育体系的僵化,相应的专业招生计划和课程设置需要很长时间才能更新,这进一步拉大了市场需求与教育供给之间的时间差距。例如,传统会计专业几乎每个学校都有,传统的会计人才供给过剩,但是大数据管理会计和智能会计的专业人才紧缺。高职院校往往会根据自身办学经验来设置和调整专业,在缺乏企业参与、劳动力市场指导的情况下设置或者调整专业,忽视了产业的现实需求,特别是人工智能时代新技术、新工艺、新材料对新专业人才的需求。当高职院校专业设置与产业结构不匹配时,会造成社会资源的浪费,存在供需失衡的现象。一些专业就业困难,毕业生人数多而市场需求少,导致社会资源浪费;一些行业可能缺乏相关专业人才,人才短缺导致行业发展受限。部分高职院校为了吸引生源而倾向设置热门专业或新型专业,忽视了当地产业对人才类型的真实需求,造成企业结构性"用工荒"与学生结构性"就业难"的局面。还有部分院校在专业设置上一味地求广求全,造成了资源浪费、管理不善、特色品牌不彰等问题。[①] 一些过时的专业仍然普遍存在,而新兴的专业没有得到充分的重视和发展,不仅造成资源的浪费,而且使学生所学的专业知识和技能无法与市场需求相匹配,学生毕业后就会面临"就业难"的问题,造成大量学生毕业即失业的状态。高职院校是高素质高技能型技术技能人才的提供方,为了与市场需求相平衡,高职院校要随时了解市场动态,并对市场需求做出及时回应和调整,不然毕业生与就业岗位就会出现不匹配。人工智能技术推动我国产业结构转型升级,对相应人才的需求变化很快,这也就要求高职毕业生有良好的适应能力和岗位迁移能力。但是目前培养出来的高职毕业生所具有的核心素质不能为企业马上使用,其专业水平与实际工作要求存在差距,许多毕业生在进入就业市场后仍需要经过较长时间的企业培训才能达到岗位要求。这种供需脱节不仅会打击企业参与人才培养的积极性,还会影响高职院校的声誉和美誉度。

---

① 徐莉亚.职业教育专业设置与产业结构适应性分析[J].教育与职业,2016(3):5-8.

第五章　人工智能时代高职学生核心素质提升路径

　　职业教育在人工智能时代发生了深刻变革,呈现出新的特征。人工智能时代高职学生核心素质培养中存在的问题及其成因,既有高职院校自身制度、经费条件、教学资源等方面的内部问题,也有产教融合、政校企三方合作等方面的外部问题。因此,人工智能时代高职学生核心素质的有效培养是一个复杂的系统工程。在人工智能新时代,新技术、新产业、新业态、新模式等经济新形态对技术技能人才提出了新要求,迫切需要适应人工智能时代的创新型、复合型人才。[①] 为满足这样的人才需求,高职院校在培养学生核心素质的过程中要进一步明确培养主体的职责和功能,健全和完善高职学生核心素质培养体系,创新人才培养模式,将各核心素质培养、教书与育人、智能技术与人才培养相融合。高职院校要通过改变人才培养观念、教学理念、教学模式和教学评价,提升人才培养目标规格、丰富课程内涵与深度、提升课堂教学效果、提高教师教学能力和教学诊改水平,系统推动高职学生核心素质培养的体系优化和机制革新,培养适应人工智能时代社会和生产服务的创新型、复合型技术技能人才。

---

① 谢宾.智能时代高职教育人才培养的内涵、模式与路径[J].成人教育,2023(3):61-67.

第一节 明确"三方协同"的高职学生核心素质培养主体

高职教育作为一个多元利益主体共同治理的组织机构,通过政府、学校和企业的合作在培养学生职业核心素质方面发挥着重要的作用,为学生提供了全面发展的机会,帮助他们更好地适应职业发展的需求。学校和企业共同承担培养学生职业核心素质的责任,各自发挥自己的优势。学校提供专业知识和理论教育,培养学生的基础能力和综合素质;企业则提供实践机会和职业导向,帮助学生将所学知识应用于实际工作中,并培养他们的职业能力和就业竞争力。高职教育应该注重各利益主体之间的平衡和合作。政校企合作、产教融合是高职学生核心素质培养的主体,政府、学校、企业等利益主体应该形成合理的利益分配机制,共同参与高职教育的治理和发展。这样才能保证高职教育的多元性和综合性,推动高职教育的持续发展,并更好地满足社会和行业的需求。

一、界定政校企在核心素质培养的主体责任

(一)政府教育主管部门的责任和功能

政府作为具备权力和资源优势的机构,在高职教育的人才培养中发挥着重要的协调作用。特别是在高职学生的核心素质培养方面,政府在宏观层面上的统筹作用非常重要。作为政策制定者和规划者,政府教育主管部门是制定和影响教育政策的主要力量,负责制定职业教育的政策和规划,包括起草制定相关政策文件和发展规划,以促进职业教育的发展和提高教育质量。通过制定和完善职业教育相关政策,进一步明确政校企等利益相关者在职业教育人才培养中的权利和义务。作为资金投入和管理者,政府教育主管部门是高职院校经费的重

要来源，负责为职业教育提供资金支持，并进行资金的合理配置和管理。政府通过预算拨款、项目资助等方式提供资金支持，投入资金用于人才培养的设施建设、教材编写、师资培训、学生资助等方面。政府对高职院校人力、物力、财力方面的支持，是确保高职学生核心素质培养质量的重要保障。作为监督者，政府负责制定职业教育的标准和质量控制体系，包括制定职业教育课程标准、职业资格标准、教学质量评估标准等。政府通过监督检查、评估认证等手段，确保职业教育的质量和水平。同时高职学生核心素质及其培养状况的成效需要借助教育主管部门的教育评估、质量评价等手段进行诊断和改进。政府负责组织和推动职业教育师资的培养和发展，包括制定师资培养政策、推进师资培训、提高教师待遇等。政府通过与高等教育机构合作，推动职业教育师资的学历提升和专业发展。作为引导者，政府负责促进职业教育与产业的对接，推动职业教育与实际产业需求的紧密结合。政府与企业合作开展校企合作项目，提供实习实训机会，促进学生的就业或增强其就业能力。政府负责发布职业教育的信息，包括职业教育政策、招生信息、就业信息等，设立咨询热线或网站，提供相关的咨询和指导服务。

政府是职业教育治理中的重要主体，对确定职业教育管理体制、发展模式起着决定作用。随着新职教法的颁布，政府统筹管理、产教深度融合、社会多方支持的制度体系和政策框架进一步健全。新职教法构建了"政府统筹、分级管理、地方为主、行业指导、校企合作、社会参与"的职业教育实施体制。新职教法进一步明确，"政府应当加强职业教育实习实训基地建设"。此外，地方政府要细化制定本地区职业教育产教融合、校企合作实施细则等相关政策制度，落实落细校企合作中企业金融、财政、土地等支持政策和附加教育费、地方教育附加减免及其他税费优惠。[①] 这对于高职学生核心素质培养的校企合作产教融合不深的痛点来说,无疑是一剂良药。

新职教法还明确了各级政府有关部门须履行的重要职责。各级政府需要将职业教育置于更加突出的位置,省级政府应该贯彻国家发展职业教育的方针和决策,将职业教育放在教育改革创新和经济社会发展更加重要的位置上,将发展职业教育纳入国民经济和社会发展规划,整体部署职业教育与产业结构、就业创业、技术升级。切实提高职业教育的地位和影响力,促进其与经济社会发展的紧密结合,更好地满足社会对各类人才的需求,推动就业创业和产业发展。这需要各级各类政府部门在政策制定、资源投入、监管和评估等方面给予职业教育充分支持,以确保其可持续发展和持续改进。例如,修订职业学校和职业培训机构的设置标准和管理办法,以确保其质量和规范化发展。同时,加强对师资队伍建设、专业建设、教材建设和公共实训基地建设的规划和管理,为职业教育提供良好的教学资源和实践环境。制定职业学校教职工配备标准,制定职业学校的生均经费或公用经费标准,确保职业教育经费的落实,并加强预算绩效管理,确保经费使用的有效性和透明度。建立健全的质量保障体系,加强教育督导评价和教育执法工作。这样可以监督和评估职业学校的教学质量、管理水平和服务能力,及时发现问题并采取有效的措施进行改进。

政府和学校的联动能够保障在学生核心素质培养供给上形成合力,如政策制定、提供经费支持、人才供给等,使高职院校得到政策和经费保障并用于人才培养。政府需要贯彻法律规定的有关鼓励、引导和支持政策,制定地方政策措施来鼓励、引导和支持企业和其他社会力量依法创办职业学校和职业培训机构。为了支持这些学校和机构的办学,政府可以出台政府购买服务政策,并制定其他形式的补贴、基

[①] 孙善学.新《职业教育法》视域下发展职业教育的政府责任与社会协同[J].中国职业技术教育,2022(29):5-9.

金奖励和捐资激励等扶持政策,这样可以鼓励企业和其他社会力量依法办学。政府制定奖励办法针对那些深度参与产教融合、校企合作,并在提升技术技能人才培养质量和促进就业方面发挥重要作用的企业予以奖励,这样可以激励企业更加积极地参与职业教育,促进校企合作的深入发展。政府还应组织认定产教融合型企业,并制定金融、财政、土地等方面的支持政策,以鼓励这些企业更好地参与职业教育。政府可以考虑减免教育费附加、地方教育附加等税费,并提供其他税费优惠,以减轻企业的负担。通过这些政策和措施,政府可以为企业和其他社会力量提供更好的条件并形成激励,促进职业学校和职业培训机构的发展,推动产教融合和校企合作,提高技术技能人才培养质量,促进就业和经济发展。政府在制定和执行这些政策过程中的积极参与将起到重要的推动作用。

政府应积极推进产教融合和校企合作,将其作为职业教育发展的基本路径和职业学校办学的基本模式,并不断推进体制机制改革。为了促进产教融合和校企合作的深入实施,政府可以建立行业主管部门指导职业教育的机制,并定期发布人才需求信息,以便职业学校和培训机构根据行业需求调整教育内容和培养方案。政府应制定政策支持行业组织、企业和事业单位与职业学校、职业培训机构共同举办职业教育机构、组建职业教育集团,以及开展订单培养等多种形式的合作,这样可以促进校企资源的共享和互补,提高教育培训的实效性和针对性。在具体实施方面,政府需要细化职业学校在招生就业、人才培养方案制定、师资队伍建设、专业规划、课程设置、教材开发、教学设计、教学实施、质量评价、科学研究、技术服务、科技成果转化、技术技能创新平台、专业化技术转移机构、实习实训基地建设等方面与相关行业组织、企业和事业单位开展深度合作的具体措施。[①] 为了鼓励校

---

① 孙善学.新《职业教育法》视域下发展职业教育的政府责任与社会协同[J].中国职业技术教育,2022(29):5-9.

企合作，可以制定相应的奖励办法，以激励职业学校与相关行业组织、企业和事业单位的深度合作。通过以上措施，政府可以促进产教融合和校企合作，提高职业教育的实践性和适应性，为学生提供与市场需求相匹配的技能培训，推动职业教育与产业发展的紧密结合。

政府通过营造有利的社会氛围，促进学校与产业对接，引导企业积极参与校企合作、协同育人，支持学校积极与符合条件的企业开展校企合作，开拓校内外教育基地。政府应出台对高职院校人才引进的扶持政策，提高福利待遇，吸引更多人才进入高职院校任教，推动师资培养。总之，政府在高职学生核心素质培养过程中作用重大，能够推动职业教育的发展和提高教育质量，确保职业教育的有效运行和服务社会经济发展的需要。

（二）高职院校的责任与功能

高职院校承担着培养具备实际职业技能和适应社会需求的高素质技术技能人才的重要责任，进行人才培养是其根本任务。在人工智能时代培养高职学生的核心素质，高职院校迫切需要解放思想，加速推动融入核心素质的教育综合改革。开放办学，合作办学，以满足区域经济社会发展需求为导向，高职院校通过加强与政府、行业企业等利益主体的主动联系，利用和整合社会资源办学，拓展高职院校的生存和发展空间，不断提升高职院校人才培养质量，构建基于核心素质提升的新课程体系。同时高职院校要及时动态设置和调整专业，优化课程体系和人才培养方案，为学生提供高质量的职业技能培训，使他们能够掌握人工智能时代实际职业所需的专业知识和技能，这包括理论知识的教学、实践技能的培养和实习实训机会的提供。高职院校要设计和开设与现实职业需求相适应的课程，保证每一门课程都围绕高职学生核心素质展开，确保教学内容与行业发展和技术进步保持同步。高职院校要提供实践导向的教学方法，培养学生的实际操作能力和问题解决能力。高职院校要建设一支具有优秀的心理品质、扎实的专业基础、较强的创造能力的师资队伍，将打造"双师双能型""教练型"教学名师团队放在优先发展的战略地位，不断提升教师的教育教学能力、实践指导能力，服务于高职学生核心素质的培养。高职院校要积极与产业行业对接，紧密开展与相关产业和企业的深入合作，了解实际职业需求，开展行业研究和创新活动，促进教育与产业的紧密结合，提高学生的就业能力和适应能力。构建学校和企业双主体的校企深度合作育人机制，旨在培养学生的核心素质与能力以适应人工智能时代的生产和生活，促进政府、学校、行业企业、师生共同在产教融合的生态系统中进化演进，以提升学生核心素质培养质量。

在高等职业院校中，教师和学生都是核心素质培养的重要参与者，同时也是核心的利益相关方。教师作为高职学生核心素质培养的推进者，通过教学的方式直接向学生传授相关的知识和技能。教师的教学水平和质量在很大程度上决定了高职学生核心素质培养的有效性和水平。换句话说，教师在高等职业院校中扮演着关键角色，他们的教学方法、教学内容和教学态度都将对学生的核心素质培养产生重要影响。优秀的教师能够激发学生的学习兴趣，帮助他们掌握实际应用的知识和技能，培养其问题解决能力和创新能力。因此，教师的专业素养、教学能力和教育理念对高职学生核心素质培养的成功至关重要。在人工智能时代，教师的角色正在重构。教师不只是知识的传授者，同时也是学习者，需要不断自我学习，探索和应用由新技术支持的教学方法。教师是教学内容的设计者、课堂的引领者，更是学生的合作者和促进者。

对于高职学生来说，他们是核心素质的直接承载者。经历了高考后进入高职院校继续学习，他们作为准备步入职业领域的人，如果希望在未来的职业发展中具备岗位要求的品格和关键能力，获得谋生所需的技能和手段，就需要及时摆脱仅仅接受文化知识的想法的束缚。为了实现这一目标，高职学生需要根据职业素养标准，不断增强自主学习的意识，需要学会明确自己的职业需求，学会做事的方法和技巧，学会与他人共处并建立良好的人际关系,学会应对职业生活中的各种挑战,学会适应职业发展的变化。高职学生要通过努力培养自身的核心素质以更好地适应职业环境的变化,提升自己的竞争力,把握职业发展的机会。高职学生要积极主动地参与实践活动、项目实训和实习,不断增强自己的实际操作能力和问题解决能力。同时,他们还需要加强自主学习和持续学习的意识,通过不断学习和自我提升,跟上职业发展的步伐并适应变化。学生要不断拓宽视野,培养自主学习能力,树立终身学习意识。学生本人需要清楚了解自己核心素质的不足之处以及形成机制,有针对性地解决问题。例如,高职学生普遍存在缺乏工匠精神和内在动力的问题。这主要是因为他们对专业兴趣不足导致缺乏情感动力,对劳动的认知存在异化导致缺乏观念动力,技术技能不够熟练导致缺乏技术动力,工匠精神的内在特质不够突出导致缺乏意志动力。

（三）企业的职责和功能

随着我国职业教育的发展和制度的变革,高职人才培养模式涉及政府、院校和企业等不同主体的参与。其中,高职院校与企业的双主体校企合作育人模式被广泛认可为一种行之有效的模式。在这种模式下,企业不仅提供学生实习场所和实践基地,还直接参与学校的办学过程,充分参与人才培养的全过程。这种紧密的合作能够增强高职学生核心素质培养的针对性和实效性。在双主体校企合作育人模式中,高职院校与企业形成了紧密的合作关系。企业不仅能够为学生提供实践机会,让他们在真实的工作环境中学习和实践,还能够将自身的行业特色和优势融入学校的教学和培养过程。这种合作模式使学生能够更好地接触到实际工作需求和行业发展趋势,培养出符合市场需求的核心素质。企业可以提供实践基地,为高职学生提供实习、实训和实践机会,通过在真实的工作环境中进行实际操作和实践,学生可以获得实际工作经验。企业参与高职院校职业教育课程的设计和教学活动，基于企业的实际需求和行业要求，与学校合作并提供专业知识和实践经验，帮助学校设计和开展与行业相关的课程。企业派遣职业导师或专业人士担任学生的指导老师，为学生提供职业指导和技能培训，导师可以与学生进行交流并对其进行指导，帮助他们了解行业动态，发展职业技能，为就业做好准备。企业可以参与职业资格认证的评审和考核工作，提供实际工作场景，明确技能要求，参与职业资格的制定和评估，确保职业教育培养的学生具备符合行业标准的职业能力。企业为职业教育毕业生提供就业岗位和实习机会，可以与学校合作，举办招聘活动，与学生面对面交流，为他们提供就业机会和职业发展平台。企业参与职业教育的行业研究和创新活动，为学校提供行业数据、技术需求和市场趋势等信息，促进职业教育与行业的紧密结合和创新发展。

  人工智能时代产教融合成为职业教育的重要载体。《职业教育产教融合赋能提升行动实施方案（2023—2025年）》的出台深入贯彻落实党的二十大精神和党中央、国务院有关决策部署，按照《关于深化现代职业教育体系建设改革的意见》《国家职业教育改革实施方案》有关要求坚持以教促产、以产助教，统筹推动教育和产业协调发展，创新搭建产教融合平台载体。企业应当进一步提升社会责任感，创新合作形式和利益平衡机制，改变原来的观念。积极参与产教融合表面上是企业为高职院校提供职业导师、实训资源，其实也是为企业培养人才库。高职院校所提供的教育资源对企业的技术革新和产品转化具有积极的促进作用，有利于助推企业自身的发展。企业定期向高职院校反馈市场变化和产品需求信息，这种反馈对于高职院校及时调整培养目标和课程内容非常有益，使其更贴合实际需求。[①] 这种互惠互利的合作关系使高职院校与企业之间形成一种共赢的局面。通过高职院校与企业之间的合作，双方能够相互借力，实现共同发展。在合作中，企业

[①] 周勇军.政校企协同推进市域产教联合体建设研究[J].教育与职业，2023(18):64-69.

能够更好地了解学生的培养情况,与他们建立紧密的联系,并根据自身的需求提供相关的指导和支持。这种合作关系对于企业来说具有长远的战略意义。通过与高校合作,企业能够培养出符合自身需求的高素质人才,为企业的可持续发展提供有力支持。同时,企业还能够借助高校的创新能力和专业知识,推动自身的技术创新和产品升级。企业应当积极参与高校的人才培养工作,改变以往逐利、短视的观念,真正认识到产教融合、产教联合体建设的价值和意义,这种合作关系对于企业和社会的可持续发展都具有重要意义。

高职学生核心素质中的社会实践经验、问题解决能力、创造创新能力、技能应用能力、任务执行能力都需要在企业实践中积累和培塑。产业和行业的转型发展是高职教育专业调整和人才培养方案制定的重要依据。实施深度的产教融合和校企合作是培养高职学生核心素质的关键。从最初的松散型合作到逐渐转变为紧密型合作,最终形成共同体的合作模式,双方通过密切合作,共同制定培养计划和课程设置,确保学生所学的知识和技能与行业需求相匹配。高职院校将核心素质培养作为双方合作的纽带,与企业共同培养学生的专业能力、实践能力和创新能力。通过与企业的紧密合作,高职学生能够接触到真实的工作环境和实践机会,增强自身的实际操作能力,提高自身职业素养。同时,企业的参与也能够为学生提供与行业专业人士交流的机会,帮助他们更好地了解行业发展趋势和需求。高职学生能够获得与行业需求相匹配的培养,为其未来的职业发展奠定坚实基础。

(四)其他相关主体的责任与功能

其他相关主体如地方行业协会、相关教育中介组织、家庭等对高职学生核心素质培养也会产生一定的影响。此外,随着人工智能技术的发展,信息和媒介作为潜在主体的作用变得越来越重要。信息和媒介不仅是传递知识和信息的工具,也是潜在主体。在教育的过程中,信息和媒介可以为学生提供丰富的教育资源和学习机会,帮助学生获取知识和技能。通过电子学习和移动学习，学生可以随时随地获取学习资源和进行学习活动，可以通过在线课程、教学视频、学习应用等方式进行自主学习，提升自己的专业知识和技能。这种学习方式不受时间和空间的限制，使学生能够更加灵活地安排学习时间，并根据自己的需求进行学习。学生可以通过在线学习平台与其他学习者和教师进行交流和互动，可以参与在线讨论、合作项目和学习社区，与他人分享经验和知识。这种学习关系的变化促进了学生之间的合作与共享，丰富了学习过程。非正规和非正式的线上学习与正规的线下教育相互补充。线上学习提供了便捷的学习方式和丰富的学习资源，而线下教育则注重实践操作和面对面的教学互动。学生可以通过线上学习扩展自己的学习领域，获取更多的知识和技能，而线下教育则为学生提供了实践和实验的机会，帮助学生将理论知识应用到实际中。综上所述，电子学习、移动学习和其他数字技术为高职学生的核心素质培养提供了丰富的学习机会。

总而言之，人工智能时代高职学生核心素质的有效培养，需要各主体特别是政府、高职院校和企业等建立起合作共同体，当然还有其他一些潜在主体，各主体职责明晰、功能互补，共同构建起高职学生核心素质培养的支持体系（见图5-1），这是一个共建共享共育共创共赢的系统工程。

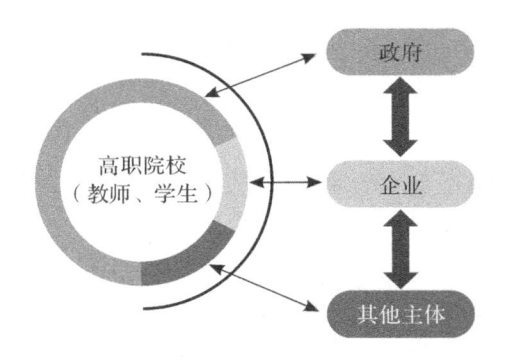

图 5-1 高职学生核心素质培养的主体支持体系

二、加强核心素质培养的资源整合

高职教育具有典型的职业指向性,所以高职教育需要将各种教学资源和实践资源转化为适合培养学生核心素质的教育教学工具。这些工具包括教学设备、创新创业平台、职场模拟环境、实习实训机会等。为了满足这些需求,高职院校应将各种资源转化为适合培养学生核心素质的教育教学工具和实践机会,以更好地培养出具备企业所需技术和技能的人才。核心素质培养是一个全员全过程的教育教学活动,单从学校层面来看,要从管理者、专业带头人、专业教师和学生等多维度出发构建养成教育体系。核心素质的培养质量不是受单一因素的影响,而是受教育理念、资源、学生主体、活动情境、监督评价和教育生态多种因素的共同影响。整合校内外资源,有效应对人工智能时代知识经济和信息技术的发展,对人才培养的资源效能提出了新的要求。高职院校不能再把思想政治工作简单等同于学生管理工作,技术技能培养等同于专业建设。学生管理与专业建设的二元格局,致使专业教学和学生管理无论在机构上还是在人才培养目标上都未能形成合力,甚至出现扯皮现象,人才培养的质量大打折扣。我们要突破原先的组织架构和功能定位,因为核心素质培养大大扩展了原有职业素养的边界。因此,高职院校在提升核心素质培养质量时,需要综合考虑理念、资源、学生、情境、监督、协同等因素的共同作用和并发效应,整体改善核心素质的培养环境,而并非开展针对单一要素的提升与优化。虽然高职学生的核心素质培养取得了一定效果,但仍存在核心素质培养体系和环境不够科学系统的问题。各要素之间相互割裂对立,它们的单一作用效果微乎其微,无法形成协同育人的力量。同时,院校对于不同培养要素的重视程度存在差异,并随着外界环境和时间的变化而改变。为了有效提升核心素质培养的质量,高职院校应致力于改善整体培养环境,全面关注培养要素,建立完善的核心素质培养体系，形成各部门之间的协同育人合力。

高职院校必须紧跟人工智能时代高职教育创新发展行动计划，开拓新思路、挖掘新资源。行业产业的发展是不断变化的，需要不断整合和开发新的资源。然而，高职院校面临着资源有限的挑战。因此，为了提高高职学生核心素质的培养质量，高职院校需要更清楚地了解资源的优势和利益相关方的需求，并充分利用现有的教育资源。通过提高资源利用的效率，不断改进资源之间的互动，最终实现协同效应的最大化，从而最大限度地提高高职学生核心素质的培养质量。高职院校应该综合考虑各个方面的培养要素，确保它们得到平衡和优化。在培养核心素质时，学校要重视培养的观念和方案设计，明确核心素质培养的目标，通过合理配置教学资源，创造真实的工作环境，激发学生的主动性，建立科学有效的监督和评价机制，这些要素都需要得到充分重视和关注，以建立起良好的教育生态系统来支持核心素质的培养，使其发挥最大潜能。同时为了确保核心素质的培养质量，高职院校需要建立一个完善、科学、系统的保障体系，这是一个从党委到具体行政部门如教务处、学生处、团委、实训中心、校园建设处等再到各教学二级学院，几乎所有部门都参与通力合作的体系，因为核心素质的形成主要依赖日常教学活动中的素质渗透，即是一个将理想信念、职业价值观等与专业知识技能融合并内化于心的过程。尽管高职院校内各部门均被赋予了明确的职责和权力，培育学生的核心素质却超越了单纯的职能分配，它在本质上是一种深植于学校文化的教育。这种教育不仅关乎知识和技能的传授，更是一种价值观、职业道德和人文精神的灌输过程，旨在塑造学生的全面发展。因此，高职院校需要超越传统的部门界限，构建一个全面且协同的培养体系和组织架构。这个体系应当能够促进各部门之间的密切合作与信息共享，确保教育目标、资源分配和活动安排等方面的一致性和互补性。从专业知识到职业技能训练，从思想政治教育到文化素质提升，每个环节都需要彼此紧密相连，形成一个互动、互补、共生的教育生态。

除做好学校内部保障体系外,为了进一步提升核心素质的培养效果,高职院校需要将教育范围扩大,特别是形成与社会行业企业之间的素质教育保障机制。尽管在产教融合和校企合作的理念上各方已经达成了共识,但在实际操作层面还存在一些困难,主要问题在于利益不平衡和资源利用效率低下。因此,在高职学生核心素质培养中,建立基于互惠互利和资源共享的多元协同合作是各方合作的前提和基础,其目的是激发和调动各利益主体的积极性和主动性。换句话说,各利益主体应该在合作中获得利益,通过共享资源和互相支持来实现更好的结果。这样的合作模式可以促进各方的积极参与,增强合作的可持续性和效果。国家出台相关政策,提供资金和资源支持,以确保核心素质培养得到重视和推动。社会提供丰富的实践机会和行业资源,让学生接触真实的职业环境和实践活动。学校和家庭可以形成紧密的合作关系,共同关注学生的职业发展,提供支持和指导。这种四位一体的机制可以形成一个闭环和优质的环境,为学生提供良好的培养条件和机会,帮助他们充分提高自身的核心素质。

通过多方的努力和合作,高职院校可以实现核心素质的全面培养和发展。在这一过程中,高职院校应主动行动,遵循国家经济产业政策的指导,依托特定的产业和行业,与相关利益方进行充分沟通和协调,建立稳定的战略伙伴关系。这可以通过共建实训基地、共建研发中心,以及共同开发专业标准和课程体系等方式实现。[1] 例如,高职院校可以与研究院、行业协会等成立相关组织,推动产学研用的深度融合。高职院校通过将核心素质与企业用人标准相结合,有针对性地培养适应产业和行业发展需求的高素质技术技能人才。这样的合作模式有助于高职院校与企业之间的紧密合作,实现优势互补,为学生提供与实际需求相符的教育和培训。这种三方合作模式有助于实现政府、高职院校和企业的共同发展目标。政府可以推动地方经济社会发

---

[1] 卢海涛.高职校企深度合作的模式选择与机制创新[J].教育与职业,2016(21):50-53.

展,高职院校可以充分实现自身的社会效益,企业可以获得高素质的人才。通过协同合作,各方可以共同促进地方经济的繁荣和社会的进步。这种多主体的结合和多要素的互动将最终形成政府、高职院校、企业等各方共同参与、资源共享、素养共同培养的利益格局。通过多元协同培养的方式,各方的利益将实现共赢,这种合作模式将促进高职院校与其他利益主体之间的紧密合作,实现资源共享和优势互补,最终实现各方的共同发展和利益的共同增长。

第二节 优化"四位一体"的高职学生核心素质培养体系

培养主体确定后,如何设计高职学生核心素质培养体系至关重要,这就需要更新基于人工智能时代核心素质培养的人才培养模式,重构基于人工智能时代核心素质培养的课程体系,创新基于人工智能时代核心素质培养的教学方式,改革基于人工智能时代核心素质培养的教学评价。

一、更新基于人工智能时代核心素质培养的人才培养模式

(一)提升人才培养目标

人才培养目标是指依据国家的教育目的和各级各类学校的性质、任务提出的具体培养要求,是教育类型与层次质的规定性反映,也是育人活动的行动指南。培养规格是将培养目标具体化的一种方式,它是一种可操作的目标,明确了培养对象需要具备的各种素养的具体要求。通过确定培养规格,高职院校可以更清晰地了解培养目标的具体内容,并为实施培养计划提供指导和依据。明确培养规格有助于高职院校确保培养过程中的有效性和可衡量性,使培养工作更加有针对性和可操作性。同时高职教育是以就业为导向的,人才培养的目标还需

要对接面向行业企业特定岗位。高职学生是连接工作世界和教育世界的中间变量,既是工作世界的实践者,又是教育世界的学习者。① 为此,培养目标要根据特定时代要求,明确职业发展和个人发展需要的核心素质结构和标准,再在此基础上组织和开展针对性的教育教学活动。两个方面的工作都指向高职人才培养目标和高职学生核心素质培养质量的提升,加强高职学生核心素质的培养。通过明确职业发展和个人发展所需的素质结构和标准,我们可以更好地指导教育教学的设计和实施。同时,有针对性的教育教学活动可以帮助学生有效地获得和发展核心素质。这样的努力旨在提高高职人才培养的质量,确保学生具备适应职业发展和个人发展需求的素质能力。

随着经济产业体系进入人工智能时代,劳动力市场对人才的需求不断推动着人才培养模式和体系的改革与创新。在人工智能时代,知识的更新和再生产速度显著加快,传统的人才培养模式已经无法满足人工智能时代对人才的要求,教学模式和供给方式也难以适应学生的学习需求。为了适应人工智能时代的需求,我们需要进行人才培养模式和体系的改革与创新。这意味着我们需要更新教学方法和教育内容,以更好地培养学生在人工智能时代所需的技能和素养。传统的课堂教学模式可能需要与实践相结合,提供更多的实践机会和项目实训,以培养学生的实践能力和解决问题的能力。此外,我们还需要关注学生个性化学习的需求,提供更灵活、多样化的学习途径和资源,以满足不同学生的学习需求。这样的改革与创新是为了确保人才培养与人工智能时代的要求相适应。通过更新教学模式和供给方式,我们可以更好地培养适应人工智能时代需求的人才,并帮助他们在劳动力市场中取得成功。

高职教育是一种类型教育,高职教育人才培养的核心是培养适应

---

① 花鸥,曾庆琪.成果导向教育理念下职业核心素养培育的实践逻辑及其课程建构[J].职教论坛,2019(6):50-55.

人工智能时代的创新型、复合型高素质技术技能人才。为了适应人工智能时代的新技术、新产品、新产业、新业态、新模式等经济社会新发展和产业转型升级的大环境,高职院校必须优化人才培养模式,构建双向双主体的人才培养模式,使学生与学徒、教师与工程师在学校、企业等多重教学环境中进行双向交互流动。学校和企业作为双主体共同参与人才培养,建立校企深度合作的育人机制。这样的人才培养模式旨在培养学生的核心素质,使他们能够适应人工智能时代的生产和生活需求。同时,该模式也促进了学生、教师、学校、企业等人才培养要素在科教产创新融合的生态系统中的进化演进。换句话说,这种人才培养模式通过学生和教师在学校和企业之间的互动,以及聚焦职业核心素养和技能的培养,致力于为人工智能时代的新经济和产业转型升级提供适应性强的人才。通过学校和企业的深度合作,实现教育和实践的有机结合,培养出具备核心素质和能力的学生,以应对人工智能时代的挑战和机遇。同时,这种模式也促进了教育、产业和创新的融合,为人才培养提供了更加动态和适应性强的生态系统。

(二)转变人才培养观念

在当前的时代背景下,我们需要转变人才培养的观念。前沿技术与传统产业的深度融合改变了传统的生产流程和服务方式,同时也带来了新技术、新产品、新产业、新业态和新模式的不断涌现。这种变化要求我们对专业进行升级和数字化改造。在人工智能时代,我们急需培养具备良好的数字素养、自主学习能力和终身学习能力的创新型、创造型人才。这意味着我们需要重视培养学生的创新思维和创造力,使他们能够适应快速变化的技术和市场需求。此外,数字素养也变得至关重要,学生需要具备处理和分析大数据、运用人工智能和云计算等新技术的能力。这种转变要求我们更新教育理念和教学方法,注重培养学生的自主学习能力和终身学习能力。学生需要具备主动学习的意识和能力,能够主动获取知识、不断学习和适应新的挑战。高职院校需要为学生提供适应性强的教育环境和资源，以支持学生的个性化学习和自主发展。总之，为了适应人工智能时代的需求，我们需要转变人才培养的观念，注重培养创新型、创造型的人才，强调对数字素养、自主学习能力和终身学习能力的培养。因此，高等职业教育的人才培养观念需要从传统单一技能人才培养向核心素质人才培养转变，着重培养具有多场景、多岗位综合技能和创新能力的复合型人才。通过构建"厚基础、重实践、融智能、求创新"的课程体系，系统构建学生素养、专业技能和个性发展课程模块，将职业核心素养、专业核心技能和创新创业教育等融入培养全过程，实现人才培养方向的转变。①

（三）提高人才培养规格

高等职业教育的适应性核心指标是指学校人才培养目标与区域经济产业发展的匹配程度。为了满足产业转型升级和专业数字化改造的需求，高职院校要将新时代的核心素质，如数字素养、创新能力等纳入高职院校的人才培养目标。以学生核心素质和能力为培养目标，打通学生向上流动的通道，提高人才培养的目标要求，这意味要将学生的核心素质与当前的产业需求相匹配，以确保他们能够适应快速变化的社会和职业环境。通过提升人才培养目标的规格，高职院校可以更好地培养出具有创新能力和适应性的人才，为产业发展和社会进步做出贡献。在提高人才培养规格的基础上对专业对应的职业岗位进行深入调研，全面分析学生在未来职业和岗位所需要具备的知识、能力和素质，明确职业岗位核心素质的不同结构和发展程度，形成可操作性的专业培养目标。基于核心素质培养目标，学校要构建针对性的课程体系，其中包括理论课程和实践课程，并进一步明确核心课程、相关课程、融合课程等。结合课程学习和其他教学活动，开展核心素质

---

① 谢宾.智能时代高职教育人才培养的内涵、模式与路径[J].成人教育，2023(3)：61-67.

培养考核评价，动态掌握不同素质的发展程度，做好针对性的干预和调整。高职学生核心素质的培养具有系统性，单纯的课程培养是难以实现的，需要有效纳入高职院校总的育人体系，实践育人、文化育人、网络育人和心理育人等方面都应该被纳入其中。通过实践活动，学生可以在校园和实践中自我建构和创新知识、能力和价值观。文化育人可以帮助学生拓宽视野，增强文化素养。网络育人可以培养学生的信息素养和网络交流能力。心理育人则能够关注学生的心理健康和自我成长。学校可以通过校园活动和实践，激发学生的主动性和创造力，使他们成为核心素质培养的积极参与者。构建如图 5-2 所示的基于人工智能时代核心素质培养的人才培养模式，培养核心素质是一个自我发展的过程，需要不断地进行自我反思和学习，提升自己的能力和素质。通过将核心素质培养纳入整体育人体系，并增强学生自我培养的意识和能力，高职学校可以更好地培养出具有综合素质和创新能力的人才，以适应快速变化的社会需求。

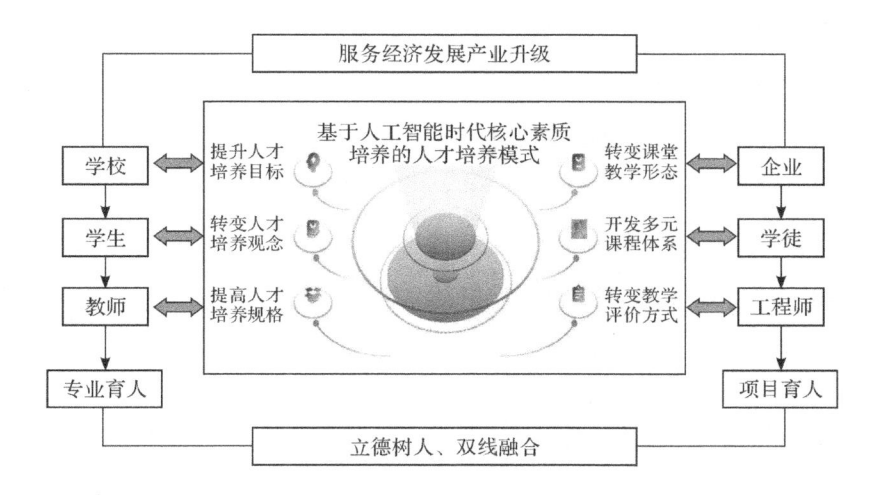

图 5-2　基于人工智能时代核心素质培养的人才培养模式

二、重构基于人工智能时代核心素质培养的课程体系

课程教学是高职院校实施人才培养的基本载体和主要工具。高职学生核心素质的培养需要依托课程教学，要做好各种素质在课程中的针对性转化以及向课程体系的渗透融入，逐步建立起符合高职学生核心素质培养要求的课程体系。不同阶段的课程改革在追求技能人才培养的价值和培养目标等方面有不同的重点，也是对技能内涵和发展变化的有力回应和实践体现。

（一）基于人工智能时代的核心素质课程开发

人工智能逐渐改变现代社会，而职业教育教学的改革起点回归于观照学生价值理性的生成，促进其道德品性的形塑，探寻过程性培养与内涵化发展的深刻意义，实现工具理性和价值理性的平衡。职业教育的价值理性是一种生命理性，其教学模式以培养技术技能人才为目标，指向人的身心全面发展，彰显生命觉醒的积极状态。[1]尽管人工智能无法替代人与人之间的情感联结和生命互动，但职业教育教学改革仍然需要依赖师生之间的交流和真实情景的互动。这种互动中传递出的感知、责任、合作和奉献等精神品质，对学生的成长和发展起到滋养作用。同时，价值理性的引导有助于将职业教育教学的理性因素推到合适的位置，实现教学中情感与理性的协同发展。这种协同发展有助于培养学生良好的职业态度和行为习惯，激发学生对生命的自觉认知和价值认同，并保持对技术知识和专业技能的理性认知。

因此，基于人工智能技术应用背景的核心素质课程开发要根据未来社会的发展需求进行适切性调整，汲取适应人工智能时代特征的前沿教学内容。课程开发需要扩展内容，以满足人工智能时代的要求。这包括教授与人工智能时代相关的原理性知识，帮助学生适应日常生

---

[1] 周驰亮,方绪军.人工智能背景下职业教育教学改革的三重逻辑:起点、挑战与路径[J].中国职业技术教育,2022(20):33-39.

活中的人工智能应用。课程内容可以涵盖人的价值取向、人工智能的发展趋势以及人与人工智能的关系等方面。高职院校需要加快课程内容重新设计的步伐,以帮助学生熟练掌握核心素质要求的知识和基本技能,并培养他们联结、转化和融合的学习能力。课程开发还应深入探讨人工智能时代所需的方法性知识,主要涉及获取、辨别、迁移、存取、连接和构建知识等方法。这样的课程设计可以帮助学生更好地应对人工智能时代的挑战,并掌握与人工智能相关的实践技能和策略。课程内容强调人工智能时代所需的价值观、思想、情感、态度和道德等方面的知识,这样的课程内容旨在培养学生对人类存在和伦理道德的理性认知,帮助他们提升自己的价值觉知,并有效应对人工智能时代的挑战。学生获取教学内容的途径将从书本、课堂和图书馆扩展到人工智能,这意味着网络信息检索、批判性思维、数据分析等核心素质应成为重要的教学内容。在根据岗位需求开发课程的基础上,还要运用人工智能开发实践课程体系,切实增强学生的实操能力,强化薄弱核心素质培养环节。

(二)基于人工智能时代的核心素质课程体系

目前,大多数高职院校采用的课程体系是以能力为导向的。能力本位的课程体系注重专业知识的实际应用和实用性,具有以下基本特征:课程目标旨在培养学生完成工作任务或工作过程;教学内容紧密联系真实岗位的实际工作需求;体系结构按照工作流程的设计和运行进行构建;评价标准关注工作任务的完成情况。人工智能技术的应用,一方面给职业教育教学实施、学习模式、师生互动形式带来了严峻挑战,另一方面为课堂教学效率和质量的提升提供了技术支持,有助于实施因材施教的个性化教学。[1] 在人工智能时代,高职教育的课程体系需要从以能力为中心转向以素质为核心,构建一个适应新时代要

---

[1] 董婷婷.智慧教育时代背景下人工智能如何推动教学变革[J].中国成人教育,2018(10):86-88.

求的核心素质课程体系。根据问卷调查结果，高职学生比较薄弱的核心素质包括法律法规意识、批判精神、跨学科知识等，需要通过公共基础课程深化培养。针对"您认为在校期间哪些活动更有利于提升核心素质"的问题，学生希望学校开设相关的专业实践课程。为此按照"厚基础、重实践、融智能、求创新"的原则，在立德树人、双线融合的理念下系统构建公共基础课程、专业核心课程、实践拓展课程、校企课程、企业课程，并将这些课程体系进行思政融合、线上线下融合、校企融合、课证融合（见图5-3）。整个课程体系旨在紧密结合职业实践和岗位需求，不仅培养学生的专业技能，还重视其职业素养和适应不同岗位的能力。公共基础课程旨在培养学生的综合素养，培养学生的家国情怀、职业品格、道德修养等，加强学生的沟通表达能力、提高其人文知识涵养和数字素质等。专业核心课程与职业岗位群对接，致力于为学生的职业发展提供支持。通过加强专业课程改革，结合校内外实习实训，满足学生个性化成长和学习的需求，培养学生的专业核心能力、任务执行能力、技能应用能力等。通过开设人工智能导论、信息技术等专业通识课程，培养学生的数据分析能力、信息技术能力、机器管理能力等。实践拓展课程主要是校企课程和企业课程，主要是与行业、企业关系密切的专业课程。此外，在专业核心课程中还可以科学设置跨专业课程、专业创新创业课程等，以丰富学生的学习经验，培养他们的创新能力和创业精神。以学生入学开始的新生教育、专业认知、社会实践、团学活动、素质拓展竞赛、就业创业实践等教与学的活动培养学生的实践能力、职业素养、团队合作与沟通能力、创新能力等思政素质、人文素质，为学生的职业发展提供支持；以专业核心课、专业实操课、实践项目课、顶岗实习与毕业设计等教与学的活动培养学生的专业素质、信息素质等，形成学生全方位核心素质培养体系。

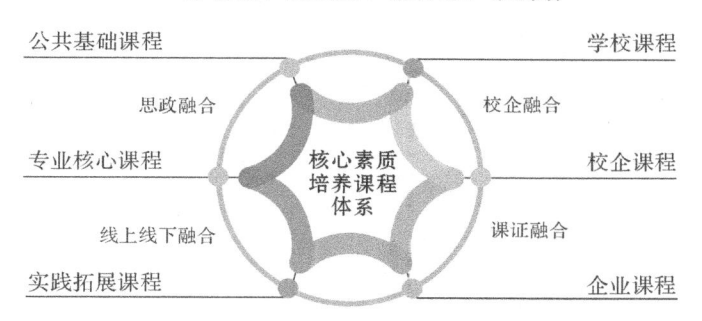

厚基础、重实践、融智能、求创新

图 5-3 基于人工智能时代的核心素质课程体系

为了提升核心课程在课程体系中的地位,首先,可以基于专业群内基础知识与基本技能的相通性,根据行业标准和从业规范,开发多样化的进阶型课程,这些课程具备全方位的教学内容和考核难度,目的是加强学生的可持续发展能力。其次,加强专业核心课程与职业岗位标准以及相关证书标准的对接,确保学生具备与就业市场需求相匹配的技能,提高学生的就业竞争力。最后,还应科学设置专业交叉课程、企业订单课程、专业创新创业课程等专业拓展课程,以丰富学生的学习内容,培养他们的创新能力和创业精神。

三、创新基于人工智能时代核心素质培养的教学方式

随着人工智能时代的到来,学习环境发生了质的改变。学校借助5G和虚拟现实等前沿技术打造以学习活动和真实任务场景为中心的多元智慧学习环境,学生可以进入虚拟学习空间,进行沉浸式的学习体验,模拟各种场景和情境,学生不再局限于教室,可以走出校园,亲身参与实际的工作场景,与企业合作解决实际问题,从而将学习与实践相结合。这种多元智慧学习环境的转变,使学生能够更好地理解和应用所学知识,培养其解决问题和合作的能力,同时也能够通过虚拟学习空间进行模拟实验和创新实践,帮助他们更好地适应人工智能时代的学习需求。基于在线学习、移动学习等学习方式和真实环境、虚

拟环境等学习环境的变化,高职学生核心素质培养的教学方式需要创新,高职院校依托优质在线课程等教学资源、智慧教学平台等学习工具,重构教学流程,开展线上线下混合式教学改革,将学生知识内化的主阵地转移到课堂,提升学生的学习效果。

(一)创新教学方式

传统教学理念中老师讲学生听的教学方式背离了教学活动的实质。人工智能时代新技术支持打造以学习活动和真实任务场景为中心的多元智慧学习环境,进一步拓宽了教学空间,拉近了"教"与"学"之间的距离。为了适应学生核心素质培养的新要求,高职院校需要改变传统的教学模式,重新构建基于学科专业核心素质的教学模式。这种教学模式倡导学生进行自主学习、合作学习和探究式学习,这种模式下,学生将成为学习的主体,教师则扮演引导者和指导者的角色。学生将被鼓励主动参与学习过程,通过自主学习和合作学习,培养其解决问题和合作协作的能力。同时,探究式学习将成为重要的学习方式,学生将被鼓励提出问题、进行独立思考和实践探索,培养其批判、主动探索、使用信息技术和数据分析的能力。对于高职学生来说,核心素质中的思想政治素质、专业素质、信息素质、创新素质很难在相对封闭的教室教学环境中习得,特别需要社会环境的浸润、行业企业职业情境的模拟,甚至真实的操作体验。

(二)创新教学方法与手段

人工智能促进海量信息与知识链条快速传播,使无边界的学习场成为可能,为学生提供了无处不在、无时不有的教学空间。教学方式的改变也意味着教学方法与手段的变革与创新,对培养学生的信息素质提出了新的要求。学生不仅要具有互联网意识、信息技术知识和跨学科知识,还要有信息收集与处理能力、数据分析能力等。学生还要能运用互联网,要提升其线上线下沟通交流能力、尊重包容多元文化能力、创造创新能力、任务执行能力等,能够适应不断变化的职业角色与职责。慕课、在线开放课、云课堂等教学模式的发展给高职教育带来了教学手段的重大变革。这些模式不仅是传统书本教学的延伸,更是向双线混合教学、以学生为中心的教学和多种形式综合学习方式的转变,更加符合当代学生个性化学习的需求。这种灵活性和自主性使学生能够更好地掌握学习进程和自己的学习节奏。同时,这些模式也提供了更多的学习资源和机会,学生可以通过多样化的学习方式,如在线讨论、实践项目、远程合作等,获得更全面的学习体验。教师不再仅仅是传授知识,更多地成为学生学习的引导者和支持者。教师需要了解学生的需求和兴趣,根据学生的特点和能力,提供个性化的指导和支持,激发学生的学习动力和创造力。同时也从另一个侧面培养了学生在线学习、泛在学习和混合学习的能力,让学生更好地学会学习,并能运用信息技术分析和解决问题,进而培养学生其他各方面的核心素质。

(三)创新虚实结合的教学环境

通过增强现实技术,可以将虚拟元素叠加在现实场景中,使学生能够在实际环境中与虚拟对象进行互动,在完全虚拟的学习环境中,学生能够身临其境地进行模拟实验、参观远程地点或进行虚拟实践,这种沉浸式的学习体验可以增强学生的参与度和理解力。通过人工智能技术,学校将教学过程延伸到现实世界,围绕产业发展的实际问题进行知识的传递和技能的教学,构建教学课程和社会生活之间的内在联系,强化课程体验。教师参与人机协同的教学模式建设,真实的教师和虚拟的教师联合实现对学生的全方位辅导,学生可以通过虚拟助教进行实时提问寻求指导,或者通过虚拟导师获取个性化的学习建议和资源。这种个性化学习的方式满足了学生的学习需求,并提供定制化的学习体验,有利于培养跨学科的应用型人才。虚实结合的教学环境可以为学生提供更具吸引力和互动性的学习体验,激发他们的学习兴趣和动力。同时,它也能够拓展学生的学习空间,丰富学生的学习资源，使他们能够跨越时间和地域的限制，与全球范围内的教育资源进行互动和交流。在虚实结合的教学环境下，教学更加尊重学生的主体地位，教学重点转向学习过程设计和学习活动体验，促进学生深度学习，更好地培养学生的创新思维、解决问题的能力和跨学科的综合能力，适应人工智能时代的学习和工作需求。

四、改革基于人工智能时代核心素质培养的教学评价

在高职学生核心素质培养的过程中，涉及的素质要素多种多样，这意味着教学质量监控和教学评价的重要性不可忽视。它可以帮助教师及时准确地了解学生核心素质培养的状况，为教育教学提供明确的方向和指导。通过对学生的学习成果、能力发展和综合素质进行评估，教师可以了解学生在各个方面的优势和不足，从而调整教学策略，有针对性地为其提供支持和指导。通过评价结果，学生可以清楚地了解自己已经具备的核心素质、尚未掌握的核心素质以及需要努力获得的核心素质等，这为学生的继续学习和职业发展提供了明确的目标指引。学生可以根据评价结果，有针对性地进行学习和提升，不断提高自己的核心素质，以适应职业发展的需求。

（一）确立多元评价主体

高职学生核心素质结构涉及知识、能力、情感、态度、价值观等多个维度，其丰富的内涵意味着高职院校作为单一主体的评价是不够客观和全面的。例如，学生的团队合作能力、创新创造能力、任务执行能力等，都不是教师在课堂教学中能够直接教出来的，而是要在具体的真实情境中实践养成的。因此，基于高职学生核心素质培养的高职院校教学质量评价，需要在评价主体上进行创新，以促进学生的全面发展为评价导向，联动教师、学生、教育管理者、企业、社会组织、家长等，让他们参与进行多元评估。同时，教学评价系统赋予不同主体相应权限，实现评价主体的多元化和评价结果的动态化，促进教学评价更加

客观全面。通过多元评价主体的协同努力,学校能够从不同方面对学生进行全方位的评价,这样产生的评价结果也更具客观性和全面性。

(二)构建发展性评价理念

高职学生核心素质的培养要求教学质量评价关注学生素质过程性的、实时的发展状况。高职学生核心素质结构涉及知识、能力、情感、态度、价值观等多个维度,而且很多要素是难以靠单纯的量化数据进行客观准确评价的,因而在评价的方法和手段上必须相应地进行改革创新。高职院校运用人工智能技术进行发展性评价,及时评估学生的个体差异和学习特点,对每一位学生的学业发展、德育发展、心理状况等进行诊断并提出改进建议,及时向学生反馈其在学习活动中的参与程度、学习效果以及创造力,使其主动适应职业工作复杂性与综合性的发展态势。基于大数据的教学评价在时间和空间上具有灵活性,可以及时进行调整,并获得实时的评价数据反馈。根据学生的认知水平、能力维度和个性特征等方面,学校构建以学生核心素质为导向的教育测量与评价体系,以促进学生的技能提升和能力改进。新型的教育评价不仅要关涉人才培养目标、课程体系、指标体系的深度整合,而且要设计便于操作的方法和技术,同时还可能需要形成科学的预警和反馈机制。这种评价模式更接近一种形成性评价,采用定量与定性相结合的方法,通过有针对性的评价手段和工具,在评价过程中准确地测量高职学生核心素质发展的真实状况,及时发现存在的问题,并据此进行诊断和改进,进而在教学内容、手段等方面及时进行调整。

(三)丰富智能化评价手段

高职教育教学的复杂性决定了教学评价过程不能用简单的、线性的处理方式,而应遵循动态、科学的评价方式,持续优化教学评价框架的内容和指标。在智能化信息技术的支持下,大数据、移动互联网、云计算等技术的应用使职业教育教学评价正在经历快速改革和升级,为核心素质评价改革提供了新的路径和方法。这种改革涉及评价标准、评价内容和评价主体等多个方面,旨在实现评价的动态化和多元化,推动智能评价以教师和学生等教育主体的发展为核心关注点。为了促进以学生发展为中心的教学改革,教学评价需要有利于学生的实际受益。智能化评价的目标是更好地了解学生的学习发展情况,从而为其提供个性化的支持和指导。通过智能化评价,可以收集和分析学生的学习数据和表现,为教师和学生提供更准确的反馈和建议。这种个性化的评价可以帮助学生更好地了解自己的学习状况,发现和弥补不足,并为进一步的学习和职业发展制定明确的目标,帮助教师更加全面地了解和掌握学生的真实发展状况。基于大数据的教学评价具有灵活性和实时性,可以根据学生的特点和需求进行个性化评价。在人工智能技术的支持下,学校和教师可以更好地利用教学数据进行分析和改进,以提升教学质量和满足国家职业教育标准的要求。当前,各个高职院校普遍应用的超星学习通平台、喜鹊云平台,自主开发使用的教学质量诊改平台、学生素质教育管理平台等,都为此提供了很好的平台技术支持。

(四)注意群体差异

质量评价不仅要真实呈现出高职学生核心素质发展的整体状况,而且要促进和引导不同学生核心素质的发展,为此还需要注意不同群体学生差异化评价的问题。在职业教育评价中,注意到群体差异是非常重要的。不同学生在背景、兴趣、学习能力和职业目标等方面存在差异,因此评价应该考虑到这些差异,并为不同群体提供个性化的评价方法和指导。

首先,评价标准应该灵活适应不同群体的需求。不同职业领域和专业要求不同,评价标准应该根据具体的职业要求和学习目标进行调整。例如,对于技术类专业,评价可能侧重实践技能和项目成果;而对于管理类专业,评价可能更注重领导能力和团队合作能力。根据不同群体的特点和需求制定差异化的评价标准,可以更准确地评估学生的能力和发展水平。

其次,评价内容应该包括适应不同群体的要素。评价内容应该涵盖不同领域的知识、技能和能力,以满足不同群体的学习需求。例如,对于技术类专业,评价内容可能包括技术实践能力、问题解决能力和创新能力;而对于创意设计类专业,评价内容可能包括创意思维、审美能力和艺术表达能力。高职院校通过提供多样化的评价内容,可以更全面地了解学生的发展情况。

最后,评价过程应该考虑到不同群体的特点和需求。评价过程应该注重个性化和差异化,为不同群体提供相应的评价方式和支持。这可以包括不同的评估工具和方法,如项目作业、实践考核、口头演示等,以适应不同群体的学习方式和表达能力。同时,评价过程应该注重及时反馈和指导,帮助不同群体的学生发现自身的优势和不足,并为其提供个性化的学习建议和职业发展指导。评价需要注意到群体差异,以确保评价的公正性和有效性。通过灵活的评价标准、适应性的评价内容和个性化的评价过程,可以更好地满足不同群体学生的学习需求,促进其全面发展和职业成功。由于学科专业、认知基础、知识结构等方面的差异,不同群体学生的核心素质发展各不相同,在质量评价上要注意处理好普遍性与特殊性的关系,借助差异化评价的方法来研判问题和不足,形成适应不同高职学生核心素质培养要求的评价方式,更加有利于高职学生核心素质的均衡全面发展。

第三节 革新"五维聚力"的高职学生核心素质培养机制

为确保高职学生核心素质培养体系的有效运转,管理机制的革新是必不可少的,其中包括"扁平化"的组织管理机制、"多元化"的课程管理机制、"双师型"的教师管理机制、"全人型"的学生管理机制和"融合型"的校企合作机制。

一、构建"扁平化"的组织管理机制

我国的高职院校在很大程度上采用了类似政府组织结构的职能型组织模式。这种模式常常存在一些缺陷,如管理活动分散、部门分工不明确、机构重叠、部门间沟通困难等。同时,机构庞大、权力失衡、结构僵化也导致高职院校的办公效率低下,难以适应市场需求。在人工智能时代,这些内在的组织结构问题影响了高职院校的组织文化、效率和人员管理,使其难以满足学生核心素质培养的需求。因此,高职院校需要进行组织结构的变革和优化,以适应更高层次的要求。特别是在两级管理实际执行的过程中,学校和行政职能部门掌握较多的行政权力,院(系)的主体性不够,削弱了学生核心素质培养的效果。因此,高职院校需要灵活应对外部环境的变化和内部情况的变化,及时调整和完善自身的组织结构和职能,以提高组织的生存和发展能力。

组织结构就是表现组织各部分排列顺序、空间位置、联系方式、聚集状态的一种模式或构成形式,体现了组织顶层的集权性与底层的分权性状态。[1] 组织结构是组织机制赖以生存的基础和组织战略实施的保证。组织结构一旦形成,受传统的力量、交织的利益以及支持组织的外部意识形态的影响,会出现结构固化的情况。结构的固化又形成了具有组织惰性与路径依赖弊端的结构惯性。路径依赖会对组织惯例的演化产生一种束缚性的影响并限制组织的及时变革,继而影响组织绩效。[2] 人工智能时代高职院校组织管理首先要加强顶层设计,搭好学校内外部治理机构框架,既要贯彻落实国家法律法规和中央文件精神,又要体现高职教育基本规律。学校要依法依规、科学化进行组织机构的顶层设计,建构整体性治理结构,对内部机构的设置做科学

---

[1] 迟景明,张弛.大学组织特性及其对学术组织创新的价值导向[J].现代教育管理,2012(6):1-5.
[2] 郭薇.基于组织理论的事业单位机构改革研究[J].行政论坛,2016(1):52-57.

论证,推动外部参与主体协同治理,增强学校的内涵式发展能力。学校在加强顶层设计、搭建机构框架的过程中,要做到权责配置平衡化,以权责平衡为基点,构建政府、院校、社会间的权责依赖和互动型伙伴关系。[①] 高职组织要实现管理结构创新:柔性化、分权化、扁平化。柔性化的结构表现为人员组成、管理、工作时间的柔性;分权化的管理方式是指由紧密性的行政隶属关系转变为松散性的联合关系,有利于提高管理效率;扁平化的管理方式是指由"直线职能型"转变为综合型,形成大管理幅度、少管理层次、高管理效能的扁平式组织结构。[②] 柔性化的组织结构可以改善师生之间的沟通效率,提高处理问题的及时性和响应性。分权化的组织结构可以增强管理者的责任心,促进管理效果的提升。扁平化的管理结构可以为师生提供更合理、更快捷、更直接的服务,从而减少师生矛盾的出现。这些组织结构的调整可以有效改善师生关系,并提升师生管理的效能。长期以来,高职院校一直采用层级和线性的传统组织结构形式,这种结构无法满足部门间的跨界合作和灵活性要求。因此,高职院校需要进行组织结构的变革,以满足多元共治的需求。这可以通过采用扁平化和网状式的管理模式来实现,建立协同机制,以提升学校的综合治理能力。同时,高职院校需要转变观念,突破传统的垂直管理模式,按照精简高效和集中资源利用的原则,整合常规管理事务,用扁平化的组织模式来设置内部组织机构。这样的变革将有助于提高高职院校的工作效率,增强部门间的协作能力,并更好地适应不断变化的市场需求以及更好地开展学生核心素质的培养工作。

同时在权责配置方式上,高职院校要突出二级院系的办学自主权,使专业院系真正成为办学和人才培养主体,逐步形成学校层面宏观指导、行政职能部门分工协调、专业院系主体培养的组织运行体制。

---

① 邢晖,邬琦妹,王维峰.高职院校内部治理结构现状及优化研究[J].国家教育行政学院学报,2019(2):31-39.
② 张芊.论我国高校教学管理组织模式的特征与发展[J].江苏高教,2007(6):93-95.

这样的调整将使二级院系拥有更大的决策权和自主权,能够更好地规划和实施教学计划、培养方案和教学方法。同时,学校层面将提供宏观指导和支持,行政职能部门将分工协调,为专业院系的发展提供必要的支持和资源。这样的组织架构能促进高职学生的全面发展,实现同频共振的效果,使学生能够更好地适应社会需求和行业发展。另外,在高职院校的组织管理设置中,专业教研室是最基层的单位,在高职院校中扮演着重要的角色,它们直接参与和推动专业人才培养的全过程,制定科学合理的专业培养方案,确保学生在学习过程中获得全面的知识和技能。专业教研室还负责组织和协调专业核心课程的教学工作,确保教学质量和教学效果;负责组织理论与实践教学活动,使学生能够将所学知识应用到实际操作中,提高他们的实际应用能力。尽管专业教研室没有行政管理权力,但它们在教学管理中的作用不可忽视,对于高职学生的综合素质培养具有重要意义。赋予专业教研室更多的管理权限可以增强其主动性和创造性,使其能够更灵活地制定和调整专业培养方向,更好地满足市场需求和行业发展的要求。同时,赋予专业教研室管理权限还可以促进教师的专业发展和创新能力的提升。教师在具备管理权限的前提下,能够更好地参与教学管理决策,积极探索教学方法和教学资源的优化利用,提高教学质量和学生的学习体验,以激发其活力和更好地发挥作用,实现赋权增能的效果,从而更好地推动高职学生核心素质的培养。

二、更新"多元化"的课程管理机制

高职学生核心素质的培养基于课程,在人工智能技术赋能教育的背景下,高职院校人才培养目标发生了变化,引发了高职课程结构的嬗变。课程群不仅培养专业知识技能,还培养信息素质,更加注重个性化课程,课堂转向线上线下、校内校外相结合的混合式教学模式,学生的学习方式更加注重体验式、沉浸式。这就需要高职院校更新多元化课程体系。学校通过强化课程体系适应性的目标导向、推进课程体系模块化的改革实施、完善课程体系建设运行的保障条件,努力完善增强课程体系的目标机制、实施机制和保障机制。

(一)强化课程体系适应性的目标导向

"课程+"改革是人工智能新时代课程管理的重要目标。在高职学生核心素质培养过程中积极探索"课程+思政"改革,学校要对基础课程、专业课程和实践课程等各类课程进行思政化改造,深入挖掘其蕴含的思想政治教育资源,赋予相应的思想政治教育内容,促进知识传授、价值塑造和能力培养的多元统一。[①] 课程思政是课程承载思政,思政孕育课程,它指向的是一种新的思想政治工作理论。在教学中,主要体现为在专业课程中要融入思政因素,在专业教育中要根植社会主义核心价值观,强调在知识传播中的价值引领,注重课堂教学、实践教学和网络教学三维课程教学的统一。高职专任教师要主动担负起课程育人的责任,提高政治站位,充分挖掘思政元素,实现专业教育与思政教育同向同行。同时人工智能时代要积极探索"课程+网络"改革。在互联网时代,网络不仅带来线上线下融合的课程实施体系和生活化的课程实施场景变革,还带来课程构建方式的变革。这种新的课程构建方式强调教师和学生之间的合作和互动,共同参与课程的设计和开发过程。教师不再是单一的知识传授者,而是引导者和促进者,与学生一起探索和创造知识。学生也不再是被动接受知识的对象,而是积极参与课程构建和知识共享的主体。在互联网时代,教育领域受益于网络的变革,这种变革不仅改变了课程实施方式和课堂场景,还对课程构建方式产生了深远影响。在网络技术的支持下,教师和学生可以以开放和合作的方式参与课程构建。他们可以利用丰富的资源和工具进行交流和协作,共同改进和丰富课程内容。这种新的构建方

---

① 胡永.复杂适应系统视域下高职院校课程体系研究[J].黑龙江高教研究,2023(6):139-144.

式赋予了教育更大的灵活性和创新性,促进了教与学的互动和共同发展。随着新技术的不断发展,在"互联网＋"和"人工智能＋"的推动下,各个行业都经历了转型升级,开启了职业领域的剧变新时代。职业领域不断涌现出新的需求和岗位,这些岗位的工作任务需要依赖互联网、人工智能等技术才能完成。因此,在设计课程体系时,需要增加与这些新技术相关的课程,包括必修课和选修课。这些课程旨在培养学生与新技术相适应的能力和技能,使他们能够应对职业领域的新挑战。这些课程涵盖互联网和人工智能的基础知识、应用技能以及相关的伦理和法律等方面的内容。人们逐渐习惯于在虚拟和现实世界之间自由穿梭,我们的行为方式也随之发生了改变,这也引发了思维方式和学习方式的转变。现如今,很多学生更倾向于使用移动设备进行学习,这对课程的形式提出了新的要求。为了满足学生的需求,需要优化课程的设计和提供更多优质的在线和混合式课程。这种课程结构可以在虚拟和现实学习环境之间取得平衡,充分利用移动设备和互联网技术的优势。由于新技术的发展,行业企业教师可通过线上开展理论类课程教学和实践类课程的教学,学校教师也可以远程指导一线实践的学生。由于虚拟仿真等技术的发展,一些操作危险性较大、原材料成本高的实习实训项目可以以虚拟世界的实践教学替代。这些技术为实习实训课程比例的优化和方式的拓展提供了支持。①

(二)推进课程体系模块化的改革实施

在高职院校课程体系内部结构框架确定后,其实施的关键是要进行模块化教学改革。构建模块化课程是为了促进学生的全面发展和个性化成长,课程模块的设计需要同时考虑知识技能培养和职业道德塑造。高职院校在设置基础课程模块时要体现核心素质的全面性,在设置专业课程模块时要凸显工作过程的系统化,在设置拓展类课程模

---

① 贺佐成.高职课程供给与需求的困境、逻辑关系与优化路径[J].职业技术教育,2023(11):23-28.

块时要考虑学生的个性化成长。学校要以专业群为单位,构建模块化的课程结构体系,包括公共基础课程、专业群平台课程、专业能力课程、个性化学习课程等四个模块,以满足科技人文素质、基础从业能力、专门职业能力、可持续发展和个性化发展的培养需求。同时学校要开发配套模块教材,以素质为核心、以能力为本位,模块内部打破理论课与实习课的界限,模块之间不囿于严密的逻辑联系,重在知识和技能的融合应用。教材在内容设计上,除了满足学生的当前学习需求,还需要考虑可能存在的知识结构不完整和不系统的问题。因此,教材需要为学生自主学习和持续学习留好接口,以确保他们能够在未来的某个时间点,通过这些接口获取到补充和扩展的知识,从而保持知识结构的完整性和系统性。在实施模块化教学时,课程模块需要成为在主题和时间上趋于完善、自成一体、带学分、可检测、具有限定内容的教学单位。同时,课程模块需要将理论教学与实践教学、素质教育与专业教育、必修课程与选修课程等有机融合,以实现某一特定的人才培养目标。这样,学生在学习过程中可以更加系统和全面地掌握知识和技能,为未来的职业发展打下坚实的基础。

(三)完善课程体系建设运行的保障条件

完善学分制管理,完善选课制。除了必修课程,还要扩大限选课程和任选课程的数量和种类,为学生提供更多的选项。这样可以满足学生的不同兴趣和需求,使他们能够更好地发展自己的专业技能和个人兴趣。实施弹性学制满足学生在学习内容、形式和时空上的不同需求。例如,高职院校可以提供线上课程、远程学习、实习实训等灵活的学习方式,让学生能够根据自己的实际情况进行选择和安排学习计划。学校建立学分银行,用于认定、积累和转换学生的学习成果。学生可以将所获得的学历证书、职业技能等级证书以及职业技能大赛获奖证书等各类学习成果存储在学分银行中,以便将来在升学、就业或继续教育等方面进行认可和转换。这样,学生在学习过程中可以更加自主地选择学习内容和形式，也可以更好地积累和转换自己的学习成果。同时学校根据模块化课程组建模块化教学团队。例如，组建公共基础课程模块必修课教学团队、专业群平台课程模块必修课教学团队、专业能力课程模块限选课教学团队、个性化学习课程模块任选课教学团队，从学生核心素质人才培养和课程教学需求出发，跨院系跨专业组合。学校将课程与思政教育相结合，提升教育的整体效果。通过开设思政课程和将思政元素融入专业课程，培养学生的道德品质、社会责任感和创新精神。学校不断加强校园信息化建设，提供与课程和网络改革相适应的信息化服务，通过建设在线学习平台、数字图书馆、远程教育系统等，为学生提供便捷的学习资源和在线学习环境。学校不断完善实践教学硬件配套，建设一体化教室和实训基地，为学生提供真实的实习环境和实践机会。学校还可以通过与企业合作、建设模拟实训场所等方式，提高学生的实际操作能力和职业素养。学校需要推进系统的配套改革，推动教学日常运行、学生生涯指导和后勤生活服务等方面的配套改革，为学生提供更具弹性和个性化的服务。

三、完善"双师型"的教师管理机制

高职院校建构一支具有专业教学能力、科学研究能力、实践创新能力、信息技术应用能力、社会服务能力、国际合作能力"六位一体"的"双师型"教师团队，不仅能让教师具备人工智能时代教育教学需要的职业素养，满足专业教学的需要，而且能在教学活动中有效承担起培养学生核心素质的任务。近年来，国家出台了《职业教育"双师型"教师基本标准（试行）》《关于深化现代职业教育体系建设改革的意见》等文件，高度重视"双师型"教师的分层分类认定和定制化、个性化培养。新一轮科技革命和产业变革深入发展，数字化、网络化、智能化赋能职

业教育高质量发展,对"双师型"教师提出更高要求。① 因此,加强"双师型"教师队伍建设是加快推进现代职业教育体系建设的关键环节,也是学生核心素质培养的重要力量。

(一)培养具备高尚师德的"双师型"教师

高职教师承担着重要的责任,不仅负责传授知识和技能,还肩负着传播思想、引领价值观、引导学生成长的使命,通过教书育人对学生的心灵、生命和未来进行塑造。"双师型"教师的工作不仅是将知识和技能传递给学生,更重要的是激发学生的思维能力和创造力,引导他们积极探索和独立思考。教师应当成为学生的引路人,帮助他们发现自己的潜能、树立正确的人生观和价值观,培养他们的创新精神和批判思维能力,是培养德智体美劳全面发展的高素质技术技能人才的关键力量。教师应该具备多方面的素质和能力,包括良好的思想政治素质、职业道德素质、人文素质和技术技能素质,将教书和育人相统一,促进劳模精神和工匠精神的传承,将劳模精神、劳动精神和工匠精神融入人才培养的全过程,增强育人的主动性、针对性、实效性。高职院校要突出师德师风培养的优先级,并在此基础上不断提高教师的理论基础和实践能力以及研发服务能力,打造一支专兼结合的"双师型"教师队伍。这样,职业教育人才培养与产业发展的契合度将得到提升,从而更好地满足社会和产业的需求。

(二)完善教师进企业培养实践技能机制

高职院校要积极鼓励教师到企业挂职锻炼。这样教师可以掌握企业的最新技术、管理理念和发展趋势,研究产业与专业的逻辑关系,把职业标准转化为教学标准,把岗位能力转为教学内容,从而更好地满足社会和产业的需求。同时,教师能够及时将新技术、新工艺、新规范融入教学,以确保教学内容的及时更新和有效性。教师通过了解行

---

① 侯荣增,李振红.数字化背景下高职院校"双师型"教师认定标准和路径研究[J].教育与职业,2023(17):68-72.

业的最新动态和发展趋势,结合学生的特点和背景选择合适的教学策略,将这些前沿信息融入教学,让学生在学习的过程中接触最新的知识和技能,这有助于培养学生的实践能力和创新精神,使他们更好地适应未来的职业需求。教师在掌握数字化背景下行业企业对专业人才需求的新变化的基础上,理清企业岗位对技术技能人才知识、能力、素质的需求,以确保培养出的学生能够满足社会和产业的需求。此外,教师还需要充分利用数字化技术和优质数字资源,与学生共同制定成长规划,促进学生高质量就业。这样,学生不仅可以获得优质的教育资源,还可以得到更好的就业机会,从而更好地实现自身的发展。

(三)培养人工智能时代"双师型"教师的数字素养

2022年,教育部发布《教师数字素养》教育行业标准,从五个一级维度即数字化意识、数字技术知识与技能、数字化应用、数字社会责任以及专业发展描述了未来教师应具备的数字素养,旨在深入贯彻落实党的二十大精神,扎实推进国家教育数字化战略行动,完善教育信息化标准体系,提升教师利用数字技术优化、创新和变革教育教学活动的意识、能力和责任。[①] 人工智能时代对"双师型"教师的教学能力和水平提出新的要求。教师的角色不断重构,他们需要具备多方面的能力。教师不仅是知识的传授者,更是不断学习的学习者。人工智能时代"双师型"教师的定位包括六个方面:一是主动应用智能新技术;二是专业与企业双向学习;三是线上与线下交流指导;四是注重教学设计过程;五是多样化创作与分享;六是教与学的多维探究(见图5-4)。教师扮演领导者的角色,具备领导能力,塑造技术赋能学习的愿景,倡导公平,并以身作则成为学生的榜样。教师也是数字公民,不断创造社会化学习体验,培养自己和学生的数字素养。在教学过程中,教师

---

① 教育部关于发布《教师数字素养》教育行业标准的通知[EB/OL].(2022-11-30)[2023-10-20]. https://www. gov. cn/zhengce/zhengceku/2023-02/21/content _ 5742422. htm? eqid = f9487a860000ebb9000000026459bb5f.

应该与学生、社会、机构和家长合作,利用技术整合学习资源,成为彼此的合作伙伴。教师要根据学生的差异和个性化学习需求,设计智慧化的学习环境,促进学生的个性化发展。教师还应该充当促进者的角色,帮助学生选择适合的技术工具,并与学生共同解决真实的问题。教师也需要具备分析师的能力,反思学习评估反馈,与学生进行有效的沟通并对其进行指导。教师角色要不断重构以应对不断变化的教育环境和学生需求。通过"理念先行、技术赋能、示范引领、团队成长、赛培激励"机制,大力提升教师在人工智能时代的教学能力和育人水平,重塑新型师生关系,促进师生共建活力课堂。[①]

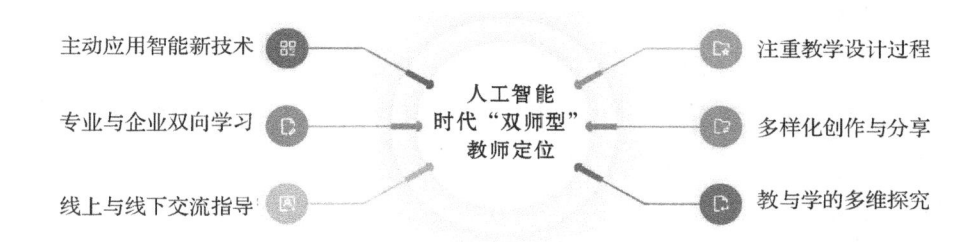

图 5-4 人工智能时代"双师型"教师定位

四、健全"全人型"学生管理机制

除了课程体系,在核心素质培养中,学生管理机制也发挥着重要作用。高职教育的目标远不止于单纯传授专业技能,更在于悉心培育学生的综合素质,从而确保他们在未来的职业舞台上能够展现出全面的竞争力。为了实现这一教育目标,高职院校亟须建立健全一套"全人型"学生管理机制,以全面提升学生的能力素质,为他们的未来发展奠定坚实的基础。全人教育理念的目的在于唤起学生对生命的热情和珍惜,从而激发学生的学习热情。全人教育理念的核心是"有意义

---

① 谢宾.智能时代高职教育人才培养的内涵、模式与路径[J].成人教育,2023(3):61-67.

地生活",对学习的要求是"终身学习"。① 传统高职学生管理机制大多基于行为导向原则,采取刚性管理方式,不符合高职学生核心素质培养的要求。"全人型"学生管理机制可以从组织架构、管理制度、教育体系和信息化管理等方面完善。

首先,高职院校必须进一步优化学生管理组织架构,成立学生发展中心。学生发展中心致力于全面统筹学生的成长与管理事务,包含日常管理、团学活动、学业辅导、心理辅导以及职业规划等方面,确保学生在各个方面都能得到全方位的关注与支持。为了确保学生能够获得专业且高效的指导,高职院校还需配备一支具备专业素养的学生管理团队。这些专业人员将定期对学生进行学业、心理和职业发展等方面的全面评估,并根据评估结果及时调整教育策略,助力学生不断取得进步与提升。此外,鉴于心理健康教育在大学生全面发展中日益凸显的地位,高职院校应当配备充足的专业心理咨询师,为学生提供优质的心理健康服务与辅导。通过专业的指导和帮助,学生可以更好地应对学习和生活中的压力与挑战,从而促进心理素质的健康发展。

其次,高职院校应当建立起一套健全且科学的学生管理制度。这样的制度不仅是实现有效管理的基础,还是确保教育环境和谐稳定的关键。高职院校需要系统地制定并不断完善学生管理的各项规章制度,包括行为规范、奖惩机制和考勤要求等。这些制度应当详尽具体且具备较强的可操作性,使学生能够清晰地了解在校期间应遵守的规则和制度,从而确保校园生活的有序进行。此外,高职院校还应建立健全监督和反馈机制,定期收集学生和教师的意见和建议。通过收集各方意见,学校能够及时了解学生的需求和想法,对管理措施进行适时的调整和优化,从而确保制度能够始终与时俱进,发挥最大效用。高职院校还应积极设立学生代表参与学校管理决策的机制,鼓励学生主动发声、表达观点。通过定期召开学生代表大会,学校可以广泛听

---

① 罗利琴.全人教育理念视域下高职学生教育管理工作创新[J].教育与职业,2019(4):58-61.

取学生的意见和建议,将学生的需求和想法融入学校的日常管理和重要决策。这不仅有助于增强学生的责任感和归属感,更能促进学校与学生之间的良好互动,共同构建和谐美好的校园环境。

再次,高职院校还需完善第二课堂和第三课堂教育体系。第二课堂和第三课堂主要包括学生的团学活动和社会实践两大领域。这些课堂的设置应当呈现出多元化的特点,不仅涵盖专业知识,还要包括人文素养、心理健康以及职业道德等。此举不仅能有效提升学生的专业能力,更能全面培养他们的综合素质。具体来说,学校可以通过开设一系列创新创业课程,鼓励学生勇于探索、敢于创新;组织丰富多彩的文化艺术活动,让学生在艺术的熏陶中提升审美与人文素养;开展各类体育运动,培养学生强健的体魄和团队协作精神。此外,学校还可以定期举办人文素质类讲座和工作坊,让学生在深度学习和实践中不断提升自我,激发创新思维。高职院校应积极鼓励学生参与社会实践和志愿服务活动,以此培养他们的社会责任感和实践能力。

最后,高职院校需要完善信息化管理系统。随着人工智能技术的飞速发展,学生管理手段得以焕然一新。高职院校应致力于构建一套先进的信息管理系统,实现学生信息的全面数字化管理,从而极大地提升管理与服务工作的便捷性与高效性。

通过这套信息管理系统,学校能够记录与查询学生的学习成绩、考勤记录以及心理健康状况等重要信息,从而精确掌握学生个体的动态发展轨迹。这不仅有助于提高管理效率,还能确保学生信息的准确性与安全性。此外,高职院校还应积极搭建在线服务平台,为学生提供在线咨询、专业辅导以及丰富的资源共享服务。如此一来,学生便能随时随地获取所需的支持与帮助,轻松解决学业与生活上的疑难问题。总之,通过完善信息化管理系统,高职院校能够更好地满足学生的个性化需求,促进教育管理与服务水平的全面提升。

构建一个全面、科学、有效的"全人型"学生管理机制,高职院校要以尊重学生的主体价值为基础,以促进学生能力和素质的全面发展为落脚点,增强学生在人格发展与个体需求方面的自主性。以服务学生为根本原则、以学生心理发展特征为重要参考,立足于校园文化建设和发展,摒弃传统的专一性、压制性的管理特征,形成高效、全面和综合化的管理制度。①

五、革新"融合型"的校企合作机制

(一)建立校企权责约束机制

为了确保校企合作的持续性和有效性,校企双方需要建立明确的权责约束机制。制度约束是指通过建立明确的规章制度、责任制度和评估机制,对校企合作进行规范和监督。这些制度可以明确各方的权责关系、合作目标和任务分工,确保各方按照约定的要求履行责任。同时,制度约束还可以建立起有效的监督和反馈机制,及时发现和解决合作中的问题,确保合作的顺利进行。制度约束需要考虑各方的权益平衡和长远发展需求,合作协议应具有明确的条款和约定,涵盖合作的范围、期限、责任分工、利益分配等方面。同时,制度约束还应包括对合作过程中的风险管理、知识产权、商业机密等敏感问题的规定,确保各方的合法权益得到保护。校企双方建立明确的权责约束机制有助于校企合作的长期稳定发展。通过制度约束,校企双方可以提高合作的透明度和效率,减少合作中的不确定性和纠纷,增强各方的合作信任和共同发展的动力。这样的约束机制可以确保各方在校企合作中遵循约定的规则和原则,保持合作的稳定性和可持续性。例如,校企双方可以建立合作协议和合作章程,明确各方的权益和责任;制定合作管理办法和流程,规范合作的具体操作;建立监督机制和评估机制,对合作项目进行监督和评估;设立纠纷解决机制,处理合作过程中的纠纷和争议。校企双方通过这些制度约束,可以确保校企合作的

---

① 马俊华.当前高职院校学生管理问题及改进路径分析[J].教育理论与实践,2019(30):52-54.

公平性、透明性和可持续性,使各方能够在合作中形成良好的合作氛围和合作关系。同时,这也能够促进各利益主体之间的沟通和协调,推动校企合作向着更深入、更稳定的方向发展。为了提高校企合作的质量和水平,校企双方可以采取以下措施:将核心素质培养过程中的产学合作、项目开发、教学管理、顶岗实习等活动纳入制度框架,明确合作各方的主体责任。在这个制度框架下,校企双方确立明确的合作流程和责任分工,使合作过程有章可循、共同管理、共同承担责任。通过将相关活动纳入制度框架、明确责任分工,以及实施目标管理和动态监控,可以有效约束和督促校企合作各方履行责任,确保合作的规范运行和稳定发展。这样的约束机制有助于提高校企合作的质量和水平,推动双方在合作中取得更好的成果。除了制度的刚性约束,校企双方通过定期的交流互动活动,还可以在契约层面进行制度改进,同时在文化层面进行对话共商,从而使深层次的校企合作更加稳固和可持续。这种综合性的约束机制有助于促进校企合作的发展,给合作双方带来更多的合作机会和共同发展的空间。[1]

(二)构建"双向融合型"育人机制

校企合作是有效培养高职学生核心素质的关键因素。为更好地满足人工智能时代新技术、新产业、新业态、新模式等经济新形态对技术技能人才的需求,学校必须加强与产业之间的合作。这种合作应该是双向的,高校和企业作为主体参与其中。高职院校需要构建"双向融合型"校企合作育人机制(见图5-5)。学校与企业对接,教学对应生产,教学环境模拟企业车间,课程对应岗位要求,专业对应产业,学校与企业共育人才、共建课程、共建基地、共享资源。具体而言,高职院校需要加强产业对高等职业教育人才培养的需求预测和引导,确保培养出的人才符合产业发展的要求。同时,学校和企业应该深化合作,

---

[1] 桑雷.高职学生职业核心素养及其培养研究[D].南京:南京师范大学,2020:116-117.

共同开展项目和研究,确保教学内容与实际需求的匹配。此外,校企双方建立校企合作的实习基地和实训平台,为学生提供更实际的学习环境和实践机会,培养他们的实际操作能力和解决问题的能力。通过紧密对接产业需求,深化校企合作,高职院校可以解决人才培养与产业需求脱节的问题,为产业转型升级提供其所需的高素质人才。校企"双向融合型"育人机制是一种教育模式,其中学校扮演着主要的育人主体角色,并以立德树人为根本任务,坚持"五育并举"的教育理念,旨在培养具备创新能力和综合素质的高素质技术技能人才。同时,企业作为协同育人的重要主体,积极参与学校的人才培养和实践教学,旨在培养满足企业生产实践需求的技能人才,为学生的技能学习和实践提供真实的企业项目和案例。这样的育人机制以学校为主导,注重德育与人格培养,同时注重学生的全面发展和专业技能培养。学校通过与企业的深度合作,将实际的企业需求融入教学,为学生提供真实的实践机会和项目案例。企业参与其中,不仅能够培养满足其生产实践需要的人才,还能够与学校共同推动教育与产业的良性互动,促进技术创新和经济发展。这有助于缩小学校与企业之间的鸿沟,提高教育与产业之间的对接度,使学生的学习与实践更贴近实际需求,培养出更具竞争力的人才。在学校和企业的共同努力下,这种育人机制能够增强人才的创新能力、提高其综合素质,为社会的发展和进步做出贡献。

通过实施"学习项目—企业项目"的双任务实践,学生和教师可以在学校和企业之间进行双向的交互流动。学生在学校学习基础知识和专业技能的同时,以职业学徒的身份参与企业实际生产和服务一线,实现了以学生和学徒的双重身份学习。同时,学校引入企业的真实项目、案例和研发任务等,教师以技术服务和生产升级等方式参与企业的生产工作,为企业带来先进的技术和理念。为了实现这一目标,学校可以聘请企业的技术员和工程师作为学生的职业导师,实现双向的互聘和双导师的育人模式。这样的做法可以促进"科—教—

产"的融合发展,将学校、教师和企业紧密联系起来,形成良好的合作关系。通过这种双任务实践,学生可以在学习过程中直接接触和参与真实的企业项目,增强他们的实践能力和解决问题的能力。同时,教师也能够深入了解企业的需求和实际情况,将这些信息融入教学,使教学内容更加贴近实际,培养出符合企业需求的人才。这种双向交互流动的模式有助于学校和企业之间的合作与共赢。学校可以更好地满足企业的人才需求,企业则可以获得具备实践经验和专业知识的人才。同时,学生也能够通过参与真实项目和与企业专业人士互动,获得实践经验并提高职业素养,为未来的职业发展打下坚实的基础。

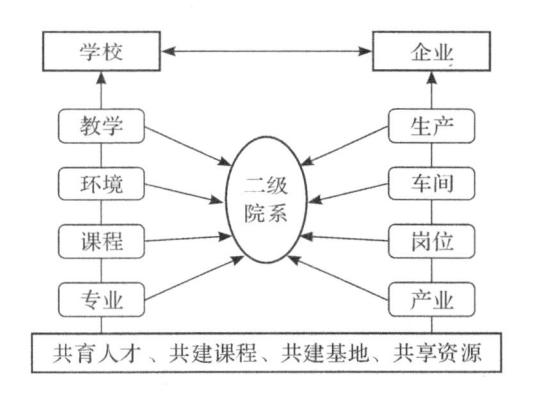

图 5-5 "双向融合型"校企合作育人机制

在"双向融合型"校企合作育人机制中,学校、企业、教师和学生之间形成了紧密的合作关系,共同促进各自的发展。学生通过实践活动获得了实际的职业经验,更好地了解自己的职业发展方向,并提升了职业技能和素养。教师通过参与企业活动,了解最新的产业需求,不断提升自己的专业能力,并能够将这些最新的信息融入教学,为学生提供更贴近实际的教育内容。学校通过与企业的合作,提高了人才培养的质量和水平,帮助学生实现高质量的就业,同时也增强了职业教育的适应性。企业通过教师的参与,解决了技术难题,提升了企业的竞争力,并获得了满足企业发展需求的人才,实现了多方共赢的局面。

（三）建立校企资源共享机制

资源共享机制的建立可以促进校企合作的深入发展。学校可以借助企业的实践基地和优质师资团队，为学生提供更贴近实际的教学环境和教学资源。企业可以与学校分享自身的专业知识、先进技术和市场经验，为学生提供更丰富的学习机会和实践机会。这种资源共享的互利互惠关系可以提升教育质量，培养出更符合市场需求的高素质人才。资源共享机制还可以推动校企合作的创新发展。通过分享企业的无形资源，如企业文化和营销策略，学校可以更好地培养学生的创新思维和创业能力。学生可以了解企业的运作模式和市场需求，从而更好地适应未来的职业发展。同时，学校的专业知识和研究成果也可以为企业提供新的思路和解决方案，促进企业的创新和发展。通过共享资源，双方可以充分利用对方的优势和特长，实现资源的最大化利用，从而提升教学质量和培养效果。资源共享机制还可以促进双方的互补发展。学校可以借助企业的实践经验和行业洞察力，为学生提供更贴近实际的教学内容和实践机会。而企业可以通过与学校合作，培养符合自身需求的人才，推动企业的创新和发展。资源共享机制还可以加强校企之间的合作关系和信任度。通过共享资源，双方可以建立起更紧密的合作关系，加深相互了解和信任，为未来更深层次的合作打下基础。通过资源共享，校企合作可以实现互利共赢，为学生核心素质培养提供必要的条件和支持。

高职院校和企业可以通过资源共享实现多方面的共赢效果。首先，高职院校可以共享企业的硬件和软件资源，从而减轻办学的成本压力。企业可以优先选择适合自身需求的毕业生，满足用工需求，增加企业的用人储备。其次，学校和企业可以联合开展技术攻关和人员培训。学校可以聘请企业技术人员参与课程开发、教材编写和兼职授课，企业可以聘请学校教师进行技术培训。通过这种合作，学生可以提前了解和熟悉岗位工作和流程，增强他们的职业素养和就业竞争力。最后,学校和企业可以共建研发中心、技术中心等,实现场所、设备、设施等方面的资源共享。这种合作可以将课堂教学与企业实践紧密结合,将理论教学与实践操作相结合。通过将课堂搬进企业车间,学生可以在真实的工作环境中进行学习和实践,有效培养他们的职业核心素养。学校减轻了办学成本压力,满足了企业的用工需求;企业获得了优秀的毕业生和技术培训支持;学生在实践中获得了更好的职业准备和发展机会。通过资源共享,高职教育可以更好地与实际产业需求相结合,为学生的就业和职业发展提供更好的支持和机遇。

(四)建立有效合作评估反馈机制

高职教育的人才培养定位是服务区域的经济社会发展,因此校企合作必须与这一定位相一致。这意味着深层次的校企合作不仅需要与行业企业相适应,还需要与地方经济社会发展的特点和趋势相顺应,并建立科学有效的评估反馈机制。这样的合作模式可以确保培养出符合地方需求的人才,为地方经济的发展提供有力支持。同时,通过评估反馈机制,可以及时调整合作方式和内容,确保校企合作的持续有效性。科学有效的评估反馈机制可以帮助校企双方了解合作的效果和问题所在。通过准确的评估数据和反馈意见,双方可以及时发现并通过相应的改进措施解决存在的问题。这有助于促进合作的持续改进,提升合作的质量和效果,帮助校企双方更好地了解彼此的需求和期望,以及合作的实际情况。通过评估结果和反馈意见,双方可以调整合作方式、优化资源配置,提高合作的效率和效果。这有助于实现合作的共赢效果,提升合作的价值,保证合作的可持续发展,帮助校企双方建立良好的沟通和合作机制。通过定期的评估和反馈,双方可以共同解决合作中的问题,增强互信和合作意愿。这有助于保证合作的可持续发展,促进长期的合作关系,提升合作的专业性和可信度。科学有效的评估反馈机制基于科学的方法和可靠的数据,具有客观性和准确性。这有助于提升合作的专业性和可信度,增强合作的影响力。同时,科学有效的评估反馈机制也可以为外界提供对合作成果的客观评价,增加合作的认可度和价值。只有确保信息在学校和企业间及时反馈,才能准确地检验校企合作的成效。通过定期评估反馈,可以及时筛选出那些无法有效开展校企合作的企业,并吸纳那些具备更好资质的企业来进行深层次的校企合作。这样可以逐渐建立起校企合作的动态稳定机制,以确保合作的质量和效果。通过评估反馈的持续循环,可以不断优化合作伙伴的选择,使校企合作更加符合双方的需求和目标,增强合作的可持续性、提高成功率。这种动态稳定机制有助于促进校企合作的发展,推动双方的共同成长和互利共赢。

第六章　高职学生素质教育体系构建的实践与探索

高职素质教育经过几十年的发展,教育的成效逐步被社会认同,高等职业教育已由数量发展进入质量发展的新阶段。在这一历史时期,我们如何在落实立德树人根本任务的前提下,根据高职院校素质教育的高教性和职教性,依据社会选用人才和评价人才的标准,构建与时俱进的素质教育体系成为新时代高职素质教育新的议题。

第一节　新时代高职院校素质教育的本质内涵

素质教育经过几十年的摸索实践逐渐成为被社会认同的教育理念和模式。我国高等学校的素质教育从重视和加强人文素质教育开始,逐步发展成为与专业教育融合的立体化、全方位的素质教育,在各个学校都取得了明显的成效。2010 年,中共中央、国务院印发的《国家中长期教育改革和发展规划纲要(2010—2020 年)》首次把素质教育上升到了教育改革发展战略主题的高度,指出"坚持以人为本、全面实施素质教育是教育改革发展的战略主题,是贯彻党的教育方针的时代要求"[①]。2017 年,党的十九大报告指出,要全面贯彻党的教育方

---

① 国家中长期教育改革和发展规划纲要(2010—2020 年)[EB/OL].(2010-07-29)[2023-07-21]. http://www.moe.gov.cn/jyb_xwfb/s6052/moe_838/201008/t20100802_93704.html.

针,落实立德树人根本任务,发展素质教育。① 党的二十大报告指出,要全面贯彻党的教育方针,落实立德树人根本任务,培养德智体美劳全面发展的社会主义建设者和接班人,坚持以人民为中心发展教育,加快建设高质量教育体系,发展素质教育,促进教育公平。② 素质教育已从全面实施素质教育到了高质量发展素质教育阶段。

在职业教育走上提质培优、增值赋能的快车道,迎来大改革大发展的新阶段,培养高素质高技能型人才对高职发展素质教育提出了更高要求,同时也为做好高质量发展要求下高职素质教育提供了重要依据。

素质具有先天性、可塑性、实践性和可测量性。素质是一个人在其先天基因的基础上,在后天社会、家庭、学校等教育和外部环境因素的影响下,通过个人的认知、学习、思考、实践等活动形成的一个人内在的、整体的、稳定的身心特征和内在品质。素质教育的观念可以追溯到春秋战国时期,从《礼记》《荀子》《论语》等论著中我们就可以看到朴素的素质教育思想。《大学》开篇就说:"大学之道,在明明德,在亲民,在止于至善。"素质教育之根本在于育人,即培养完整的人。素质教育揭示了教育的真谛,从一种教育理念成为教育包括高等职业教育改革及其制度设计的指导思想和教育行动。

高职教育作为高等教育的一种类型,其目标是培养高素质技能型人才,为全面建设社会主义现代化国家、实现中华民族伟大复兴的中国梦提供有力人才和技能支撑。高等职业教育一直坚持就业导向,如何才是坚持正确的就业导向呢?第三方就业调研结果显示,在毕业生所需知识、能力与素质指标重要性排名中,企业最注重的是员工的敬

---

① 习近平.决胜全面建成小康社会 夺取新时代中国特色社会主义伟大胜利——在中国共产党第十九次全国代表大会上的报告(2017年10月18日)[M].北京:人民出版社,2017:45.
② 习近平.高举中国特色社会主义伟大旗帜 为全面建设社会主义现代化国家而团结奋斗——在中国共产党第二十次全国代表大会上的报告(2022年10月16日)[M].北京:人民出版社,2022:34.

业精神、责任心、积极主动等素质。基于社会选用人才和评价人才的标准视角,高等职业教育在强调职业技能的同时,更应重视全面培养学生的综合素质。高职教育的逻辑起点是人而非职业,所以在专业知识、职业技能的传递和获得过程中我们应该围绕学生的健康、快乐与幸福,学生职场的生存、发展和成长构建起完整的高等职业教育的素质教育体系,既授予学生生存的技能,又使学生明白生存的意义与价值,这才是真正坚持就业导向。要实现高职学生全面发展,使其成为高素质高技能型人才,高等职业教育要从当前国家社会的需要出发解释高职学生素质教育,从人的可持续发展角度探讨高职素质教育的含义。

第二节　新时代高职院校发展素质教育的内在价值要求

从2010年印发的《国家中长期教育改革和发展规划纲要(2010—2020年)》首次提出实施素质教育到2017年党的十九大报告指出,要全面贯彻党的教育方针,落实立德树人根本任务,发展素质教育,从实施到发展对素质教育又提出了新的要求。素质教育是一切教育的基础,是关注"人的发展"的教育,尊重学生的个性差异,帮助学生形成健全的人格,促进学生的发展。高职教育实施素质教育已取得了一定的成效,重技能轻素质的局面有所改善,但从高职学生职业发展状况来看,可持续发展能力还是偏弱,新时代发展高素质教育必须围绕学生职场的可持续发展和学生身心健康,进一步构建完整的素质教育体系。

一、加强思想政治素质教育:育人之德

思想政治素质包括了思想道德素养、思想政治觉悟,具体来讲就

是帮助学生形成正确的世界观、人生观和价值观。思想是我们行动的指南,没有正确的思想,做人的许多必需和必备的品质就无从谈起。要培养学生成为社会主义现代化的合格建设者和可靠接班人,必须坚定正确的政治方向,注重马克思主义信仰教育、社会主义信念教育和社会主义核心价值观教育,夯实高职素质教育的价值基石。引导学生在政治原则、政治方向上旗帜鲜明、立场坚定、分清是非。德才兼备、立德树人都是新时代人才培养的基本要求,在习近平新时代中国特色社会主义思想的引导下,要培养学生具有良好的社会公道、家庭美德、个人品德和职业道德,使广大学生成为社会主义核心价值观的自觉和率先践行者。

二、加强职业素质教育:育人之才

高职教育进入了一个高质量发展的阶段,主要目标是培养高素质技能型人才以支撑社会主义现代化强国建设,这就需要高职学生有崇高的职业理想、高尚的职业道德、良好的职业习惯、高超的职业技能。因此,高职教育必须进一步突出职业素质教育。过硬的职业素质包括职业理想、职业态度、职业责任、职业精神、职业伦理、职业纪律、职业技能等。通过职业素质教育帮助学生树立崇高的职业理想、承担特定的职业责任、培养坚定的工匠精神、塑造良好的职业道德和掌握娴熟的职业技能,能够做到干一行、爱一行、钻一行、会一行、成一行,并在职业岗位发展中敢于创新、善于创新,使其获得可持续发展能力。为了强化学生的职业素质,高职院校必须遵循和尊重职业教育的规律,通过校企合作、工学结合、产教融合和"双师型"创新教学团队培养等形式不断提高职业素质的效果。

三、加强人文素质教育:育人之品

高职人文素质教育要契合高职人才培养的目标定位,因而具有自身独特的内涵。高职教育以就业为导向,以培养高技能应用型人才为宗旨,除了加强对学生一般人文素质、科技素质、艺术修养等方面的培养和熏陶,还要将人文素质教育与职业素质培养结合起来。人文素质教育是一种潜移默化的教育,通过学习、反思、内省、体验、理解、对话等方式培养学生人文知识、人文思想和人文精神。高职院校要进一步重视第一课堂的教学质量,发挥课堂教学在人文素质教育中的主渠道作用,创新第二课堂和第三课堂的育人功能,为学生搭建展示自我、奉献社会的活动舞台。高职院校要重视显性和隐性文化育人环境的营造。用人类文化发展的优秀成果熏陶学生,并内化为其内在品质和内在精神,为学生正确做人、正确做事、实现可持续发展打下良好基础。

四、加强身心素质教育:育人之基

学生如果身心不健康将严重影响学习,一切人才培养都无从谈起。过硬的身体素质和健康的心理状态,不仅对学生的成长至关重要,还是影响学生成为社会主义合格建设者和可靠接班人的重要条件。因此,加强身体锻炼、加强身心修养非常重要。开好体育课,实施好心理健康教育必不可少,倡导"每天锻炼一小时,健康工作五十年,幸福生活一辈子"是非常有意义的。高职院校要进一步重视学生的心理健康,培养学生健全的认知能力、坚强的意志品质和正常的人格特征,使学生能够进行正确的自我评价和有效的情绪控制,使学生有和谐的人际关系、乐观的人生态度、较强的社会适应和挫折承受能力等。引导学生乐意为美好生活、为家庭、为国家、为民族复兴贡献其聪明才智。

五、加强创新素质教育:育人之新

高素质高技能型人才在职业发展中必须不断汲取新知识、新技术和新方法,能创造性地运用所学知识和技能分析新情况、解决新难题,这就要求高职学生必须有创新意识和创新素质。高职院校在开展素质教育的过程中,要结合地域、行业、专业特点,结合学生个性爱好和特长,突出培养学生的创新思维、创新精神和创新能力,使学生具有专博结合的知识结构、以创新思维和创新能力为特征的智慧能力、以创新精神和创新个性为中心的创造性人格以及积极乐观的精神面貌。同时积极创造条件,为学生创业提供相关政策支持,扶持一部分学生创业团队,促进创新创业氛围在学校的广泛形成。

第三节　新时代高职院校素质教育体系构建的实践内容

近年来,我国高等职业教育在"国家示范性高等职业院校建设计划""双高计划"等的推动下,做了大量富有成效的工作,人才培养质量不断得到提升。浙江金融职业学院作为首批国家示范性高等职业院校、中国特色高水平高职学校和专业建设计划建设单位,在教育观、质量观、成才观方面不断探索与素质教育相融合的人才培养体系。学校开展的素质教育与时俱进,有利于发展集高职学生思想政治素质、人文素质、职业素质、身心素质、创新素质等关系人自由全面发展的综合素质于一体的人才培养体系。通过设计明确的素质教育培养目标,创新素质教育知识体系和培养模式,建构和营造有利于素质教育文化环境,真正创新人才培养体系,切实提高人才培养质量。

一、构建了"一二三课堂"融通的素质教育课程体系

(一)构建了以明理课程为特色的素质教育第一课堂

学校率先总结了高职学生三年身心发展的阶段性规律,将学生素质教育目标转化为三年的阶段性教育教学重点,制定了与专业课程设

置及教学进度相对接的学生素质养成学分制度,将其作为学生毕业必备条件纳入专业人才培养方案,促进了素质教育与专业教学的有机融合,保证了素质教育目标与要素的有效实施。面向大一学生,在开设"思想道德修养与法律基础""毛泽东思想和中国特色社会主义理论体系概论""形势与政策"等思想政治理论课的基础上开发了系列明理课程,即"诚信文化理论与实践""中华优秀传统文化""明理人生通论""大学生职业生涯规划""心理健康教育"等校本课程,构建了以人文素质为重点的课程体系;面向大二学生,开设了"演讲与口才""商业银行服务礼仪"等专业群基础课程,鼓励学生加入对应的学生社团,强调学生的职业素养;面向大三学生,开发了"企业文化""企业岗位标准及业务流程"等订单课程,提升了学生的职业操守与岗位素养,强化了课程作为素质教育的载体功能。学校确立了大一、大二以专业群为单位开展教学,大三面向财经类行业开展个性化"订单培养"的人才培养格局,搭建了以富有财经类专业特点的人文素质与职业素质公共基础课程、以专业群基础课程为主的素质教育课程载体和以明理学院、银领学院等素质教育机构为主的素质教育实施载体,将公民素质教育、金融职业素质养成等有机融合,成为专业教育的有益补充,调动了全体教师参与,整合了素质教育资源。

(二)构建了以学生社团为主的素质教育第二课堂

浙江金融职业学院第二课堂以学生社团为主要活动载体,是第一课堂的延伸。学校引导学生在社团中综合运用所学知识和理论,如能引导金融理财专业学生实时分析股票行情和实战演习股票交易的"实践投资协会",以及其他结合专业知识和专业技能训练而成立的财会信息化协会、未来企业家协会、秘书协会、电子商务协会等。围绕有效沟通、服务他人等财经类行业从业人员素质要求,对应开设营销、口才、服务礼仪类等学生社团,并通过参加浙江省高校演讲、辩论、礼仪等素质拓展类竞赛和开展西博会礼仪服务、浙江省理财博览会金融服务等校外实践活动予以支撑,强化了第二课堂活动的针对性,提高了人才培养的成效。素质教育应该根据学生的个性、特长和爱好因材施教,所以学校还为学生的个性、潜能以及创造力的发挥与提升提供了广阔舞台,建立涛声书画社、悠游动漫协会、DV新闻工作室、金口记者团、五月风文学社、银星合唱团、轻舞飞扬舞蹈团、希冀话剧社、健身协会、SUNNY爱心社、绿色环保协会、数模协会等,以激发学生兴趣、培养学生特长、全面提升学生综合素质、丰富学生课余文化生活。

(三)构建了以社会实践为主的素质教育第三课堂

浙江金融职业学院的社会实践课堂立足素质教育内涵,坚持"四个结合"。一是与时政结合。牢牢把握实践主题的时代性,在学生社会调查、志愿服务、公益活动、专业实习等实践活动中,引导学生关注中国特色社会主义发展的重大理论和实际问题。在主题实践活动中唱响主旋律,弘扬真善美,让学生在实践中与时代同步伐。二是与专业结合。着重贴近学生专业实际,贴近社会生活实际,贴近民生发展实际,引导学生理论联系实际,关爱他人,奉献社会。依托学科优势,发挥专业所长,开展专业实践活动,为地方发展献计献策,以实践活动促进专业学习。学校将素质教育与专业学习、服务社会、勤工助学、择业就业、创新创业相结合,素质类课程教师通过向学生说明课程实践目的、实践主题和实践要求,间接指导学生在专业实习中自主开展课程实践和调研活动,或者是教师到专业所属行业企业直接指导学生开展参观、调研等社会实践活动。三是与就业结合。以促进学生就业创业为宗旨,学校组织同学到企业等开展就业创业实习、见习,让学生全面了解就业市场,提升其就业创业能力。四是与创新结合。结合创新创业竞赛、创新性实验计划等项目,提高学生的创新精神和实践能力。第三课堂的素质教育可以让学生走出封闭的环境去了解社会、体验民生,亲身经历事件的发生和发展,从而锻炼学生的能力和才干,培养学生的服务、合作和责任意识。

二、创设了"四个学院"融合的素质教育育人平台

学校创设了覆盖全体学生的素质教育育人平台,设置了全国高职院校首家马克思主义学院,强化了思想政治素质教育,创设了开展一年级人文素质教育的明理学院、开展职业素质教育的银领学院和开展女生教育的淑女学院,以分段和分类培养为特色,各有其独特的素质教育指向和培养重心,又彼此呼应,相辅相成,形成了多元开放的办学平台。马克思主义学院、明理学院、银领学院、淑女学院四个学院的素质教育课程相互配合、相互融通、相辅相成,为学院素质教育和人才培养奠定了雄厚的实力基础。同时注重师生情感交流,在和谐愉悦的环境中实施素质教育。良好的师生关系是实施素质教育、开展人才培养的首要条件。爱其生而敬其业,见到老师主动问好、彬彬有礼的学生使教师乐教善教;亲其师而信其道,真心爱生的教师使学生乐学爱学。

(一)育有灵魂的人,创设马克思主义学院

学校在全国高职院校中率先创设了马克思主义学院。素质教育内容丰富,思想政治素质在其中居于主导和首要地位,它决定了其他素质的性质与方向,直接影响高职学生成长成才的高度。浙江金融职业学院在多年的素质教育实践中,始终高举马克思主义理论大旗,推进习近平新时代中国特色社会主义思想,加强理想信念教育,培育和践行社会主义核心价值观,帮助学生树立正确的世界观、人生观和价值观。培养学生敏锐的政治意识、正确的政治观点和坚定的政治立场,在日新月异的时代使学生保持基本的政治辨别能力,增强自身服务国家和社会的责任感和使命感,同时注重培养学生助人为乐、关心集体、乐于奉献的集体主义精神。马克思主义学院通过第一课堂、第二课堂、第三课堂,多措并举,加强思想政治素质教育,全方位提高学生政治素质、思想素质、道德素质,培育有灵魂的人,引导学生争做社会主义合格建设者和可靠接班人。

（二）育合格的人，创建明理学院

明理学院着重对学生人文素质和人文精神的培养。明理学院成立于2009年，面向全校一年级学生开展"明法理、明德理、明事理、明学理、明情理"教育，全面提升明理学院人才培养质量，为社会培育"守法纪、懂做人、会生活、爱学习、能做事"的金院学子，着力打造国内一流、国际知名的学生素质教育平台。通过明理课堂、明理课程、明理实践等一系列课程和活动，推进对学生的人文素质教育和人文养成教育，课程包括"中华优秀传统文化""心理健康教育""明理人生通论""就业指导和创业指导"等，同时通过明理大讲堂和明理实践活动促进明理教育的深入开展，促进学生人文素质和综合素质的提高。明理学院抓教育时机，强化新生始业教育和一年级的基础性素质培育；抓教育关键，完善素质类课程体系；抓教育过程，促进素质教育与专业教育相融合；抓教育实践，采取"1+2+2+N"的教育架构，开展文明修身系列活动。明理学院的成立增强了学校素质教育的预见性、科学性和有效性，对培养更多高品质技能型金融人才发挥了重要作用。明理学院引导学生从最基本的文明习惯、文明礼仪等细节做起，让"明法理、明德理、明事理、明学理、明情理"的教育理念成为广大学生的统一认识和自觉行动。

（三）育有用的人，创建银领学院

银领学院着重对学生职业素质和核心职业能力的培养。银领学院成立于2007年，是浙江金融职业学院以服务为宗旨、以就业为导向、面向基层一线培养高素质技能型专门人才而独立设置的二级学院。其培养对象是在完成一年级明理教育和二年级专业教育并自主选择申请接受订单培养的全日制在校学生中，由金融企业和学校共同选拔出来的。学校和金融企业联合设计人才培养方案、共同实施教育，使学生成长为符合金融企业岗位需求的优质"银领"。银领学院结合行业、企业的人才要求，开设与职业意识、职业协作、职业心理、职业发展等相关的银领课程,构建银领教育课程体系,培养自信、干练,具有良好团队合作精神、职业技能、职业操守和社会担当的行业学徒和现代职业人。由学院和行业教师共同授课,将企业行业的管理理念与方法引入订单培养,按照人才培养的职业针对性和技术应用性,注重培养学生的职业礼仪、职业技能、职业操守,使学生真正成为一名合格的"职业人"和"社会人"。

(四)育美丽的人,创建淑女学院

淑女学院成立于2011年,着重于女生才艺特长和淑女气质的培养。淑女学院结合各系部专业实际,开设面向全校女生的春意、夏梦、秋思、冬悟淑女课程,构建淑女教育课程体系,培养端庄、自立、自爱,具备博学、专能的职业智慧和高雅、灵秀的才艺修养的院部学友。淑女学院通过精心设置的女性教育系列课程,如"当家理财""形象设计"等,使女生在掌握必需的专业知识与技能的同时,能够正确认识和把握自身的女性角色,凸显女性的优点,在完善自我、贡献社会的过程中实现其自我价值和社会价值。因教学对象、教学目标、教学资源、教学组织、教学内容和教学形式有特殊性,淑女学院为全国高职院校女生素质教育和培养提供了新思路、新案例。

第四节　新时代高质量发展要求下高职素质教育的实践路径

高职素质教育不仅是知识的传授、技能的培养,更是综合素养的培养,以实现素质提升、能力培养、知识传授三者的有机统一,构建高水平的人才培养体系。经过20多年的发展,高职素质教育初显成效,但是各地区各学校发展不平衡,从人才培养的质量角度来看,学生后续发展动力不足。在高质量发展阶段,这就需要高职院校依据社会选用人才和评价人才的标准,构建与时俱进的素质教育体系,着力构建全员育人、全程育人、全方位育人的协同育人机制,不断完善素质教育的课程体系和师资队伍,搭建立体的育人平台,强化专业教育与素质教育的内在融通,增强素质教育的思想性和学术性,发展高水平素质教育。

(一)德技并修以德为先,树立人才培养新理念

德技并修是高职教育高质量发展必须遵循的根本原则,在人才培养中要树立德技并修、以德为先的理念。一方面,要做到技能培养与德育养成一体化,在技能培养中融德育,在德育养成中融技能,也就是课程思政与思政课程同向同行。在技能培养中融入思想政治和道德教育而不是在专业知识和技能培养过程中单独进行德育养成教育,使德技相辅相成。另一方面,要坚持以德为先,以德为本,德是学生全面发展和可持续发展的基石,是职业教育质量的核心内容。技能是学生胜任岗位的本领,高职学生需要具有较高的技术和技能水平以及较强的岗位适应能力,还必须具备较高的道德情操、职业素养以及具有中华人文底蕴的基本素养和行为准则,只有这样才能实现自身的可持续发展。素质教育旨在立德树人,更加关注知识的内化环节,通过课堂教学、社会实践、校园文化等途径将外在的知识与体验内化为学生内在的核心价值与素养。学校要用精神力量来感染和鼓舞学生,激发学生主动向学向善,唤醒学生的创造力和生命力,强化勤学苦练长本领、矢志报国展才华的内在精神和核心素养的培育。破除素质教育与专业教育的学科割裂,促进素质教育文化的多元融合,改变专业教育过分细化导致的人才培养缺陷,避免学生知识结构和能力素养走向单一,实现学生素质的全面发展。积极推行课程中的思想政治教育,确保每所学校、每个专业、每位教师、每门课程,特别是专业性课程,都融入课程思政,以实际提升教育培养的效果。

(二)学高为师身正为范,培养高素质师资队伍

高素质高水平的师资队伍建设是高职素质教育有效推进与顺利

开展的基础,也是决定高职素质教育成效的关键因素。著名的教育学家陶行知先生说:学高为师,身正为范。教师自身的职业涵养和言传身教,对素质教育尤为重要。一个高素质的好老师用良好的道德素质、真善美的人格品质、专业的学识以及热爱学生的心去感染学生、教育学生,能在无形中培养和提高学生的综合素质。学校要在高职"双师型"教师队伍建设过程中加强师德建设,为不断提高师德水平以及教师师德的培养提供平台,开展相关理论培训工作和"道德先锋"评比,在校园里形成良好的道德氛围,让教师能够不断更新育人观念,不断提升自我修养,同时对学生也产生潜移默化的效果。学校要不断强化教师育人能力培养,鼓励广大教师坚守崇高的理想和追求,做科学精神和学术规范的守护者,不断提高教师的文化素养与专业素养,增强全面推进高职素质教育的育人能力。学校要加强不同学科、专业之间优秀教师的交流与合作,形成素质互补、能力互助的素质教育师资队伍。学校要构建以提升学生素质为导向的高职教师考核评价机制,促使教师积极投入与践行素质教育,从而真正提升素质教育成效。

(三)立体课程过程育人,构建高质量课程体系

课程是素质教育实施的有效途径。在明确为党育人、为国育才目标导向后,学校要坚持以生为本的价值旨归并进行高职素质教育课程体系的顶层设计,构建立体化高职素质教育课程。根据素质教育有机体从思想政治素质、专业素质、人文素质、创新素质、信息素质和身心素质六个维度设计课程,除专业课程外,还要系统地开设政治哲学、法律道德、历史文化、艺术审美、心理健康等课程,夯实学生素质养成的全面性基础。学校要构建职业性高职素质教育课程。高职院校人才培养服务区域经济,具有地区性和应用性的特点。高职素质教育课程体系必须结合社会、行业、企业的人才要求以及学校专业特色和学生的素质现状。特别是随着招生生源的多样化,生源有普高生、中职生、退役士兵大学生、扩招后的社会生源等,不同生源学生的素质诉求是

不一样的，所以在满足全面性的同时要考虑职业性特征。学校要在素质课程中融入职业性，根据专业和生源特色开设职业素质课程，构建全过程高职素质教育课程。素质教育不是一蹴而就的，课程建设和课堂教育需要贯穿学生三年的学习生活。全过程就是要根据不同阶段学生的实际需求和认知特点来设计和安排课程，将各素质课程分布在各年级各阶段，在立体性和职业性的基础上循序渐进加以实施，符合学生成长成才的规律，为学生可持续发展奠定坚实的基础。

（四）知行合一实践育人，搭建多维度实践平台

高职素质教育有知识教育也有养成教育，既要注重理论又要关注实践，要做到知行合一，实践育人是提升素质教育成效的有效途径。丰富学生社团、社区寝室、班级集体活动和社会实践等校内外实践活动，创造条件让学生在志愿服务、科技发明、竞赛评比等实践中挥洒激情、发挥特长、展示才能、提高素质。学校应搭建多维实践教学平台，立足素质教育内涵，坚持"四个结合"。一是与时事政治相结合，开展主题实践活动，在学生社会调查、志愿服务、公益活动中唱响主旋律，弘扬真善美，让学生在实践中与时代同步伐。二是与专业学科相结合，依托专业学科优势，利用专业知识与技能开展专业实践活动，为地方发展献计献策，以实践活动促进专业学习。三是与就业实习相结合，通过校企合作、产教融合，以促进学生就业为宗旨，组织学生到企业等开展就业实习、见习，在实习中全面了解就业市场，让更多学生在实践基地建设中发挥自己的职业道德和专业技能，提升其职业素养。四是与创新创业相结合，结合大学生创新创业竞赛、行业企业创新性实验基地等项目平台，在以赛促创、以赛促新中不断提高学生的创新素质。

（五）完善评价科学考核，构建发展性评价体系

高职素质教育是实现高质量人才培养的重要环节，而评价体系既是完善素质教育的必要条件，也是衡量素质教育成效的有效手段，对

素质教育有着相当重要的反馈调控作用，高职学生素质评价体系的构建是促进高职素质教育高质量发展的一个重要工具。当前高职素质教育考核管理制度不健全、评价体系不科学，素质教育实施中目标不清晰、操作性不强是各高职院校普遍存在的难题。素质教育考核没有量化的标准，导致评价体系难以从定性向定量转化。因此，素质教育的推行亟待建立新的评价体系，教学评价应包括教师教学效果评价和学生学习效果评价，并从这两个方面加以完善和改进。在考核过程中，应该秉持定性与定量、过程与效果、自评与他评相结合，采取多样化考核方式，如网上考试、小组共同答卷、提交社会实践报告等，真正反映高职学生素质水平。学校要建立素质教育标准，设置以思想引领、社会实践、创新创业等为主要内容的素质养成学分，并将其纳入各专业人才培养方案，作为学生毕业的必备条件；开发学生素质养成学分管理 App，建立数字化的学生成长记录，支撑对学生整体成长轨迹和个性成长特点的大数据分析，并实现社会实践、学生竞赛等素质养成学分与课程学分的互认，强化素质养成学分的管理与考核，保证素质教育要求与要素体现在专业人才培养过程与效果评价上。

发展高水平高职素质教育任重道远，我们应在高质量发展的目标指导下将素质教育融入高职院校的"双高计划"建设过程，不断加强和完善高职素质教育理论和实践体系建设，不断提升人才培养质量。

参考文献

陈晓芬,徐儒宗.论语·大学·中庸[M].北京:中华书局,2011.

迟景明,张弛.大学组织特性及其对学术组织创新的价值导向[J].现代教育管理,2012(6):1-5.

邓恩远.高职院校文化素质教育目标模式的构建与实施途径设计[J].天津职业大学学报,2000(2):4-6.

董婷婷.智慧教育时代背景下人工智能如何推动教学变革[J].中国成人教育,2018(10):86-88.

董雪梅,龙洋,平若媛.高职院校学生人文素质培养体系研究[J].国家教育行政学院学报,2012(1):35-37,91.

方健华.中职学生职业核心素养评价及其标准体系建构研究[D].南京:南京师范大学,2014.

顾明远.高等教育与人文精神[J].高等教育研究,2002(1):25-26,42.

顾明远.教育大辞典[M].上海:上海教育出版社,1998.

关成华,黄荣怀.面向智能时代:教育、技术与社会发展[M].北京:教育科学出版社,2021.

关于印发《教育部关于加强高职高专教育人才培养工作的意见》的通知[EB/OL].(2010-07-29)[2022-12-25].http://www.moe.gov.cn/s78/A08/tongzhi/201007/t20100729_124842.html.

郭薇.基于组织理论的事业单位机构改革研究[J].行政论坛,2016(1):52-57.

国家中长期教育改革和发展规划纲要(2010—2020年)[EB/OL].

（2010-07-29）[2023-07-21]. http://www.moe.gov.cn/jyb_xwfb/s6052/moe_838/201008/t20100802_93704.html.

国务院办公厅关于印发职业技能提升行动方案（2019—2021年）的通知[EB/OL].(2019-05-24)[2023-07-21]. https://www.gov.cn/zhengce/zhengceku/2019-05/24/content_5394415.htm.

国务院关于大力发展职业教育的决定[EB/OL].(2005-11-09)[2023-07-21]. https://www.gov.cn/zwgk/2005-11/09/content_94296.htm.

国务院关于加快发展现代职业教育的决定[EB/OL].(2014-06-22)[2023-07-21]. https://www.gov.cn/zhengce/content/2014-06/22/content_8901.htm.

贺佩蓉,白振飞.浅议人的全面发展学说与素质教育的内在联系[J].教育探索,2008(9):3-4.

贺佐成.高职课程供给与需求的困境、逻辑关系与优化路径[J].职业技术教育,2023(11):23-28.

侯荣增,李振红.数字化背景下高职院校"双师型"教师认定标准和路径研究[J].教育与职业,2023(17):68-72.

胡永.复杂适应系统视域下高职院校课程体系研究[J].黑龙江高教研究,2023(6):139-144.

花鸥,曾庆琪.成果导向教育理念下职业核心素养培育的实践逻辑及其课程建构[J].职教论坛,2019(6):50-55.

加德纳.多元智能新视野[M].沈致隆,译.杭州:浙江教育出版社,2021.

姜大源.职业教育要义[M].北京:北京师范大学出版社,2017.

教育部、财政部关于实施中国特色高水平高职学校和专业建设计划的意见[EB/OL].(2019-03-29)[2023-07-21]. http://www.gov.cn/zhengce/zhengceku/2019-10/23/content_5443966.htm.

教育部:职业教育功能定位由"谋业"转向"人本"[EB/OL].(2022-12-27)[2023-07-27]. http://www.moe.gov.cn/fbh/live/2022/

55031/mtbd/202212/t20221228_1036782.html.

教育部等七部门关于进一步加强职业教育工作的若干意见[EB/OL].(2004-09-14)[2022-12-25].http://www.moe.gov.cn/srcsite/A07/moe_737/s3876_qt/200409/t20040914_181883.html.

教育部关于发布《教师数字素养》教育行业标准的通知[EB/OL].(2022-11-30)[2023-10-20].https://www.gov.cn/zhengce/zhengceku/2023-02/21/content_5742422.htm?eqid=f9487a860000ebb9000000026459bb5f.

教育部关于进一步推进职业教育信息化发展的指导意见[EB/OL].(2017-09-05)[2023-07-21].http://www.moe.gov.cn/srcsite/A07/zcs_zhgg/201709/t20170911_314171.html.

教育部关于全面提高高等职业教育教学质量的若干意见[EB/OL].(2006-11-16)[2023-07-21].http://www.moe.gov.cn/srcsite/A07/s7055/200611/t20061116_79649.html.

李冰玲.面向人工智能时代的职业能力培养:逻辑、价值与路径[J].教育科学论坛,2022(11):15-19.

李超任.高职文化素质教育实施途径的思考[J].中国职业技术教育,2001(12):52.

李美珍,祁占勇.高校人文素质教育政策的变迁与展望[J].高教发展与评估,2020(1):59-68.

廖志豪.基于素质模型的高校创新型科技人才培养研究[D].上海:华东师范大学,2012.

刘洪一,陈秋明,谭属春,等.高职院校文化育人的系统设计与实践[J].中国职业技术教育,2015(7):74-77,82.

卢海涛.高职校企深度合作的模式选择与机制创新[J].教育与职业,2016(21):50-53.

罗利琴.全人教育理念视域下高职学生教育管理工作创新[J].教育与职业,2019(4):58-61.

马俊华.当前高职院校学生管理问题及改进路径分析[J].教育理论与实践,2019(30):52-54.

马克思.资本论(第一卷)[M].中共中央马克思恩格斯列宁斯大林著作编译局,译.北京:人民出版社,2004.

马克思恩格斯全集(第一卷)[M].中共中央马克思恩格斯列宁斯大林著作编译局,译.北京:人民出版社,1956.

马克思恩格斯全集(第三卷)[M].中共中央马克思恩格斯列宁斯大林著作编译局,译.北京:人民出版社,1960.

马克思恩格斯全集(第二十三卷)[M].中共中央马克思恩格斯列宁斯大林著作编译局,译.北京:人民出版社,1972.

马克思恩格斯全集(第四十二卷)[M].中共中央马克思恩格斯列宁斯大林著作编译局,译.北京:人民出版社,1979.

马克思恩格斯全集(第四十六卷上)[M].中共中央马克思恩格斯列宁斯大林著作编译局,译.北京:人民出版社,1979.

马克思恩格斯全集(第四十六卷下)[M].中共中央马克思恩格斯列宁斯大林著作编译局,译.北京:人民出版社,1979.

马克思恩格斯选集(第一卷)[M].中共中央马克思恩格斯列宁斯大林著作编译局,译.北京:人民出版社,1995.

马克思恩格斯选集(第三卷)[M].中共中央马克思恩格斯列宁斯大林著作编译局,译.北京:人民出版社,1995.

聂强.跨界与融合:基于职业素养教育的高职课程建构研究[D].重庆:西南大学,2017.

彭剑锋,荆小娟.员工素质模型设计[M].北京:中国人民大学出版社,2003.

乔为.核心素养的本质与培育:基于职业教育的视角[J].职业技术教育,2018(13):20-27.

塞尔登,阿比多耶.第四次教育革命:人工智能如何改变教育[M].吕晓志,译.北京:机械工业出版社,2019.

桑雷.高职学生职业核心素养及其培养研究[D].南京:南京师范大学,2020.

石亚军.人文素质教育:制度变迁与路径选择[M].北京:中国人民大学出版社,2008.

孙善学.新《职业教育法》视域下发展职业教育的政府责任与社会协同[J].中国职业技术教育,2022(29):5-9.

王文静,庄西真.人工智能视阈下职业教育的机遇、困厄与出路[J].中国职业技术教育,2018(22):33-37.

王羽菲,和震.人工智能赋能职业教育:现实样态、内在机理与实践向度[J].中国远程教育,2022(5):1-8.

王重鸣,陈民科.管理胜任力特征分析:结构方程模型检验[J].心理科学,2002(5):513-516.

吴倩,程宜康.技术素养:中国制造 2025 背景下的高职人才培养质量思考[J].职教论坛,2016(6):10-14.

习近平.高举中国特色社会主义伟大旗帜　为全面建设社会主义现代化国家而团结奋斗——在中国共产党第二十次全国代表大会上的报告(2022 年 10 月 16 日)[M].北京:人民出版社,2022.

习近平.决胜全面建成小康社会　夺取新时代中国特色社会主义伟大胜利——在中国共产党第十九次全国代表大会上的报告(2017 年 10 月 18 日)[M].北京:人民出版社,2017.

谢宾.智能时代高职教育人才培养的内涵、模式与路径[J].成人教育,2023(3):61-67.

邢晖,邬琦姝,王维峰.高职院校内部治理结构现状及优化研究[J].国家教育行政学院学报,2019(2):31-39.

徐莉亚.职业教育专业设置与产业结构适应性分析[J].教育与职业,2016(3):5-8.

杨进.工业 4.0 对工作世界的影响和教育变革的呼唤[J].教育研究,2020(2):124-132.

杨叔子.是"育人"非"制器"——再谈人文教育的基础地位[J].高等教育研究,2001(2):7-10.

杨叔子.文化素质教育的再认识与再出发——纪念我国文化素质教育工作开展20周年[J].中国高教研究,2015(6):7-11.

叶华光,沈三红.试论素质与素质教育[J].煤炭高等教育,2017(3):4-9.

殷智远.创新人才素质测量研究[D].长沙:中南大学,2007.

虞丽娟.立体化素质教育论[M].上海:上海教育出版社,2006.

张敏.哲学社会科学高端人才的素质结构与影响因素研究[J].华东师范大学学报(教育科学版),2023(5):41-52.

张岂之.大学的人文教育[M].北京:商务印书馆,2014.

张岂之.关于大学素质教育的再认识[J].中国大学教学,2011(12):5-6,9.

张芊.论我国高校教学管理组织模式的特征与发展[J].江苏高教,2007(6):93-95.

张旭.浅谈职业教育的发展历程及展望[J].现代职业教育,2022(18):25-27.

张扬.高职学生关键能力培养的模式变革研究[D].上海:华东师范大学,2022.

赵克松.国家教委召开发展高等职业教育研讨会[J].机械中专,1995(10):9.

中共中央、国务院关于深化教育改革全面推进素质教育的决定[EB/OL].(1999-06-13)[2023-12-05]. https://www.cse.edu.cn/index/detail.html?category=129&id=2281.

中共中央办公厅、国务院办公厅印发《关于加强新时代高技能人才队伍建设的意见》[EB/OL].(2022-10-07)[2023-07-21].https://www.gov.cn/zhengce/2022-10-07/content_5716030.htm.

中共中央办公厅、国务院办公厅印发《关于深化现代职业教育体系建设改革的意见》[EB/OL].(2022-12-21)[2023-07-21].https://www.gov.cn/gongbao/content/2023/content_5736711.htm.

中共中央办公厅、国务院办公厅印发《关于推动现代职业教育高质量发展的意见》[EB/OL].(2021-10-12)[2023-07-21].https://www.gov.cn/zhengce/2021-10/12/content_5642120.htm.

中国教育改革和发展纲要[EB/OL].(2010-07-19)[2023-12-05].https://www.edu.cn/zhong_guo_jiao_yu/zheng_ce_gs_gui/zheng_ce_wen_jian/zong_he/201007/t20100719_497964.shtml.

中国教育科学研究院,全国职业高等院校校长联席会议.2022中国职业教育质量年度报告[M].北京:高等教育出版社,2023.

周驰亮,方绪军.人工智能背景下职业教育教学改革的三重逻辑:起点、挑战与路径[J].中国职业技术教育,2022(20):33-39.

周冠生.素质心理学[M].上海:上海人民出版社,1998.

周建松.高职院校立体化、多方位素质教育的研究与实践——以浙江金融职业学院为例[J].高等工程教育研究,2012(5):152-160.

周建松.科学构建高职院校素质教育有机体[J].职教论坛,2014(7):48-50.

周小李.马克思教育观与当代大学生素质教育[M].湘潭:湘潭大学出版社,2014.

周勇军.政校企协同推进市域产教联合体建设研究[J].教育与职业,2023(18):64-69.

周远清.大学素质教育:源头·基础·根本[J].中国大学教学,2014(5):12-14.

周远清.素质·素质教育·文化素质教育——关于高等教育思想观念改革的再思考[J].中国高等教育,2000(8):3-5,30.

周远清.我的素质教育情怀[J].中国高教研究,2015(4):8-11,16.

朱德全,熊晴.技术之器与技术之道:职业教育的价值逻辑[J].教育研究,2020(12):98-110.

朱厚望,龚添妙.高职教育人才培养目标的历史演变与再定位[J].中国职业技术教育,2020(7):66-70.

Boyatzis R E. The Competent Manager:A Model for Effective Performance[M]. New York:Wiley,1982.

Mansfield B,Mitchell L. Towards A Competent Workforce[M]. Hampshire Aldershot:Gower Pub Co. ,1996.

McClelland D C. Testing for competence rather than for"intelligence" [J]. American Psychologist,1973(1):1-14.

Spencer L M,Spencer S M. Competence at Work:Models for Superior Performance[M]. New York:Wiley Press,1993.